哲学基础理论研究丛书

"ENLIGHTENMENT" AFTER THE ENLIGHTENMENT

启蒙之后的"启蒙"
——启蒙世界观的内在逻辑与当代反思

彭文刚 ⊙ 著

中国社会科学出版社

图书在版编目（CIP）数据

启蒙之后的"启蒙"：启蒙世界观的内在逻辑与当代反思 / 彭文刚著. —北京：中国社会科学出版社，2015.5

（哲学基础理论研究丛书）

ISBN 978-7-5161-6215-6

Ⅰ.①启…　Ⅱ.①彭…　Ⅲ.①启蒙运动—研究—西方国家　Ⅳ.①B504

中国版本图书馆 CIP 数据核字（2015）第 117549 号

出 版 人	赵剑英
责任编辑	王　曦
责任校对	周晓东
责任印制	戴　宽
出　　版	中国社会科学出版社
社　　址	北京鼓楼西大街甲 158 号
邮　　编	100720
网　　址	http://www.csspw.cn
发 行 部	010-84083685
门 市 部	010-84029450
经　　销	新华书店及其他书店
印　　刷	北京君升印刷有限公司
装　　订	廊坊市广阳区广增装订厂
版　　次	2015 年 5 月第 1 版
印　　次	2015 年 5 月第 1 次印刷
开　　本	710×1000　1/16
印　　张	16.75
插　　页	2
字　　数	258 千字
定　　价	60.00 元

凡购买中国社会科学出版社图书，如有质量问题请与本社发行部联系调换

电话：010-84083683

版权所有　侵权必究

《哲学基础理论研究丛书》编委会

主　编　孙正聿
副主编　孙利天　贺　来
编　委　（以姓氏笔画为序）
　　　　王天成　王南湜　王振林　孙正聿
　　　　孙利天　刘福森　吴晓明　邴　正
　　　　杨魁森　姚大志　贺　来

目 录

导论　启蒙与"启蒙" …………………………………… 1

第一章　启蒙世界观的实质——主体形而上学 ………… 22
　　第一节　何谓启蒙？ …………………………………… 23
　　　　一　启蒙问题的源起及其后果 ……………………… 24
　　　　二　世界的祛魅与人的觉醒 ………………………… 32
　　　　三　启蒙与主体形而上学 …………………………… 38
　　第二节　启蒙世界观的特征 …………………………… 45
　　　　一　超验的萎缩 ……………………………………… 45
　　　　二　功利主义的盛行 ………………………………… 48
　　　　三　自然权利 ………………………………………… 52
　　第三节　启蒙时代的政治理想 ………………………… 61

第二章　启蒙世界观的内在悖论与根源 ………………… 68
　　第一节　启蒙"三位一体"的瓦解 …………………… 69
　　　　一　知识的"逻辑紧身衣" ………………………… 71
　　　　二　自由的幻象 ……………………………………… 80
　　　　三　历史目的论的终结 ……………………………… 88
　　第二节　启蒙运动的逻辑范式——科学主义 ………… 91
　　　　一　科学的"舆论气候" …………………………… 92

启蒙之后的"启蒙"

  二 真理与自由 …………………………………… 96
  三 批判启蒙自由的路向 ………………………… 98
  四 科学的有限性与科学主义逻辑的谬误 ……… 101
 第三节 理性主义、乌托邦与知性思维逻辑 ………… 107
  一 理性主义的信念 ……………………………… 108
  二 自由与解放实现的"必然"逻辑 …………… 113
  三 马克思对启蒙自由观的批判 ………………… 117

第三章 启蒙终结与"启蒙"的合法性 …………………… 125
 第一节 "启蒙终结"的真实内涵 …………………… 126
  一 "启蒙终结"——一个需要
    重新审视的问题 ……………………………… 127
  二 启蒙与"启蒙"的内在关联 ………………… 132
  三 启蒙之后的"启蒙"主题 …………………… 141
 第二节 启蒙精神的实质与合法性 …………………… 148
  一 "启蒙"的问题域 …………………………… 150
  二 "启蒙"视域中的哲学与政治 ……………… 156
  三 "启蒙"批判的限度 ………………………… 161
 第三节 马克思的自由理论与"启蒙" …………… 164
  一 西方政治哲学话语中的自由主义传统 ……… 165
  二 马克思对西方传统逻辑的颠倒 ……………… 167
  三 马克思历史辩证法的"启蒙"意蕴 ………… 172

第四章 后形而上学思想的"启蒙"意蕴与启蒙的遗产 …… 181
 第一节 拯救个体人的真实存在与捍卫消极自由——现当代
    哲学形而上学批判的真实旨趣 ……………… 182
  一 "个体受抽象的统治"与人的真实存在 …… 182
  二 个体自我与消极自由 ………………………… 188
  三 后形而上学思想的基本内涵 ………………… 193
 第二节 思维范式的转换与后形而
    上学的基本问题域 …………………………… 195

一	启蒙哲学的"总问题":一与多的内在冲突	195
二	后形而上学与多元论	204
三	承认矛盾与开放性——后形而上学的基本视域	210
第三节	启蒙的遗产	214
一	自由是一个理想	214
二	启蒙的当代启示	227

结语 ············· 240

参考文献 ············· 242

后记 ············· 257

导 论
启蒙与"启蒙"

在 20 世纪，人类文明面临着前所未有的困境，如政治危机、经济危机、生态危机以及价值虚无主义的危机，而如何克服这种"现代性危机"则成为一个事关人类命运的重大理论问题。对此问题的思考，一个重要的前提是清理以法国启蒙运动为代表的近代欧洲的启蒙事件。正是 17、18 世纪的启蒙时代（这里指广义的启蒙运动）作为一个小的"轴心时期"其所塑造的世界图景、思维方式及价值理念直接改变了欧洲乃至整个世界的现代进程，而我们的时代不过是启蒙时代的延伸与展开。

另外需要注意的是，启蒙世界观自其产生之日起，对启蒙的批判就如影随形。如果说从 18 世纪晚期开始的浪漫主义运动在对启蒙批判的同时，仍然是启蒙运动的信徒，"浪漫主义者对启蒙运动的反应决不是一种简单的、直截了当的拒斥，而是一种更加微妙、更加复杂的正反感情的并存。如果说浪漫主义者就是启蒙运动的批评者，那么可以说他们也是启蒙运动的信徒"①，那么到 19 世纪的晚期浪漫主义思想家则日益试图与启蒙的理性主义分庭抗礼，这时的浪漫主义者将早期的浪漫主义的新新个人主义（即区别于启蒙运动的原子化、无区别的数量个人主义）发展

---

① 詹姆斯·施密特编：《启蒙运动与现代性》，徐向东、卢华萍译，上海人民出版社 2005 年版，第 329 页。

启蒙之后的"启蒙"

为一种有机体的民族主义和共同体理论,"根据这种理论,每个独一无二和自给自足的个人,'必须与自然和民族相结合,植根其中',这样才'能获得自我与个性'。此外,个性不再仅仅归属于个人,也属于超个人的力量,尤其属于民族或者国家。"[1] 所以这时的浪漫主义用一种具有生命内涵的超越的有机整体的国家概念取代了启蒙运动的建立在以契约为基础的理性国家。而20世纪各种非理性主义的哲学思潮特别是极端的后现代主义则直接宣告颠覆了整个启蒙世界观,认为启蒙的核心理念和价值信念意味着灾难,"近代和现代生活的弊病可以直接或间接地溯源到人类中心主义和主观主义的扩张以及思想主体的注重。他们有些人认为,这种弊病已经达到危机阶段,其结果是'人的死亡'或'终结'已迫在眉睫"[2]。于是拒斥形而上学,宣告"启蒙终结"成为20世纪一个重大的哲学思潮。问题的关键是这些批判在何种程度上击中了启蒙的要害?我们现在所处的时代是否是一个"后启蒙"的时代?启蒙的世界观是否以及还在多大程度上还影响着人们的思想与行动?启蒙是否真的终结了?如果答案是"否",那么在当代我们需要一种什么样的启蒙观?这些问题似乎并不简单。但就各种反启蒙的思想流派不断地将启蒙作为自己批判的对象而言,就足以说明启蒙运动并非已经成为"死狗",而是仍然具有生命力的思想事件,作为重要的思想原点引起人们无限的追问。

对于启蒙,伯林深刻地指出:"无论这些观念是新生的还是旧有的,是革命的还是反动的,在它们的特殊领域中,它们都形成了直到今天我们的生活所依赖的智识资本,我们对之几乎没有任何补充。自18世纪末和19世纪初以来所发生的社会的、道德的、政治的和经济的争论,都一直使用那个时期形成的概念、语言风格甚至是比喻和隐喻,使用那些现代观念真正奠基者之思想

---

[1] 史蒂文·卢克斯:《个人主义》,阎克文译,江苏人民出版社2001年版,第18页。

[2] 多迈尔:《主体性的黄昏》,万俊人译,广西师范大学出版社2013年版,第11页。

导　论　启蒙与"启蒙"

和情感。"① 也就是说在今天无论我们是赞同还是批判启蒙，其实仍然在很大程度上使用着启蒙所创造出来的话语体系。但不可否认的是，即使是同样的话语体系在不同的语言游戏中其意义与内涵也大为不同，因此如何阐明启蒙的话语与反启蒙话语之间的内在关联，以及在后形而上学视域中创造一种新的启蒙话语（假如这是可能的话）就成为一个重大的理论课题。

"'我们目前是不是生活在一个启蒙了的时代？'那么回答就是：'并不是，但确实是在一个启蒙的时代'。"② 康德的断言在今天仍然有效。虽然在20世纪出现了所谓的"现代性危机"，但在"存在论"上我们至今总体上仍然处于启蒙运动所奠定的秩序之中。因而无论是批判现代性还是赞成现代性，都必须在启蒙的视野中进行，也就是说我们需要一种明确的"历史意识"，这就是启蒙世界观。另外，启蒙哲学就其根本的旨趣与目标是要批判各种统治人的"神圣形象"和"非神圣形象"，确立起人的主体地位，但即使到20世纪末，"历史终结"这样一个目标仍然远未实现。在资本逻辑统治一切的时代，不但人们的思想而且人们的现实生活中都面临异化的困境，各种神圣形象和非神圣形象对人的奴役有增无减；人的主体地位似乎并未真正确立，相反人成为失去了批判性、独立性的类似于客体的"单向度的人"。马克思深刻地指出，"真理的彼岸世界消逝以后，历史的任务就是确立此岸世界的真理。人的自我异化的神圣形象被揭穿以后，揭露具有非神圣形象的自我异化，就成了为历史服务的哲学的迫切任务。于是对天国的批判变成了对尘世的批判，对宗教的批判变成了对法的批判，对神学的批判变成了对政治的批判。"③ 这就启示我们，如何揭示非神圣形象的现实基础，批判奴役人、压制人的外在异己力量仍然是当代哲学的基本课题。在此意义上启蒙运动虽然已经终结，成为一个完成了的事件，但启蒙运动的目标并

---

① 以赛亚·伯林：《浪漫主义时代的政治观念》，王岽兴、张蓉译，新星出版社2011年版，第1页。
② 康德：《历史理性批判文集》，何兆武译，商务印书馆1990年版，第28页。
③ 《马克思恩格斯选集》第一卷，人民出版社1995年版，第2页。

启蒙之后的"启蒙"

没有完成,故而关于"启蒙"是一项未竟的事业的断言仍然是有效的。当然,在现代的语境中谈论"启蒙"的一个重要的前提是要中肯地理解与评价各种"反启蒙"的理论形态,进而确立"启蒙"的当代任务。

从尼采宣告上帝之死到福柯宣告人之死,启蒙的核心理念如主体、理性遭到拒斥,以致现代社会的一切危机均被追溯至启蒙的世界观,但"反启蒙"是否意味着真正颠倒了"启蒙"?海德格尔指出:"尼采把感性的东西看作真实的世界,把超感性的东西看作非真实的世界;这样一种对柏拉图主义的颠倒还完全坚持在形而上学的范围之内。"① 也就是说如果只是纯粹的颠倒和纯粹的"反",还没有触及基本的"建制"或结构,那么这里的"反"就仍然只是事实本质的另一面,并没有超越其本质,即"作为单纯反动……如同所有的'反……'(Anti-)一样,还拘执于它所反对的东西的本质之中。"② 在此意义上,如果对启蒙的批判没有触及启蒙世界观的基本内核,那么对启蒙的批判、颠倒就仍然停留于启蒙的视域之中。如果缺乏这样一种历史意识,那么现代或后现代都只是一个无所指的名称而非概念,而所谓的现代性的超越也只是一厢情愿的美好愿望,没有任何的客观性。

伯林深刻地指出:"启蒙运动,在反抗各种各样的蒙昧、压迫、不公正和非理性方面,其无与伦比的作用是毋庸置疑的。不过,也许是所有伟大的解放运动的共性,他们如果为了突破一般公认的教条和习俗的抵抗,就注定要夸大其词,面对他们所攻击的那些美德却视而不见。"③ 在此意义上,启蒙运动绝不是完美无瑕,尽善尽美,相反,它总是蕴含着自身难以克服的矛盾与悖论。这既体现为启蒙的理性主义由于强调理性的至高无上性而使理性成为失去了自我批判能力的"迷信";也体现为它所宣称的

---

① 海德格尔:《演讲与论文集》,孙周兴译,生活·读书·新知三联书店2005年版,第79页。
② 海德格尔:《林中路》,孙周兴译,上海译文出版社2004年版,第231页。
③ 以赛亚·伯林:《扭曲的人性之材》,岳秀坤译,译林出版社2009年版,第70页。

导　论　启蒙与"启蒙"

绝对真理和人类解放在面对异化的社会现实时总是陷入"谁之真理，何种自由"的尴尬。正如启蒙运动曾经在批判传统、宗教、迷信、权威时矫枉过正，使理性成为最高权威，各种批判启蒙的理论形态也大多走向了另外一个极端——反启蒙：否认启蒙所取得的成就，认为所谓的启蒙不过是人类曾经走过的一条弯路。需要指出的是，虽然在后形而上学视域中，"反"、"颠倒"、"终结"、"死亡"等话语似乎已经成为人们的共识，但不可否认的是，启蒙运动及其世界图景、思维方式和价值观念仍然具有丰富的遗产，并不是简单的可以随意丢掉的垃圾。当然马克思的历史唯物主义的辩证法为我们提供了一种研究启蒙的双面性的重要视角，后文我们还要进行分析。这里首先要追问的是各种反启蒙的思想形态它们是否存在着一致的理论旨趣？它们批判的出发点与归宿到底是什么？如何客观地看待各种反启蒙的哲学样式？

其实，启蒙运动自其产生之日起，对启蒙运动的批判就开始了。处于启蒙运动中心的法国，启蒙运动之子卢梭在启蒙运动的高潮时就指出技术的进步并没有相应地带来人类道德的进步，相反使人腐朽堕落，这无疑是对启蒙乐观主义进步信念的致命一击。另外，德国的启蒙大师康德就具有强烈的浪漫主义气质，他批判法国启蒙运动浅薄的"无神论"，而试图为宗教作先验的辩护，即在自由意志的基础上建立起"纯粹理性限度内的宗教"："如果应该把最严格地遵循道德法则设想为造成至善的原因，那么，由于人的能力并不足以造成幸福与配享幸福的一致，因而必须假定一个全能的道德存在者，来作为世界的统治者，使上述状况在他的关怀下发生。这也就是说，道德必然导致宗教。"[①] 而黑格尔则明确地指出，法国的启蒙运动的理性实质上是一种知性原则，而知性意味着分裂，因而启蒙运动必须被超越。在此意义上，可以说"启蒙的时代"并非铁板一块，存在着"国别"意义上不同特质的"启蒙运动"（显然法国的启蒙运动与德国具有

---

① 康德：《单纯理性限度内的宗教》，李秋零译，中国人民大学出版社2003年版，"第一版序言"第7页。

启蒙之后的"启蒙"

强烈宗教背景的启蒙运动及苏格兰的以审慎理性为特征的启蒙运动具有非常不同的形式),而其内涵也极为不同(这集中体现为对传统与理性、人的地位与意义、对宗教的理解等)。"启蒙时代"总是区别于"黑暗时代",以理性为其阿基米德"原点",为人类的知识、道德、行为与政治制度奠基。所以这里的理性显然是多义的,不仅从国别意义上看是如此,从历史上来看也是如此。"理性这个一般概念是很笼统的,只有给它加上恰当的'种差',它才能变得清楚而明确。"① 如果从精神气质来说,17世纪以演绎为特征,"似乎只有在思维从某种最高存在,从某种直觉把握了的最高的确定性出发,然后成功地将这种确定性之光波及一切派生的存在和一切派生的知识时,才能达到。17世纪是用证明和严格推论的办法做到这一点的。这种方法从某种最基本的确定性演绎出其他命题,从而将可能的知识的整个链条加以延长,串连到一起。"② 而18世纪则以分析为特征,以牛顿物理学为代表的自然科学为楷模和榜样。"18世纪是在一种不同的、比较朴素的意义上看待理性。理性不再是先于一切经验、揭示了事物的绝对本质的'天赋观念'的总和。现在,人们把理性看做是一种后天获得物而不是遗产。它不是一座精神宝库,把真理像银币一样窖藏起来,而是一种引导我们去发现真理、建立真理和确定真理的独创性的理智力量。……理性的性质和力量,仅从它的结果是无法充分衡量的,只有根据它的功用才能看清。理性最重要的功用,是它有结合和分解的能力。"③ 而德国的启蒙思想家,无论是康德的先验统觉和自由意志,费希特的自我,还是黑格尔的作为精神的理性显然不同于法国启蒙运动的分析理性。所以在此意义上,以理性来统称启蒙的时代或启蒙运动,这里的理性只是一个具有不同所指的家族相似的名称而非具有唯一规范性内涵的概念。

---

① 卡西尔:《启蒙哲学》,顾伟铭译,山东大学出版社2007年版,第4页。
② 同上书,第5页。
③ 同上书,第11页。

导　论　启蒙与"启蒙"

可以说17世纪的笛卡尔"我思故我在"开了启蒙的先河，而以霍布斯、洛克为代表的英国经验主义者则以自然神论及自然法为基础，建立起以数学定律为根据的机械论世界观，及以契约论为根据的现代政治社会的基本原则（即政府是建立在公民同意基础之上的，政府的权威或合法性就来自公民的这种同意或约定）；18世纪的法国启蒙运动则以彻底的无神论对基督教的信仰、教条进行了无情的批判，宣告了理性的最高权威；而德国的启蒙思想家则深入启蒙运动的内部，对之进行了深入的反思，康德通过对理性的考察，进一步确定了理性的范围、限度及其意义。施密特则更是意味深长地指出："启蒙运动是欧洲的一个历史事件，但是，'什么是启蒙？'这个问题，却独一无二地是一个地地道道的德国问题。"[①] 因而可以说法国的启蒙运动并不能涵盖"启蒙时代"的全部内涵，虽然"启蒙的时代"以理性为根本特征，但笛卡尔的理性显然不同于伏尔泰的理性，也不同于康德、黑格尔的理性，因而为了便于问题的分析和概念的明确，有必要区分启蒙运动、启蒙与"启蒙"。

在本书的视域中，启蒙运动特指发生在法国的以伏尔泰、孟德斯鸠、卢梭、拉美特利等思想家为代表的以理性取代上帝的至上地位，对以启示和信仰为基础的传统自然观和社会秩序进行批判的思想解放运动。当然当我们在这里使用启蒙运动一词时并不意味着所有的启蒙运动者都具有完全一致或相近的思想观念，恰恰相反，他们在很多问题上存在着不同的看法，同时他们之所以都被称为启蒙运动者又共享着一些原则性的逻辑。对此，伯林的看法是非常独到的，也对我们思考启蒙运动具有十分重大的启示意义，所以引用如下："启蒙运动肯定不是一个大体上齐一的运动，所有的参加者信仰相近。比如他们关于人性的看法就大相径庭。丰特内尔和圣埃夫勒蒙，伏尔泰和拉美特利认为人类猜疑、嫉妒、邪恶、腐败、软弱、不可救药，因此他们需要最苛刻、一

[①] 詹姆斯·施密特编：《启蒙运动与现代性》，徐向东、卢华萍译，上海人民出版社2005年版，"前言"第1页。

启蒙之后的"启蒙"

切可能的戒律来避免坠入绝境；他们需要严格的纪律以便应付生活的磨难。另一些人不像他们这样悲观。他们认为从本质上来说是一种像陶土一样的可塑性的物质，任何一个有力的教育者、开明的立法者都能够把它捏成合度合理的形状。当然了，还有一些人，比如卢梭，他认为人生来并非是不确定的或恶的，人生本来是善的，只是被自己创造的制度毁坏了。如果这些制度得到全面彻底的改变或改进，人们善良的天性就会爆发出来，爱就会重新统治世界。一些杰出的启蒙思想家仍然相信灵魂不朽。有些人则认为关于灵魂的说法是空洞的迷信，世上根本没有这样的实体。有些人相信精英，相信智者管理国家的必然性，人们必须学会服从那些智识之士，那些专业精英，听从专业人士的训练或指导。就像在航海、经济这些需要技术的领域里，人们非此不可，否则，地球上的生命仍停留在丛林状态。有些人则认为在道德和政治事务方面，每个人都是行家。……还有很多其他的分歧，这里我无须一一谈及。不过，这些思想家还是达成了一个共识：美德最终在于知识；只有知道自己是谁，知道我们需要什么，知道从哪里获得所需和如何利用所掌握的最佳手段达到目的，我们才能过上幸福的、高尚的、公正的、自由的和满意的生活；所有美德都是相互兼容的。……最重要的是，他们认为他们的观点得之于自然科学家所提供的可靠方法，那些科学家就是借此获得了名义上的自然科学的辉煌胜利，实际意义上的十八世纪的辉煌胜利。"[①] 启蒙运动的思想家们相信通过理性的启蒙，人类终将发现永恒的真理，并实现人类的彻底自由和解放。从传统和权威的支配中解放出来的自我成为思考问题的阿基米德之点，现代自我意识能够从自身当中得出指导其思想和行为的规范，法国启蒙运动的思想家对此深信不疑。而世俗化作为启蒙运动的基本背景之一，与之伴随的是对人的知识与力量的信任。"现代世俗化描述为这样一种认识——上帝是如此伟大，他不必存在，当我这样说

---

① 伯林：《浪漫主义的根源》，吕梁等译，译林出版社2008年版，第31—32页。

导　论　启蒙与"启蒙"

的时候，我并不是要说上帝不存在，也不是要说现代性的世俗化见解暗示了上帝的不存在。我的意思是说，上帝没有必要存在，虽然他完全可能真是存在的。我们不再需要上帝来解释世界，来奠定我们共同生活的准则。如果上帝不存在，那也就不必再去发明出他了。这意味着人的解放，也意味着上帝的解放。"① 而知识意味着解放，沃格林将启蒙运动的知识称为"灵知"，"灵知就是这样的知识，也就是知道我们曾经是谁、现实成了什么、我们曾经在何方、现在又堕落到了何方、我们去向何方，我们在何处被拯救，什么是生，什么是重生。"② 很显然这样一种解放的知识观蕴含着进步这一影响至今的基本信念。

而启蒙（或启蒙的时代）则不仅包括17世纪的经验主义与唯理论，18世纪的法国的启蒙运动，也包含了18世纪后期乃至延续到19世纪早期的德国启蒙思潮。实际上正是德国的以莱辛、康德、门德尔松等为代表的思想家通过对法国启蒙运动的反思，才真正使启蒙的时代成为"思想中的时代"，这也正是施密特所说的"什么是启蒙"是一个地道的德国问题的真实内涵。"启蒙"则是一种广义的启蒙运动，它代表的是一种否定、批判、超越的态度与精神，它既体现为柏拉图所说的从"洞穴"走向光明的隐喻，也体现为康德所说的"大胆使用自己理性"从而使未成年人成为成年人，甚至在某种程度上体现为海德格尔所说的"思想的移居"。如果说启蒙运动与启蒙体现了鲜明的时代特征，具有特定的历史内涵，那么"启蒙"则是一种永恒的精神，甚至诸种反启蒙的思想形态是"启蒙"之一种。因而在后形而上学语境中谈论启蒙的"未竟"或启蒙的"终结"，一个重要的前提就是研究者们在何种意义上来理解启蒙。很显然，启蒙运动或启蒙（的时代）可以终结，而"启蒙"则是不可终结的。启蒙运动或启蒙所蕴含的思维逻辑、价值理念及世界观作为时代精神的精华

---

① 拉莫尔：《现代性的教训》，刘擎、应奇译，东方出版社2010年版，第46页。
② 沃格林：《没有约束的现代性》，张新樟、刘景联译，华东师范大学出版社2007年版，第19—20页。

启蒙之后的"启蒙"

它是特定历史时代的产物，必定为历史所扬弃，而"启蒙"正是体现在理论思维的范式转换之中。实际上"启蒙"作为一种不同于实证主义的开放态度，它既是人"形而上学"的本性，也体现了人"合目的性"存在的重要维度。因此启蒙终结并不是意味着整个启蒙运动的失败，而是有着特定的所指，这是在后形而上学视域中如何理解启蒙首先要明了的一点。

所谓"启蒙的时代"很显然并不是一个启蒙了的时代。如果说启蒙了的时代指理性原则的完全确立，理性成为整个世界的绝对法则，人类实现了真正的自由与解放，但实际上理性从来都没有真正成为时代的最高原则：要么理性与非理性因素处于内在的关联之中，要么理性通过极端的形式否定非理性因素取得话语霸权，从而使合理性仅是一种独白。"理性只有一种办法来说明不从它本身派生出来的东西，这就是把它归于虚无。"[①] 而在现实生活中人总是为各种非理性的异己力量和客观事物所支配，根本无法做到自主。如果说在17世纪，理性还需要在上帝的羽翼下证明自身（这集中体现为自然神论者将上帝看作理性的化身，而上帝一方面将必然性的秩序赋予自然界，同时也将理性赋予人类，于是人类能够通过自身的理性发现隐藏在自然界中的普遍规律；同时人能通过自身理性的反省订立契约建立一个政治共同体）；到18世纪的法国启蒙运动则明确地以理性来颠覆信仰，激进地批判宗教（大多数启蒙思想家都是无神论者），从而使理性成为取代上帝的权威性力量。而德国的启蒙思想家则通过对理性的考察，证明了理性与信仰之间统一的重要性，"一般说来，德国的启蒙思想家之间的分歧并不在于到底是要理性还是要信仰，而在于理性与信仰在协调的统一体中各自占有什么样的分量"[②]。由此可见，可以在与中世纪的黑暗时代相对立的意义上将启蒙的时代称为理性的时代，但理性是否真正成为启蒙时代的唯一或最

---

① 威廉·巴雷特：《非理性的人》，段德智译，上海译文出版社2007年版，第170页。
② 赵林：《理性与信仰在西方启蒙运动中的张力》，《社会科学战线》2011年第9期。

高准则，则远不是肯定的。可以说启蒙的理性与其说是一种现实，不如说它只是一种信念或原则，它只是康德意义上的"应该"而非"是"。

实际上启蒙运动并非就是如此理性，当然这里是在启蒙所声称的理想与实际所是之间的区别来说的。所以启蒙运动之后对启蒙的批判也属必然，在某种意义上，这正是"启蒙"自身发展与完善的合理形态。正是在对启蒙运动的批判、反思中，启蒙世界观的实质、意义与局限才得以明晰，从而启蒙才具有一种"自我意识"，并推动了"启蒙"自身的发展。"启蒙分析——甚至包括启蒙批判——总的说来还是赞同启蒙的。质疑启蒙正是启蒙的一个方面，而并不必然是敌视启蒙的行为。"[1] 也就是说，对启蒙的批判仍然置于"启蒙"的视野之中。当然"启蒙"并非一个容纳一切否定性思想的容器，这里涉及思想的合理性问题（后文将会予以论述）。实际上"启蒙"具有深刻的现实感，它是要在现实的人类处境中揭示统治人、奴役人的非理性力量，通过理论的批判与现实的革命来实现人的自由发展。所以我们应该超越仅把"启蒙"当作一个已完成的"事件"的知性思维逻辑，而在辩证法的"在批判旧世界的进程中发现一个新世界"的逻辑中把"启蒙"理解为一场永无止境的"运动"。而在后形而上学视域中确立一种新的启蒙观，成为当务之急。

因而何为"启蒙"？"启蒙"不仅仅是指发生在欧洲17—18世纪且至今仍然对整个人类的发展具有重要影响的思想、政治解放运动的"事件"。实际上，人类的社会、历史、文化的发展与进步无一不是"启蒙"的后果，因而广义上的"启蒙"乃是一个永无止境的过程。在现代性视域中我们要从启蒙运动中看到"启蒙"的根本气质，"'启蒙'实际上代表的是一种精神，一种批判、超越、自由的精神，代表的是一种不同于'实证主义'的

---

[1] 托马斯·奥斯本：《启蒙面面观》，郑丹丹译，商务印书馆2007年版，第18页。

启蒙之后的"启蒙"

'形而上学维度'"①。也即是说"启蒙"是一个"动词"而不是一个"名词",启蒙与"启蒙"具有不同的含义。而大多数的研究者在谈论启蒙时往往指的是狭义的启蒙,即启蒙运动所确立的世界图景、思维方式与价值规范,从而批判启蒙现代性带来的各种困境与危机。这样一种态度蕴含着一种与辩证思维逻辑正相反对的知性思维逻辑。但如果在广义上谈论"启蒙",则"启蒙"所代表的是人的反思、批判、超越的精神,及其对人的形而上学自然倾向进行"治疗"的态度。因而很多反启蒙的哲学家忽略了启蒙与"启蒙"的区别,从而找错了批判的靶子,而其开出的超越启蒙的良方也仅仅是无意义的"偏方"。

福柯深刻地指出了"启蒙"的特质:"启蒙是为了永久地激活某种态度,也就是激活哲学的气质,这种气质就是具有对我们的历史存在作永久批判的特征。"②也就是说"启蒙"作为一个"动词",它代表的是一种具有辩证法气质的"批判的、革命的"精神。而启蒙(运动)作为"启蒙"精神的显性体现,在其逻辑进展中,肯定性、建构性的一面逐渐地遮蔽了否定性、批判性的一面,从而导致了"启蒙辩证法"。"启蒙也一步步深深地卷入神话。启蒙为了粉碎神话,吸取了神话中的一切东西,甚至把自己当作审判者陷入了神话的魔掌。"③丧失了批判性、否定性维度的启蒙理性,在解释世界、改造世界取得巨大成功之处,也逐渐树立起自己的人类自由和解放的伟大理想,并设想了通往美好社会的现代性道路。但事实证明,相信理性的绝对支配不过是人类精神的"走火入魔"。特别是随着科学所取得巨大胜利及其伴随的实证主义、功利主义逻辑的盛行,整个人类社会俨然成为一个密不透风的"铁笼",于是启蒙成为"奴役"、"控制"的代

---

① 彭文刚:《近代欧洲"启蒙世界观"及其辩证法》,《学习与实践》2011年第5期。
② 福柯:《什么是启蒙》,杜小真编选:《福柯集》,上海远东出版社2003年版,第536页。
③ 马克斯·霍克海默、西奥多·阿道尔诺:《启蒙辩证法》,渠敬东、曹卫东译,上海世纪出版集团2006年版,第8页。

导　论　启蒙与"启蒙"

名词，而所谓的"启蒙"精神则成为一种浪漫主义者的哀叹。"但哪里有危险，哪里也生救渡"，正是启蒙陷入危机之际，"启蒙"精神开始觉醒。20世纪的解释学、后哲学文化、后形而上学思想等建设性的理论形态开始出现，为人类提供一种新的世界图景和思维方式，实现了启蒙的再次"启蒙"。

如果把"启蒙"当作一个动词，从人类文明发展历程的角度看，人类的思想史就是人类不断"启蒙"的历史。新实用主义哲学家普特南归纳了西方历史上的三次"启蒙"：柏拉图的启蒙、17—18世纪的启蒙运动及实用主义的启蒙。他指出虽然三次启蒙的内容和形式差别很大，但"在相同点这方面，有对反思超越的同样渴望，对批判传统信仰和制度，以及主张彻底改革的同样愿望。"[1] 实际上普特南从一个侧面指出了"启蒙"的必然性与永恒性。因为人作为一个有限理性的存在者，人永远不可能成为神，所以人类社会的不完美、非正义是人类存在的永恒"境况"。也就是说"蒙"是人类永远摆脱不了的宿命，因而"启蒙"就成为人类永恒的任务。"蒙"之不同，所启的方式、内容及限度也存在很大的差别，而这是一个实践的选择问题。另外，普特南也指出了"启蒙"作为一种批判的精神具有"人道主义"关怀，那就是对通过理论的"批判"使人的现实存在不断地"革命化"，因此超越性、否定性精神正是"启蒙"的本质，而人的异化存在的"常态"决定了"启蒙"的合法性及永恒性。

辩证地看待启蒙，那么启蒙虽然导致了诸多的灾难，但是它也给我们带来了丰厚的遗产，如对自由的追求，对人的尊严、价值的承认，以及对人的现实生命的肯定，这是现当代哲学的发展给予我们的重要启示。而贯穿这些的基本理念就是康德所说的人是作为"有限理性"的存在者，但是在启蒙的形而上学逻辑的支配下，现实的人反而成为抽象的普遍性力量的牺牲品，人的自由、尊严荡然无存。这集中体现为即使康德以自我立法的自由意

---

[1] 希拉里·普特南：《无本体论的伦理学》，孙小龙译，上海译文出版社2008年版，第87页。

启蒙之后的"启蒙"

志来取代上帝作为道德的基础,但他仍然无法抵制传统形而上学对普遍同一性承诺的诱惑。"康德的启蒙观仍然归属传统的本体论启蒙观。尽管他挨着休谟的棒喝,'从独断论的迷梦中惊醒',不得不对纯粹理性设置了'二律背反'的界限,而在实践理性中的'道德律令'、'灵魂不朽'、'意志自由'、'上帝'等神圣光环的后面悄悄地投射了一道长长的'自在之物'的阴影。但是,他毕竟给人性中设定了不变的先验知性框架,作为启蒙'敢于明智'的主体依据。所以在康德眼里,即使'今天'引进来的东西与昨天不同,那也构不成昨天的限制或中断,因为人的先验知性范畴永远是自主主体的我们重组'今天'的不可或缺的不变的构成要素。"① 所以尽管人取代了上帝的位置,但是这里的人显然不是个体性的、多样化的真实的个人,而是"人本"。也正因为如此,可以将浪漫主义称之为对启蒙运动和现代性的第一次反叛。因为它试图突破普遍同质性的"自我"或"我思"这一普遍性的"我",将启蒙运动的无差别的个人主义置换为新个人主义,即差别性的个人主义。

个人成为特定的、不可替代的既定个体,因而自我不再是反思性的自我而是创造性的自我。所以自我代表了与法国启蒙运动的分析性的认知理性非常不同的一种实践理性。同时德国的浪漫主义者谢林的自然哲学则从另外一个侧面展现了对启蒙自我的批判。谢林以"自然"来取代"自我",表现了对启蒙理性和工业化所导致的人的平庸化、世俗化的不满,对现代社会"将人等同于他的物理性质和经验占有,并鼓励人们通过适应环境的过程,来增进人与环境的和谐一致。同时,由于丧失或抛弃了理性与人类目的的联系,理性被等同于抽象的运算,即一系列用来对任何选择对象进行公理化的运算规则"② 。由此所导致的失去崇高理想和内在深度的无声抗议。对此海涅高度评价谢林的自然哲学:

---

① 张志扬:《缺席的权利》,上海人民出版社 1997 年版,第 101—102 页。
② 多迈尔:《主体性的黄昏》,万俊人等译,上海译文出版社 1992 年版,第 11 页。

导　论　启蒙与"启蒙"

"谢林先生在单单是先验唯心主义哲学的这一部分里始终只是费希特的盲目追随者；然而在自然的哲学中，在花卉和星辰之间活动时，他便必然地要心花怒放和光芒四射了。因此不仅他本人，而且连他那些志同道合的朋友们也都曾追逐过这个方向，这时出现的骚乱，也就是一般骚人墨客对于先前抽象的精神哲学的一种反动。"① 因而谢林的自然哲学代表了一种全新的不同于启蒙理性的精神力量，"费希特哲学的出发点：'自我'作为'主观的''主—客同一体'被他的'自然'作为'客观的''主—客同一体'取代了。这是一种非常要紧的不同的时代精神的表达，因为正是从对'自然'的崇拜中，产生出与启蒙理性主义不同的作为现代性早期批判者的欧洲浪漫主义思潮，这是现代的一个全新的精神力量。这种精神力量与其说起源于费希特的'绝对自我'，不如说正是起源于费希特的'创造性的自然'。"② 实际上无论是浪漫主义对个性的强调还是对自然的强调，其共同之处都是对普遍理性的拒斥与修正。

这里需要指出的是浪漫主义作为启蒙运动的反叛和现代性的批判思潮而出现，那么浪漫主义是否真实地超越了现代性？对此还存在不同的看法，刘小枫认为浪漫主义与后现代主义一样虽然激烈地批判现代性，但实际上并不是现代性的克服，而是在批判现代性中延续或推进了现代性原则，或者说"浪漫派思想本身仍然是现代性原则的一种类型，它包含着对现代性问题的独特看法，对现实政治和日常生活结构的转变的独特反应态度"。③ 在他看来，浪漫派思想是内在复杂的，远不是以"批判"、"超越"这样的名词所能概括的，它蕴含着丰富的思想内涵。"浪漫派思想的双重性：既是向上古神话精神的回归，又是一种新的现代性原则的表达。浪漫派思想是在启蒙时代和德国唯心论时代的土壤

---

①　海涅：《论德国宗教和哲学的历史》，海安译，商务印书馆1974年版，第140页。

②　亨利希：《在康德与黑格尔之间》，乐小军译，商务印书馆2013年版，"中译本序言"第9页。

③　刘小枫：《现代性社会理论绪论》，上海三联书店1998年版，第187页。

启蒙之后的"启蒙"

中生长起来的,它激烈批评启蒙理性主义思想,要求回复古朴,反思想的理性化建构、反对社会革命、反对国家的世俗化走向、反对法律的非道德化,要求恢复中古贵族式或教士的伦理旨趣。另外,它又承接了启蒙时代和唯心论时代的思想资源,推进审美个体主义原则:个体之不可重复、独一无二的浪漫理念,是在唯心论思想的主体论基础上的推进,要把个人原则上升为国家和社会的建构原则。浪漫派一方面要求恢复传统的权力关系和身份制度,一方面又主张个人主义——多元的——泛神论的唯心论,融构出一种反启蒙的神秘机体论的权威思想。浪漫主义的诗化个体论的人本理念还发展出一种非理性的、善挖苦的权力思想和民族国家思想。因此,浪漫派思想不再是对现代性理念基础的内在批判,而是以另一种现代性原则瓦解了启蒙时代和唯心论的现代性原则。"[1] 施米特则认为浪漫主义将个人的能动性和创造性限制在主体的内心领域,而将外在世界仅仅当作主体创造性的"机缘",从而使世界仅仅成为审美领域的对象。如此浪漫派虽然批判现实,但实际上无法触及现实,"浪漫派并不想真正改造世界,而是认为只要它没有干扰自己沉溺于幻想,它便是美好的。反讽和密谋为他提供了足够的武器维护自己主观主义的自主,并在机缘轮的境界贯彻之。至于其他方面,他让外在事物维持其自身的自然法则的秩序。"[2] 也就是说在施米特看来,浪漫主义虽然在理论上批判现实,但在实践上却是无所作为的,在现实中安然自得。所以浪漫派的创造性的自我只是一种犬儒式的幻想,"这种出自幻想的主体的优越性的内核,掩盖了对积极改变现实世界的放弃。"[3] 所以浪漫主义的主观的机缘轮只是在极有限的诗歌、绘画等艺术领域中发现"一座自由创造的小岛"。

而卢克斯则认为浪漫主义影响巨大,典型体现是马克思主义的伦理学继承了浪漫派的创造性的个性概念。"马克思关于人的

---

[1] 刘小枫:《现代性社会理论绪论》,上海三联书店1998年版,第187页。
[2] [德]卡尔·施米特:《政治的浪漫派》,冯克利、刘锋译,上海人民出版社2004年版,第97页。
[3] 同上书,第155页。

思想就认为,人应该是有广泛创造潜力的,是'自身的实践在自己身上表现为内在的必然性即需要的人。'……马克思与浪漫主义者一样把艺术家看作是创造性个体的典范。的确,在共产主义社会中,'艺术天才集中在个别人身上,因而广大群众的艺术天才受到压抑'的情况将会消失,那是将'没有单纯的画家,只有把绘画作为自己多种活动中的一项活动的人们'。"① 所以浪漫主义并非一无是处,而是启发了后来的诸多思想家。而伯林则认为浪漫主义动摇了西方传统的基本信念,他称之为"撑起整个西方传统的三个支柱",即"所有的真问题都能得到解答"、"所有的答案都是可知的,存在着获得这些答案的方法和技巧"、"所有这些答案都是兼容的,它们共同构成对一个理想世界的描述"。可以说西方传统的基本信念是"知识就是美德",所以西方的政治科学一直是"描述性"的。而浪漫主义的"不屈的意志"所蕴含的创造性概念以及认为世界的自我创新性则根本动摇了这三个基本信念,彰显了一种价值多元论的思想,并启示人们对于人类事务并不存在着终极的唯一解决方案,因而宽容是我们必须具备的品质之一。所以浪漫主义对整个20世纪哲学影响深远,至今仍然具有重要的意义。"浪漫主义还留给我们这样一个观念,对人类事务做出一个统一性回答很可能是毁灭性的,假如你真的相信有一种包治一切疾病的灵丹妙药,且无论付出何种代价你都要使用它,那么,在它的名义下你很可能成为一个暴力专制的独裁者,因为,把一切障碍留给它解决的愿望将最终毁灭那些你本来想为其利益寻求解决之道的生命。多重价值并存且彼此矛盾的观念;多元性、无穷性、人的一切答案和决定的非完满性的观点;在艺术或生活中,任何声称完美和真实的单一回答在原则上都不是完美和真实的——这一切都是浪漫主义给我们的馈赠。"实际上在伯林看来,浪漫主义对形而上学普遍性的拒斥,为消极自由奠定了理论上的前提。

---

① 史蒂文·卢克斯:《个人主义》,阎克文译,江苏人民出版社2001年版,第66页。

启蒙之后的"启蒙"

在此也可以理解后现代主义者为何激烈地反对宏大叙事、反对逻各斯中心主义，而追求差异、多元、断裂了。这是由于他们深刻地意识到了启蒙的普遍主义所导致个体生命的扼杀，他们不过是以极端的形式来为个体人的存在正名。福柯在两百年后重谈启蒙问题，并将启蒙理解为不是一个永恒的知识体系，而是一种态度和气质，一种哲学生活，即对我们自己的批判，对我们所受的限制做历史的分析以及实验超越这种限制的可能性。而超越这种限制无非是彰显为同一性的本性所掩盖的有限性的个体。"后现代理论描绘了那些被许多古典社会理论所忽视的微观现象和边缘现象，肯定了常常被过去的宏大理论所压制的差异性、多元性和异质性。"① 因而后现代主义思想家并非只是摧毁性地宣告人之死，而是试图在人之死之际确立起"此在"的合法性。

无论是古希腊的启蒙，还是18世纪的启蒙运动，它们的解释原则都是普遍性的，真实存在的个人始终都是缺席的。当然这不是指它们没有谈及个人，而只是说在他们的"启蒙"学说中，个体总是要通过普遍而获得理解，典型的体现是虽然康德认为人是一个有限理性的存在者，但个体的准则只有同时是普遍性的法则时才是真实的。克尔凯郭尔、尼采、海德格尔的全部理论旨趣无非是以个体对抗普遍，证明个人独立性的存在乃是一个不可化约的存在论事实，虽然非理性主义哲学视域中的个人仍然只是一个抽象的人，而不是一个现实的人。在20世纪尽管形而上学作为一种关于存在结构的学说已经瓦解了，但形而上学所蕴含的思维方式却并没有消失，现实的、个体人的存在仍然不时受到各种客观或主观力量的支配，因而拯救现实的、个人的人的存在成为当代"启蒙"的重要主题。

那么到底是什么导致了人存在的抽象化？仅从人自身来说主要有三个教条，或者说人类思维的三个幻象，正是这些根深蒂固的思维逻辑使人依然处于没有启蒙的未成年状态。首先，进行无

---

① 凯尔纳、贝斯特：《后现代理论》，张志斌译，中央编译出版社2004年版，第333页。

导　论　启蒙与"启蒙"

条件类比的幻象。即人们总是倾向于认为在不同的存在者或不同的领域之间存在着共同的规则，于是当人们幸运地在某一领域中发现了其支配性原则时便迫不及待地以为这样的原则也适用于相关的领域。典型的体现是启蒙思想家总是习惯性地将自然科学的逻辑移植到人文领域，而忽视了人这种存在者的特殊性，那就是人是不同于物的自在自为相统一的存在者。其次，与类比相关的是对统一性的幻象。那就是认为整个世界遵循统一的"模式"，真、善、美尽管不同，但却不是对立的；相反，它们共同都是唯一真理的不同"扇面"，它们"必定彼此融洽、俱成一体，因为真理不可能是相互矛盾的"。[①] 于是人与人之间不可能真正地对立，而只是在同一基础上所显现出来的差异。最后，实证主义的幻象。认为一切真实的存在都应该是"形而下"的，即能够经受经验或理性检验的，而任何所谓的超越都只是一种一厢情愿的梦想。而与实证主义相伴随的是对人的内在性的执着，这实际上是对当时社会现实的屈从与适应，"它们一方面对已发现的人的经验存在的客观结构不加触动，另一方面，它们又期待这依靠人的内心觉醒而达到他们要求的现实的变化。……把纯而又纯的、以至于变得极其抽象的、摆脱了一切'血肉之躯'的内在性和一种超验的历史哲学联系在一起，实际上符合资本主义意识形态的基本结构的。"[②] 因而实证主义与浪漫主义和自然主义具有同样的精神气质——非批判性。这三种幻象是形而上学终结之后，人们根深蒂固的信念，但很显然在根底上它们又分享了形而上学的"遗产"，其后果是无法真实地理解人的存在，窒息了"启蒙"。而只有彻底超越这些幻象，人的"启蒙"才是可能的。在此意义上马克思给予我们深刻的启示，他通过对形而上学的批判才真正地超越了启蒙世界观的内在逻辑，揭示了现实的人存在的两重维度，并在现实的基础上为"启蒙"找到了真实的立足点。"新思

[①] 以赛亚·伯林：《扭曲的人性之材》，岳秀坤译，译林出版社2009年版，第9—10页。

[②] 卢卡奇：《历史与阶级意识》，杜志章等译，商务印书馆1999年版，第287页。

启蒙之后的"启蒙"

潮的优点就恰恰在于我们不想教条式地预料未来。而只是希望在批判旧世界中发现新世界。"①

如果人类社会的发展就是不断"启蒙"的历史,那么在西方思想史中存在的各种偏离"正统"的理论与学说并非异端,而事实上它是对僵化的思想、制度的批判与极端反弹。在现代性视域中来审视现代性危机及各种"超克"启蒙的理论形态,其存在也并非空穴来风,"怀疑主义"作为一剂清醒剂,是一个社会健康发展的重要因素。按照辩证法的基本原理,肯定如果没有经历否定的洗礼,那么肯定只是朴素、原始、缺乏真实内涵的,而正是经历了否定而达于合题的重新肯定才包含了丰富性、多样性在内而具有真实的内涵。可以大体认为"启蒙"与人类思想、文明的进步是一枚硬币的两面。

"启蒙"作为一种批判、反思、超越的精神,在不同的时代有不同的内涵。而只有马克思才真正地指出了启蒙运动及当代"启蒙"的存在论基础:以物的依赖性为基础的人的独立性的存在方式。只有在此基础上才能真正阐明启蒙的真实内涵,并指出"启蒙"的当代使命:在批判旧世界中发现一个新世界。"批判的武器当然不能代替武器的批判,物质力量只能用物质力量来摧毁;但是理论一经群众掌握,也会变成物质力量。"② 构建一种新的理论固然不会直接改变现实,但是一旦人的思想得到"启蒙",理论变成人们内在的信仰和行动准则,那么思想就会直接成为现实。当然,思想的"启蒙"却不是一蹴而就,而是一个漫长的过程。"通过一场革命或许可以实现推翻个人专制以及贪婪心和权势欲的压迫,但却绝不能实现思维范式的真正变革;而新的偏见也正如旧的一样,将成为驾驭缺少思想的广大人群的圈套。"③ 人作为社会性的存在者,总是为各种"意识形态"的"偏见"所左右,或者按照施特劳斯的话,政治社会总是建立在

---

① 《马克思恩格斯全集》第1卷,人民出版社1956年版,第416页。
② 《马克思恩格斯选集》第一卷,人民出版社1995年版,第9页。
③ 康德:《历史理性批判文集》,何兆武译,商务印书馆1990年版,第24页。

"意见"的基础之上。在此意义上绝对的"启蒙"是不存在的，正如绝对的光明就是绝对的黑暗。而且所谓的绝对"启蒙"本身就是传统形而上学思维逻辑的产物。所以，"启蒙"无非是用一种较合理的"偏见"取代一种不合理的"偏见"，用一种较合理的"意见"取代不合理的"意见"。但是这里的"意见"、"偏见"都不是贬义词，而是由人类存在的真实现状——有限理性存在者所决定的。因而，"启蒙"也失去了传统的崇高意义（即启蒙代表着普遍的真理、永恒和完美），而成为内在于人类现实生活并推动实践发展的批判性力量，由此"启蒙"关乎人类存在的真实意义与价值。因而，"启蒙"是人类的一项永恒使命，"启蒙"追求完美的理想仅仅具有"调节性"而不具有"规范性"功能。另外，正因为人具有以有限的范畴追求无限的"自然倾向"，因而导致了种种"先验辩证法"。所以在后形而上学时代，与形而上学的"自然倾向"做斗争成为当代"启蒙"的重要方面。

总之，只有赋予启蒙以一种广阔的含义，才能在"启蒙"的"过去与未来之间"（阿伦特语）更好地透视启蒙运动的世界观及反启蒙的哲学思潮之间的关系；也只有如此，才能在非形而上学的基础上更好地阐明启蒙精神的实质。

第一章
启蒙世界观的实质——主体形而上学

在20世纪,形而上学因被视为敌视人的抽象体系甚至与"大屠杀"相关而臭名远播,各种主要的哲学流派纷纷把"拒斥形而上学"作为自己的理论使命,并宣告形而上学已经终结。"纵观整个哲学史,柏拉图的思想以有所变化的形态始终起着决定性作用。形而上学就是柏拉图主义。随着这一已经由卡尔·马克思完成了的对形而上学的颠倒,哲学达到了最极端的可能性。哲学(形而上学)进入其终结阶段了。"[①] 尽管思想家们批判形而上学,但他们却有着极其清晰的"问题意识",即批判形而上学的高级形态——作为启蒙世界观本质的主体形而上学。[②] 那么什么是主体形而上学?作为启蒙世界观的本质它是如何确立起自己的合理性并成为近代之后影响人们所思所为并决定了现代性进程的"意识形态"?

或许我们已经习惯了"启蒙终结"的各种宣称,尽管我们的

[①] 海德格尔:《面向思的事情》,陈小文、孙周兴译,商务印书馆1999年版,第70页。

[②] 俞吾金先生认为形而上学作为一个总体性的概念,在其发展史上经历了三次翻转,即由近代以来的启蒙思想家笛卡尔、康德、黑格尔等人实现的"主体性形而上学"对"在场形而上学"的翻转;由叔本华、尼采实现的"意志形而上学"对"主体性形而上学"的翻转;后期海德格尔实现的"世界之四重整体的形而上学"对其前期的"此在形而上学"的翻转。详见俞吾金:《形而上学发展史上的三次翻转》,《中国社会科学》2009年第6期。

第一章　启蒙世界观的实质——主体形而上学

世界图景、思维方式、价值观念发生了巨大的变化，但实际上我们仍处于启蒙的"轴心时代"所奠定的基本秩序与根本气质之中。只有正确清理启蒙世界观的内涵、限度及其意义，那么所谓的启蒙的批判与超越才能真有所指。但无疑，我们不可能真正地还原启蒙世界观，这不仅仅是因为主体形而上学作为一个概念是 20 世纪哲学家的发明，带有浓厚的贬义色彩；更因为没有绝对客观的观察视角，根据"观察渗透理论"，我们对启蒙世界观的理解不可避免地带有"偏见"。按照解释学的原则，任何理解都是一个视域融合的过程，是新的偏见与旧的偏见在不断地碰撞与交流之中，新的意义的不断产生的过程。但是这并不代表我们没有客观的关于启蒙世界观的理解（如果客观是指先验的超时空的真理，但显然，这种理解是传统形而上学思维逻辑的产物）；相反，正是在后形而上学视域中，主体形而上学的内涵才得以真正彰显。意识到这一点，正是我们进行启蒙反思与批判的方法论前提。

所以，启蒙绝不是一个已经完成了的发生在 17—18 世纪的"事件"，它是一个一经产生便改变了历史并持续产生影响的一次"未竟"的"运动"，因而"启蒙"代表的是一种精神，它辩证地包含着两个不可或缺的维度：肯定的和否定的，即建构的和批判、超越的。实际上，只有把"启蒙"理解为一个动词，而不是名词，"启蒙"与启蒙的真实含义得以显现，当代的"启蒙"才具有真实的目标与内涵。

第一节　何谓启蒙？

启蒙所关注的核心问题是什么？到底什么是启蒙？或许在宣告启蒙终结的时代这些问题已经不再重要了，但实际上不仅"启蒙终结"是一个需要重新加以思考的问题（因为它忽略了"启蒙"的双重内涵），而且只有关注启蒙时代的核心问题，才能真正为我们当代超越启蒙提供一种有益的思考。

启蒙之后的"启蒙"

一 启蒙问题的源起及其后果

法国的启蒙运动作为18世纪举世瞩目的思想事件,代表人类文明一个新时期的到来。"法国革命在人类历史上是没有先例的。它被看作是一个新时代的开端。在这个新的时代里,为理性原则所指引的人将决定自己的命运。所以,它一开始就受到欧洲思想的领袖人物们的热情欢呼。"① 可以说法国革命作为欧洲历史上一次开天辟地的伟大事件,它所引起的思想领域的巨大震撼给予哲学家们的影响是难以估量的,直到今天,哲学家的理论兴趣很大程度上依然无法绕过法国革命。法国大革命不仅仅是单纯的一次革命,它还承载了诸多的原则与意义,作为一个开端启新的事件,它注定是不平凡的。雅斯贝尔斯深刻地指出了法国大革命作为启蒙思想的一次现实的运作所具有的转折性意义,"早先的任何一次革命都未曾有过改造人类社会的明确意图。例如,笛卡尔就没有反对他的国家的法律与习俗,而仅仅敢于想到人的内心的革命。他断言,打算用彻底摧毁一个国家,然后在全新的基础上予以重建的方法来改造国家是荒谬的。甚至17世纪的英国革命也只是根源于宗教和民族尊严的观念。新教的确是通过返回原始教义来改革基督教的,但是毫无世俗化的企图。相反,宗教改革家们所提出的指控恰是谴责教会已变成尘世的机构。通过其领袖的人格而为上帝服务的克伦威尔铁甲军的战士们,正是怀着对新教信仰的热情而投入到为提高英国人(上帝的选民)的地位而做的英勇斗争中去的。法国革命则是第一次以按照理性的原则重建生活的决心为动力的革命。一切由理性发现为人类社会之莠草的东西都要被无情地铲除,付之一炬。哪怕历史悠久的传统也失去了维系旧事物的力量!法国革命者的唯一先驱是来自英格兰的清教流亡者。这些流亡者试图在大西洋彼岸建设他们在自己的祖国未能建成的事物。在世俗化过程向前推进的日子里,这些意志坚定的斗士们甚至宣布了人权学说。法国革命令人惊讶的结

---

① 雅斯贝尔斯:《时代的精神状况》,王德峰译,上海译文出版社2003年版,第6页。

第一章　启蒙世界观的实质——主体形而上学

果,是它经历了一个向自身对立面的转变。让人获得自由的决心演变为破坏自由的恐怖。"①

但对于"什么是启蒙"这个问题,却首先在当时的德国被提出,并引起了德国思想家们的广泛关注和探讨。需要指出的是虽然在当时,德国的政治、经济、军事远远落后于其他欧洲国家,但它在哲学、思想领域却领先于时代。在 17 世纪末 18 世纪初,各国始终没能像英国、法国、荷兰一样建立起一个权力集中的民主国家,相反直到 18 世纪德国存在着三百多个王公和一千二百个领主,四分五裂。特别是 18 世纪三十年的德法战争使得德国分崩离析,不仅使德国损失了大量的人口,最为重要的是使德国的民族精神被摧毁。"当时的德国,根本没有'巴黎',没有中心,没有活力,没有骄傲,没有进步、变化和权威的意识。德国文化一方面滑向路德式的极端经院学究——细致琐碎但相当枯燥无味;另一方面则沉入人类灵魂深处——其精神追求恰与经院派南辕北辙。"②所以与法国启蒙运动及其导致的大革命相反,德国思想家倾向于内心的革命,沉溺于概念的思辨。所以马克思感慨,"我们德国人在思想中、在哲学中经历了自己的未来的历史。我们是当代的哲学同时代人,而不是当代的历史同时代人。"③

第一个提出"什么是启蒙?"这个问题的是作为神学家和教育家的策尔纳,1783 年《柏林月刊》上发表了策尔纳的文章,他问道:"什么是启蒙?这个就像什么是真理一样重要的问题,在一个人开始启蒙之前就应该得到回答!但是我还没有发现它已经被回答!"④而在 1784 年康德在《答复这个问题:"什么是启蒙运动?"》,门德尔松在《论这个问题:什么是启蒙?》中分别做出了回答,而其他一些著名的学者和哲学家如赖因霍尔德、威

---

① 雅斯贝尔斯:《时代的精神状况》,王德峰译,上海译文出版社 2003 年版,第 6—7 页。
② 以赛亚·伯林:《浪漫主义的根源》,吕梁等译,译林出版社 2008 年版,第 41 页。
③ 《马克思恩格斯选集》第一卷,人民出版社 1995 年版,第 7 页。
④ 詹姆斯·施密特编:《启蒙运动与现代性》,徐向东、卢华萍译,上海人民出版社 2005 年版,"导论"第 2 页。

启蒙之后的"启蒙"

兰也纷纷加入到这场讨论中来。但讨论的结果是启蒙并没有因此而得到清晰的定义,相反,启蒙的定义更加扑朔迷离。

而之所以如此,固然与各个思想家的理论背景不同相关,但更重要的是启蒙在不同的问题聚焦点中具有十分不同的内涵。根据施密特的考察,对启蒙的考察主要经历了三个阶段,分别考察了不同的问题,"在18世纪结束之际,对'什么是启蒙?'这个问题的回答目的是要探究公共讨论、宗教信仰和政治权威之间的关系。"[①] 这三个问题都是启蒙理性在确立自身时所必须回答的问题。

第一个问题即理性的公共讨论或公共使用。它关注的是在当时的德国"即使人们已经被赋予四十多年的思想、言论和出版的自由,为什么启蒙在公众中进展不大?"莱辛认为腓特烈大帝虽然允许人们对宗教问题进行所谓的自由讨论,但书报检查制度仍然限制了人们的自由言论,阻碍了启蒙的进程。但无拘束的自由探讨是否会削弱社会的赖以存在的风俗和信仰,就像古希腊的苏格拉底那样?门德尔松通过区分"公民的启蒙"与"人的启蒙"来表明"启蒙"的限度,即他认为对人之为人有用的真理可能对作为公民的人造成伤害,因而言论自由不是没有条件的,在某些情况下应该限制人的思想自由以免危害公共秩序。而康德则通过理性的"公共使用"和"私下使用"的区分,表明私下使用并不和公共使用相矛盾,相反,他认为只有理性地公开、大胆地使用,启蒙才有可能真正实现。因而对理性公共使用的意义及其后果的讨论就成为当时思想家争论的焦点。

第二个问题即理性与信仰之间关系的问题。如果说在法国,启蒙运动以理性来批判信仰揭示其内在矛盾,从而宣告信仰的非理性成为法国思想界的一个基本共识,那么在德国理性与信仰之间的关系却是显得异常复杂。德国人有着虔诚的宗教信仰传统,尽管随着启蒙运动的开展和理性精神的影响,对传统的信仰产生

---

① 詹姆斯·施密特编:《启蒙运动与现代性》,徐向东、卢华萍译,上海人民出版社2005年版,"导论"第2页。

第一章 启蒙世界观的实质——主体形而上学

了一些动摇，但信仰对于德国人来说仍然是举足轻重的。虽然有些激进的思想家认为信仰是愚昧的，认为只有在理性的基础上才能达到社会的稳定与团结。但像康德等启蒙思想家则认为理性是有限的，而信仰则是无限的，传统的信仰由于其非批判的特质在很大程度上与迷信无异，因而主要确立"理性限度内的宗教"。

第三个问题即如何看待启蒙与革命之间的关系。尽管德国的思想家们对自由、革命等概念的理解完全不同，但总体上来说随着大革命导致的恐怖统治，德国思想家们从早期的热切认同转变为随后的反思与批判。那么革命到底是启蒙的还是反启蒙的？对此问题的回答仍然是难以达成一致，康德的观点可以是这种矛盾心态的真实表达。即康德一方面是反对革命的，因而暴力革命导致混乱、野蛮的无政府状态，与一个共和主义的宪政政体背道而驰；但同时康德又将法国大革命看成是人类道德进步的证据。

而到了20世纪，随着所谓理性主义危机的出现，重新思考"启蒙"和"启蒙运动"就成为一股重大的哲学思潮。总体上来说，讨论的问题主要集中于理性传统、启蒙与统治以及所谓启蒙的真实目的。如尼采、阿多诺、加达默尔、福柯等思想大师都参与了对此问题的探讨，但需要指出的是虽然他们讨论启蒙但很显然他们生活的时代已经不同于启蒙的时代，他们实际上是以理论的形式思考着当代人的生存困境，试图更深刻地理解传统与现代之间的关系。

第一，关于理性与传统之间的关系。在启蒙时代主流的思想家基本上都认为只有理性才是真理的标准，而传统无非是虚假、愚昧、落后的代名词。但也有少数的保守主义者如柏克就认为传统蕴含着珍贵的经验与智慧，而这正是人类社会健康发展的基础，理性意味着危险。到20世纪这个问题得到了更为深刻的思考。加达默尔从解释学的视角表明历史、传统的本原性，认为将传统视为成见本身是启蒙理性主义的一个未经反思的成见。因而只有立足于传统的预先判断才可能有所谓理性的理解，因为人生活于历史、传统之中，受传统前见的支配和影响是人不可逃避的命运。哈耶克、波普尔、麦金太尔、泰勒等思想家也基本上与加

启蒙之后的"启蒙"

达默尔处于同一阵营,都批判了启蒙理性主义"致命的自负"。但哈贝马斯则从实践理性出发,证明了理性所蕴含的"商谈"、"同意"对于传统的优先性。

第二,理性等同于支配。可以说在启蒙时代,理性意味着光明,代表着人们从黑暗的支配中解放出来获得自由,但霍克海默和阿多诺则有力地证明了理性实际上是支配和统治的代名词。启蒙的理性以数学为典型,本质上是一种工具理性,它以对自然和人的支配为目的,由此导致的后果是整个人类社会日益成为一个密不透风的铁笼。"只要人们想知道,他任何时候都能够知道;从原则上说,再也没有什么神秘莫测、无法计算的力量在起作用,人们可以通过计算掌握一切。而这意味着为世界祛魅。"[①] 通过计算而对祛魅世界的支配本身也意味着对人的支配,这集中体现为根据理性原则确立起来的现代社会的生产系统机械化生产作为一种外在于人的客观力量形成了对人的支配。人按照机械的节律而劳动,在此人只需服从这种合理性的运动规则而无须反思,相反,工人自己个体性的性质和特点则成为错误的源泉。"人无论在客观上还是在他对劳动过程的态度上都不表现为是这个过程的真正的主人,而是为机械化的一部分被结合到某一机械系统里去。他发现这一机械系统是现成的、完全不依赖于他而运行的,他不管愿意与否必须服从他的规律。"[②] 人类被效率原则所支配而失去了真实的自由,自由只停留于内心深处的某种"我愿"。与人之被支配相关的是人的生命意义的被消解,如果说在传统社会人的生命是一个有始有终的整体,而在科学理性所带来的无限进步的现代文明社会中,生存的意义已被消解,死亡只是物理意义上的生命的终止,全无超验的意义。"文明人的个人生活已被嵌入'进步'和无限之中,就这种生活内在固有的意义而言,它不可能有个终结,因为在进步征途上的文明人,总能有更

[①] 韦伯:《学术与政治》,冯克利译,生活·读书·新知三联书店2005年版,第29页。

[②] 卢卡奇:《历史与阶级意识》,杜章智、任立、燕宏远译,商务印书馆1999年版,第153—154页。

第一章 启蒙世界观的实质——主体形而上学

进一步的可能。无论是谁，至死也不会登上巅峰，因为巅峰是处于无限之中。亚伯拉罕或古代的农人'年寿已高，有享尽天年之感'，这是因为他处在生命的有机循环之中，在他临终之时，他的生命由自身的性质所定，已为他提供了所能提供的一切……而一个文明人，置身于被知识、思想和问题不断丰富的文明之中，只会感到'活得累'，却不可能'有享尽天年之感'。对于精神生活无休止生产出的一切，他只能捕捉到最细微的一点，而且都是些临时货色，并非终极产品。所以在他看来，死亡便成了没有意义的现象。既然死亡没有意义，这样的文明生活也就没了意义，正是因为文明的生活，通过它的无意义的'进步性'，宣告了死亡的无意义。"[1]

第三，启蒙的目的是什么？在传统的理论视域中，实现人与人之间的平等正是启蒙的目的。但正如福柯指出的启蒙实际上是以光明的形态而展现的支配关系。启蒙的理性代表着公平，但按理性原则建立的社会制度不过是一座圆形监狱。因而将真实的个体从普遍的理性中解放出来就成为后现代主义思想家的理论宗旨。所以启蒙的目的并不是人在理性的基础上获得所谓的无差别的公平，而恰好是通过对理性限度的思考而将个体的人解放出来。"我们作为由'启蒙'在某个方面从历史上加以确定的人，应当设法对自身进行分析。这意味着做一系列尽可能精确的历史性调查，这些调查将不是回顾在'启蒙'中所发现的'合理性的基本内核'，并把它看作是无论如何必须加以挽救的东西，而是指向它的'必然性之现在的界限'，也就是指向对于我们自身作为自主主体的建构来说并非必不可少的方面。"[2]因而福柯重谈康德的启蒙概念与康德对理性的大胆使用截然不同，毋宁说是对康德理性形而上学的拒斥与拆解。福柯采用一种新的话语方式证明了传统理性主义的幻象及其以控制为基础的普遍主义逻辑，以

---

[1] 韦伯：《学术与政治》，冯克利译，生活·读书·新知三联书店2005年版，第29—30页。

[2] 杜小真选编：《福柯集》，上海远东出版社1998年版，第537页。

启蒙之后的"启蒙"

此为基础福柯想要表明,(普遍)理性自身存在难以消解的限度,只有在对理性的批判中真实的自主主体才可能挺立出来。所以福柯拒绝一般的对启蒙的批判,认为这与对启蒙的赞成或启蒙的所谓"辩证态度"一样都没有摆脱启蒙的"敲诈"。"这并不意味着必须支持或反对'启蒙',更确切地说,这乃是意味着必须拒绝可能以简单化的或权威的形式表现出来的要求:或者你接受'启蒙',那你就仍然留在理性主义的传统里;或者你批评'启蒙',那你就会设法摆脱这些理性原则。以设法确定在'启蒙'中可能有好的或坏的因素的方式,把'辩证'的细微差异引入这种对启蒙的敲诈中,这绝不是摆脱了启蒙。"① 所以按照福柯的逻辑,启蒙的真实旨趣并非以理性原则来支配世界,相反是要在拷问理性的边界,在理性的边缘之处思考自主的人何以存在。

总之,这些问题的探讨为我们重新理解启蒙提供了丰富的思想资源和有益的理论成果,但由于思想家们仍然将启蒙当作一个已然发生的事件,而忽视了"启蒙"的根本意义——批判(这里的批判不是否定,而是一种内在的批判,一种马克思历史辩证法意义上的批判),从而未能揭示启蒙所具有的丰富内涵。本书就是要从哲学史的视野中重新思想"启蒙"的真实内涵,并考察"启蒙"的当代内涵与主题。

而在中国的语境中,启蒙是一个更为复杂的问题。因为它不仅仅是一个纯粹的理论问题,更是一个现实问题,涉及对20世纪中国社会发展逻辑的理解。可以说启蒙问题关系到中国现代性的建构和未来中国思想文化的走向。所以在某种意义上,认真反思、理解中国的"启蒙"史是一个十分重要的理论课题。在国内,启蒙与救亡、中国的现代化等问题是密切相关的,对于启蒙的思考主要形成了三种不同的观点。第一种,李泽厚的"救亡压倒启蒙",与之针锋相对的第二种是"救亡唤起启蒙,而不是压倒启蒙",以及作为对以上二者的调和而形成的第三种观点即"启蒙与救亡相反相成"。而居于支配地位的是"救亡压倒启蒙"

---

① 杜小真选编:《福柯集》,上海远东出版社1998年版,第537页。

第一章 启蒙世界观的实质——主体形而上学

的论断,它试图表明中国社会在发展的进程中所展现出来的诸多问题源于启蒙的缺失,只有用西方的自由、民主精神才能医治中国社会的问题。持这种观点的学者们从不同的视角指明了当代中国启蒙的重要性,可以说他们的探讨深化了我们对启蒙问题的认识,但是对这一问题的研究仍然有待继续推进与深化。由于他们先在地接受了西方的启蒙思想而忽视启蒙理性所展现出来的"反启蒙"维度,也缺乏对启蒙思想内在逻辑的批判与反思,导致他们对西方现当代哲学的"后形而上学"转向的内在意蕴缺乏足够的重视。

所谓"救亡压倒启蒙",指的是中国20世纪20年代的思想启蒙运动最终在救亡图存的革命运动中被压倒,以致革命的逻辑一直支配中国现代社会,启蒙的根本任务没有完成。而启蒙就是使个人获得独立,建立一个自由、民主、法制的现代社会。在当代,启蒙本身就是救亡,"如果说,过去革命年代是救亡压倒启蒙,那么在今天,启蒙就是救亡,争取民主、自由、理性、法治,就是使国家富强和现代化的唯一通道。"[①] 因而在李泽厚看来,在当代,中国现代化建设中所出现的问题是启蒙的缺失所造成的,而这些问题的解决也必须经由启蒙。俞吾金也在同样的意义上指出:"然而,启蒙的主题始终没有在近代至当代的中国社会的发展中被主题化。相反,这一重要主题因不断受到挤压而一直处于边缘化的状态。"[②] 因而在中国的文化中注入启蒙精神,是我们当代的一项重要使命。邓晓芒则通过对西方启蒙思想本质的考察揭示了西方启蒙思想的根本内涵是自由的精神,以理性主义和人本主义为理论形态。可以说西方的启蒙精神孕育了自由、民主、平等、宽容等价值理念,因而启蒙就体现为康德"大胆使用理性"这一口号。每个人都是平等的启蒙主体,只有通过自我的思想启蒙人才能从未成年状态进入成年状态。所以邓晓芒以此为依据指出了中国启蒙运动的缺陷:"中国20世纪的启蒙思想

---

① 李泽厚:《启蒙的走向》,《华文文学》2010年第5期。
② 俞吾金:《启蒙的缺失与重建》,《上海师范大学学报》(哲学社会科学版)2010年第4期。

启蒙之后的"启蒙"

家，通常都自认为自己所掌握到的真理是绝对的，凡与自己意见不合的都是应当打倒的，并因此而上纲上线，热衷于把学术问题变成政治问题。"① 但是一个不可回避的问题是启蒙本身出现了一些似乎难以解决的困境，并招致了激烈的批判，那么启蒙是否应当终结？答案显然是否定的，在许纪霖看来，各种反启蒙的思潮从根本上并不能消解启蒙的合法性，最为重要的是启蒙本身蕴含了"超克"现代性危机的富有价值的思想资源。"启蒙是一项未完成的历史事业。启蒙创造了现代性、现代社会和现代生活，也从此播下了冲突的种子。要解决这些问题，仅仅从启蒙的外部比如古典的立场、后学的立场来'超克'启蒙，虽然犀利，但只是一种法道有限的外在理路。启蒙要获得新的生命，重要的是从复杂的历史传统之中，从启蒙的内在理路之中重新发掘启蒙的丰富资源，从而让现代性获得继续提升的空间。"②

可以说国内学者对启蒙的向往态度与中国现实社会的发展现状紧密相关。主流的中国学者基本上一致认为启蒙是实现中国现代化的关键，虽然他们也意识到了中国与西方社会的"时间错位问题"，但在他们看来没有现代性就不会有后现代，以此来为中国的启蒙事业奠定合法性基础。因为虽然在西方语境中批判启蒙、宣告"启蒙终结"是一股重要的哲学思潮，但是在中国的语境中，这只是一种奢侈的前卫理论，不具有现实性。由此导致的后果是缺乏对西方启蒙思想内在逻辑的反思，忽视了其所蕴含的"反启蒙"的维度，对于西方现当代哲学所具有的"启蒙"意蕴缺乏足够的理解。总之，国内的学者由于先在地接受了西方启蒙思想具有真理性这样一种信念，而缺乏对此前提的深入批判，从而也就使马克思的"在批判旧世界中发现一个新世界"的启蒙精神无法真实地体现。

二　世界的祛魅与人的觉醒

显然，启蒙首先是指发生在17—18世纪的思想革命，启蒙运

---

① 邓晓芒：《20世纪中国启蒙的缺陷》，《史学月刊》2007年第9期。
② 许纪霖：《启蒙如何虽死犹生？》，《中华读书报》2009年7月15日。

第一章　启蒙世界观的实质——主体形而上学

动之子康德如此定义启蒙:"启蒙运动就是人类脱离自己所加之于自己的不成熟状态。不成熟状态就是不经别人的引导,就对运用自己的理智无能为力。……要有勇气运用你自己的理智!这就是启蒙运动的口号。"① 实际上康德指出了启蒙运动的根本精神——大胆地使用自己的理性,而不屈服于任何权威、习俗及各种宗教教条。因为"我们的时代是真正的批判时代,一切都必须经受批判。通常,宗教凭借其神圣性,而立法凭借其权威性,想要逃脱批判。但这样一来,它们就激起了对自身的正当的怀疑,并无法要求别人不加伪饰的敬重,理性只会把这种敬重给予那些经得住它的自由而公开的检验的事物。"② 因而,理性成为启蒙时代的核心概念,18世纪的哲学家们正是将启蒙与理性画上了等号,启蒙的时代即是理性的时代。卡西尔恰如其分地指出:"'理性'成了18世纪的汇聚点和中心,它表达了该世纪所追求并为之奋斗的一切,表达了该世纪所取得的一切成就。"③ 于是理性取代上帝成为一切合法性与真理的标准,那么理性自身的合法性是如何确立的?它为何有权利宣告凡经不起理性检验的事物都是非理性的从而没有任何价值?

从理论的角度来看,理性正是在与传统、非理性权威的斗争中,逐步地证明了自身的现实性和力量,这当然与近代自然科学特别是牛顿的物理学所获得巨大成功有着密切的关系。"对牛顿来说,科学是由只阐述自然的数学行为的定律构成的,这些定律可以从现象中清楚地推导出来,在现象中得到严格证实;而且,我们要把任何进一步的东西从科学中清扫出去,这样一来,科学便成为关于物理世界之行为的一个绝对确定的真理体系。"④ 自然科学在认识世界和改造世界所证明的理性的力量,以及它所塑

---

① 康德:《历史理性批判文集》,何兆武译,商务印书馆1997年版,第22页。
② 康德:《纯粹理性批判》(第一版序言),邓晓芒译,人民出版社2004年版,第3页。
③ 卡西尔:《启蒙哲学》,顾伟铭译,山东人民出版社2007年版,第4页。
④ 伯特:《近代物理科学的形而上学基础》,徐向东译,北京大学出版社2003年版,第191页。

启蒙之后的"启蒙"

造的近代物理（机械论）世界观直接摧毁了传统的目的论体系，而自然科学的典范作用又为理性的"扩展"使用产生了重要的影响。而从历史的角度来看，理性地位的确立源于近代社会结构的转型与世俗化进程。"从中世纪后期社会结构开始转型，而且不断加速，到文艺复兴时期登峰造极，这个过程不仅仅让古典政治学的两个理论要素变得可疑，而且还在根本上剥夺了两个理论要素的精神力量。因为，新式贸易方法的引起，出版业的兴起和生产活动的发展，最后还有公国和商贸城市日益获得独立性等等，所产生的结果是政治和经济活动领域长足发展，远远超出了传统道德的保护框架，以至于道德再也不能只是作为一种德行的规范秩序而被研究了。"① 正是由于现实世界的转型所带来的世界观的变革，使人们的眼光从形而上的天国降落到形而下的现实世界，"基督教的禁欲，起初是逃离俗世而隐于孤寂，虽然也从修道院里伸手，借由教会来支配其所弃绝的俗世；不过，对俗世日常生活自然天成无拘无束的性格，却也大体上任其自由。如今，此种禁欲则封起了修道院的大门，转身步入市井红尘，着手将自己的方法论灌注到俗世的日常生活里，企图将之改造成一种在现实里却又不属于俗世也不是为了此世的理性生活。"② 理性原则从思想上的确立、世俗化在现实世界的确立以及二者的合谋共同推动了现代意义上的世界。

而启蒙一旦确立起自己的"阿基米德"原点，就开辟了毁誉参半的现代性进程。启蒙确立起客观的、"自然"的真理性方法，自然科学的突飞猛进发挥了理性的典范作用。凭此，人们真实地感觉到获得了认识世界和改造世界的有效性知识。自然不再是崇拜的对象而是认识的对象，"知识即是力量"成为摆脱愚昧与恐惧的启蒙时代人们真实的存在表达。而更为重要的是，启蒙时代哲学家的终极理论旨趣并不仅仅在于获得某种确定性的知识

---

① 阿克塞尔·霍耐特：《为承认而斗争》，胡继华译，上海世纪出版集团2005年版，第12页。

② 马克斯·韦伯：《新教伦理与资本主义精神》，康乐、简惠美译，广西师范大学出版社2007年版，第146页。

第一章　启蒙世界观的实质——主体形而上学

即"认知世界",而更在于"改造世界",即使人类社会成为一个没有痛苦、黑暗,由理性所主导的完美的"人间天国"。

如果说在中世纪,自然界作为上帝的作品具有神秘的特征,只有少数的幸运者才能洞察它的奥妙;那么在启蒙的时代,自然与上帝的含义则发生了"哥白尼式"的根本转变。自然界被等同于失去了神秘色彩的纯粹物质,不具有任何精神的意义,"一旦进入了18世纪,我们就不再被这个幽灵般的理想形象所萦绕了。这一理想形象仍然和我们在一起,但是它已经获得了一种更为常见和更加实在的形体。"① 也就是说自然成为一种自主的、具有自身独立运行逻辑的机器。"正如中世纪的思想家认为自然屈从于人的知识、目的、和命运是完全自然的一样;现在,人们自然而然地把自然看作是在其自足的独立性中存在和运转的,而且就人与自然的基本关系是完全清楚的而论,认为人的知识和目的是自然以某种方式产生的,他的命运完全取决于自然。"② 可以说启蒙视域中的世界变成了一部无限的、一成不变的数学机器,丧失了任何崇高的地位。

而上帝要么被认为不存在,要么仅仅是与世界无关的最高存在者。"启蒙运动的意识把世界看作由纯粹物质的、可以感受的事物组成的一个大杂烩。因此它找不到一种语言来谈论上帝,也理解不了上帝对历史的干预。假如它来思考上帝的话,那么它不得不是一种自然神论,一种对最高存在的崇拜。"③ 而牛顿则直接将上帝称为实际上与现实的世界没有直接关系的"第一推动者"。到康德这里,自然则意味着他律,与人的低级的情感与欲望相关而属于必然性的领域,与人的自由领域相对。总体上来说,启蒙的时代实际上是一个自然不断"贬值"与"祛魅",而

---

① 卡尔·贝克尔:《启蒙时代哲学家的天城》,何兆武译,江苏教育出版社2005年版,第48页。
② 伯特:《近代物理科学的形而上学基础》,徐向东译,北京大学出版社2003年版,第11页。
③ 查尔斯·泰勒:《黑格尔》,张国清、朱进东译,译林出版社2002年版,第276页。

启蒙之后的"启蒙"

与此同时人的主体性地位不断确立、理性逐渐觉醒的时代。总之，上帝的隐退与理性主体的确立是一枚硬币的两面。但是需要指出的是这里的理性并非传统目的论体系中的承载价值和终结目的的与"善"内在一致的理性即价值理性，相反，它是一种工具理性，即一种精于算计的形式理性。在近代社会中"由于丧失或抛弃了理性与人类目的的联系，理性被等同于抽象的运算，即一系列用来对任何选择对象进行功利化的运算规则。"①

随着近代物理学的发展与进步，科学作为一种新的解释世界的原则显示出了巨大的力量。在科学的"拷问"之下，自然的神秘性光环开始退隐。正如卡西尔指出的："因为当时对世界的物理解释，已经破天荒地第一次提了出来，这种解释无视宗教独断论，并且宣称，可以观察到的事实和自然科学的一般原理，乃是自己的唯一基础。传统体系的堡垒终于被突破了。"② 传统基督教的自然观在自然科学的步步紧逼之下逐渐瓦解，于是自然的"本真"面目在科学面前呈现出来。"'自然'乃是源于事物固有本质的规律，而不是事物从外部接受的规律。……要发现这种规律，我们决不可将我们自己的观念和主观想象加于自然，而必须跟从自然本身的途程，并通过观察和实验、测量和计算来测定这种途程。但我们的测量的基本标准，不应该仅仅来自感觉材料。比较和计算、结合和区分等普遍的功用，构成理智的本性，测量的基本标准就产生于这些功用。因此，理智的自律与自然的纯自律是相对的。启蒙哲学试图在理智的解放的过程中表明自然和理智都是自足的。"③ 自然与理性相互独立而又彼此契合，但在存在论上理性却居于优先地位，因为自然规律并不是"自在"的，"不应该仅仅来自感觉材料"，正是人的理性才将自然规律揭示、表达出来。这也正是"人为自然立法"的真实含义。

既然自然在本质上是可以理解的，原则上自然的一切秘密都

---

① 多迈尔：《主体性的黄昏》，万俊人译，广西师范大学出版社2013年版，第11页。
② 卡西尔：《启蒙哲学》，顾伟铭译，山东人民出版社2007年版，第45页。
③ 同上书，第41页。

第一章　启蒙世界观的实质——主体形而上学

能在理性的注视下呈现出来；那么"对于可说的我们应当说清楚"，"对于不可说的东西我们必须保持沉默"① 成为理性时代人们的基本态度。自然成为理性的对象，意味着自然的祛魅，而人成为能够认识自然进而改造自然的存在者，意味着人的祛魅。作为人之理性体现的现代科学，不断地征服自然界，不断地缩小"自在世界"的范围而扩大"自为世界"的界限，尤其是牛顿物理学体系的建立，使人们对建立一个绝对的知识体系充满了信心。在大胆使用自己的理性的进程中，人们发现，人不仅能为自然立法，进而也能为道德立法，为历史立法。于是很快，启蒙时代的人们发现，人是世界的中心，是作为世界的根据和标准而存在的。因此，在某种意义上，"人类中心主义"是启蒙时代人类存在的基本样式。因为，随着世界的祛魅和人的觉醒，存在的一切都打上了人的烙印。与人无关的存在者是有之非有、存在的无。马克思一针见血地指出："凡是有某种关系存在的地方，这种关系都是为我而存在的；动物不对什么东西发生'关系'，而且根本没有'关系'；对于动物来说，它对他物的关系不是作为关系存在的。"② 尽管人高于动物是一个客观的现实，但这种主体意识仅仅在启蒙运动时期才开始觉醒，而且一旦觉醒并走向极端便产生了巨大的消极后果，这一点已被人类历史的发展所证实。

而人之觉醒实际上是理性地位的确立，作为近代哲学的创始人，笛卡尔从理性的角度确证起理性主体的中心地位。"我思故我在"，我的存在并不需要外在存在者的保证，相反，任何其他存在者的存在都是由"思"所确立的（当然由于笛卡尔把思维与存在决然区分开来，最终又面临着如何统一的问题，结果笛卡尔在怀疑上帝的同时，又将上帝确立为我之存在的最高根据）。因为什么都是可以"怀疑"的，但唯独怀疑本身是没法再怀疑的，因为对怀疑的怀疑本身就确立起"思"存在的坚定基础。思

---

① 维特根斯坦：《逻辑哲学论》，贺绍甲译，商务印书馆1996年版，第105页。
② 《马克思恩格斯选集》第一卷，人民出版社1995年版，第81页。

启蒙之后的"启蒙"

的不可置疑的主体地位的确立，代表着人作为理性存在者的中心地位的确立。在黑格尔看来，笛卡尔思维原则的确立代表了绝对精神的回归，"勒内·笛卡尔事实上是近代哲学真正的创始人，因为近代哲学是以思维为原则的。思维是一个新的基础。……他是一个彻底从头做起、带头重建哲学的基础的英雄人物，哲学在奔波了一千年之后，现在才回到了这个基础上面。"[①] 理性的中心地位一旦确立，启蒙世界观就开始构造其新的世界图景、思维方式和价值观念。

三 启蒙与主体形而上学

近代的启蒙哲学家普遍地将人定义为理性（广义上的理性）的存在者，而理性其最初的首要含义乃是作为与信仰相对立而得到定义的。但这远不是理性的初衷，理性还有更广阔的含义。随着以理性为基础的近代科学技术的发展，自然逐渐地成为纯粹的质料，而失去了任何其他的含义，而作为自然界的一员人可以脱离自然并赋予自然以意义的理性的存在者。这一人类中心主义的消极后果直到 20 世纪才显现出来，也就是主体性的膨胀导致了一个"世界图像化的时代"，人成为主体，而世界成为"图像"。但在启蒙时代，技术正是人的主体地位得以确立的重要依据。在科学和知识领域中理性所取得的巨大成就，使人类有理由相信人可以作为世界的立法者而存在，不仅为自然立法，而且为道德立法、为历史立法。也就是说人成为世界主体，成为超时空的形而上学的存在者，这就是主体形而上学。理性是西方的代名词，但很显然古希腊的理性与近代以来的理性存在本质的区别，这是主体形而上学得以可能的一个前提。理性在古希腊世界总是具有政治的含义，与作为"组织化的记忆"的城邦密不可分。"希腊人发明的不是'理性'这个唯一的、普遍的范畴，而是'一种理性'，一种以语言为工具、可以用来制约人而不是用来改造自然的理性，一种政治的理性，即亚里士多德所说的人是政治的动物

[①] 黑格尔：《精神现象学》（第3卷），贺麟、王太庆译，商务印书馆1978年版，第63页。

第一章 启蒙世界观的实质——主体形而上学

这个意义上的政治的理性。"① 而现代意义上的理性显然是由近代自然科学所培植起来的一种实验理性,与古代的政治理性完全不同。"几何学最初与政治结合在一起,但这样的结合却没有在数学与自然,计算与实验之间出现。对于希腊思想来说,尽管社会应当服从数量和尺度的制约,但自然却代表着不精确事物的领域,不适合精确的计算和严谨的推理。希腊理性不是在人与物的关系中形成的,而是在人与人的关系中形成的,它的发展不是得力于那些对世界发生作用的技术,而是得力于那些对他人发生作用的基础,这些技术的共同手段就是语言,它是政治家、修辞家和教师的艺术。希腊理性是这样一种理性,它以实证的、反思的、系统的方式影响人,而不是改造自然。不论就其局限性还是就其创造性而言,希腊理性都是城邦的女儿。"② 在政治的理性这里,没有绝对的主体,只有有限的以善为导向的行动者,而在启蒙的世界中,存在的是同质化的取代上帝地位的世界的立法者,由此主体形而上学才能称为启蒙世界观的本质。

启蒙大师康德以谨慎的态度阐明了启蒙精神及人作为立法者的存在。在康德看来人为自然立法,但这里的自然显然不是自在的自然,而只是通过人的时空形式和知性范畴所"侵蚀"过的现象,试图以有限的"认知之网"去把握物自体,结果只能导致"先验幻象";人为道德立法,人作为自由的存在者,其善良意志必然要使个人准则上升为普遍性的法则,但"德"与"福"的统一必须设定上帝的存在;人为历史立法,人们并没有关于历史的规范性原理,但是作为目的的人却可以合理地期望"人类是在不断朝着改善前进"。总之,作为启蒙运动的代表者和启蒙精神的阐释者,康德以"有限理性的存在者"作为其理论的基础,在很大程度上纠正了法国启蒙运动思想家理性无限以及纯粹唯物主义的谬误。在康德看来,启蒙运动以自然科学的逻辑使世界祛

---

① 韦尔南:《希腊思想的起源》,秦海鹰译,北京大学出版社2012年版,第14页。

② 同上书,第122页。

启蒙之后的"启蒙"

魅,但也根本上使人沦为纯粹自然的存在者。因为在启蒙运动的机械论世界图景中,不仅世界成为一个按照因果逻辑运行的大机器,而且人也成为一台机器,只不过人是一台更为精巧的机器,这集中体现为霍布斯的理论中。"霍布斯认为,人类在机械的意义上,就像一台自我运转的机器,人的特异之处就在于他们为了关心未来的幸福而不断地努力"。① 如此人之为人的自由维度被遮蔽了,因而这种唯物主义是"敌视人"的。康德认为人作为自然界的一员,他受必然性他律的支配,人作为自由王国的一员,他又能为自己立法从而自律。人的有限理性的存在正是其高贵性的体现,如此人的启蒙正是要"大胆使用自己的理性",但启蒙了的人并不是作为上帝而存在,而是作为目的、作为自律的立法者而存在。而传统的上帝也因人的有限性而被有限化,因为在人与上帝的内在关系中,是人而不是上帝具有存在的优先性。"昔日的'上帝'所具有的种种至高无上的超越性质,如今被有条件地(以人的有限性为条件)置于人的概念之中。……作为人的信念的上帝的实存是有条件的,而是有着上帝信念的人的实存则是无条件的。"②

如果说康德的启蒙世界观只是把主体形而上学的基本精神审慎地表达了出来,作为以"思维"为最高原则的黑格尔显然不会满足于康德的有限理性及立法者的"羞羞答答"。在黑格尔看来,承认康德的理性所无法把握的"神秘之域"是理性对自身使命的放弃。黑格尔从"思存统一"出发阐明了他的绝对理性的启蒙世界观。首先,在黑格尔看来,认识不仅以现象为对象,更应当上升到本质,使知识成为"绝对知识"。康德以物自体不可知为由,把人的知识限制在自然界的有限领域,因为概念是有限的,但在黑格尔看来,"再也没有比物自体更容易知道的东西"③。因为物自体是一个"极端抽象,完全空虚的东西",而概

---

① 阿克塞尔·霍耐特:《为承认而斗争》,胡继华译,上海世纪出版集团2005年版,第13页。
② 陈剑澜:《康德的启蒙之问》,《读书》2004年第5期。
③ 黑格尔:《小逻辑》,贺麟译,商务印书馆1980年版,第126页。

第一章　启蒙世界观的实质——主体形而上学

念的辩证法,从抽象开始,逐步达于对绝对的把握从而形成具体而内容无限丰富的真理。其次,在道德领域,黑格尔认为康德的"动机论"是一种形式主义,如果人道德上的尊严仅仅是体现在"你应当如此"的内在良心之上,那么这无疑是使实践理性成为一种抽象的空洞口号。因为"这种实践理性设定的善这个普遍规定不仅是内在的东西,而且实践理性之所以成为真正的实践的理性,是由于它首先要求真正地实践上的善必须不仅仅是主观的,而且须有普遍的客观性。"[①] 所以在黑格尔看来,真正的理性必定是内容与形式的统一,客观与主观的统一。自由的主观理念必定实现在作为客观精神的家庭、市民社会、国家之中。最后,在历史领域,黑格尔认为历史的发展是具有规范性内涵,即是有章可循的。"世界历史是理性各环节光从精神的概念中引出的必然发展,从而也是精神的自我意识和自由的必然发展,这种发展就是普遍精神的解释和实现。"[②] 如果说康德对有限理性的人能否把握历史规律持一种怀疑态度,从而只能以"臆测"来答复"人类史在不断朝着改善前进吗?"那么黑格尔则明确指出历史无非是绝对精神的必然发展,而人的理性能切中历史发展的规律。总之,无论是在认识、道德还是历史领域,黑格尔都超越了康德有限理性的根本信念,赋予理性以无限性,从而使主体形而上学达到了顶峰。

正如启蒙运动初期,其大胆使用理性的勇气来源于科学所展现的人的力量,随着启蒙运动的进展,科学也日益将人置于最高的主体地位。"决定性的事情并非人摆脱以往的束缚而成为自己,而是在人成为主体之际人的本质发生了根本变化。"[③] 那么人发生了什么样的变化呢?这就是"人成为存在者本身的关系中心。"[④] 于是在科学领域,主体形而上学最鲜明地显现出来。存

[①] 黑格尔:《小逻辑》,贺麟译,商务印书馆1980年版,第143页。
[②] 黑格尔:《法哲学原理》,范扬、张企泰译,商务印书馆1961年版,第352页。
[③] 海德格尔:《林中路》,孙周兴译,上海译文出版社2004年版,第89页。
[④] 同上。

启蒙之后的"启蒙"

在者失去了自在的含义,被置于人的面前,受人的支配与决定。但主体中心主义不仅体现在自然领域,甚至人的一切存在的方面都置于主体形而上学逻辑的观照之下。"当研究或者能预先计算存在者的未来过程,或者能事后计算过去的存在者时,研究就支配着存在者。可以说,在预先计算中,自然受到了摆置;在历史学的事后计算中,历史受到了摆置。"① 而所谓的"研究"、"摆置"正是深刻地体现了主体形而上学的逻辑及其后果。当然这里需要指出的是主体形而上学与古希腊的形而上学到底存在何种区别?

尼采与海德格尔对形而上学的批判具有十分重大的理论意义,也可以对此问题有一个合理的回答。尼采激烈地批判形而上学,认为形而上学导致了虚无主义,试图通过颠倒形而上学来克服虚无主义的危机。而海德格尔则认为颠倒的形而上学仍然是形而上学,因为它并没有触及、废除形而上学的基本建制即感性与超感性世界的二元区分。海德格尔认为形而上学由于遗忘了存在,而存在的遗忘就是虚无。但海德格尔更加关注的现代社会人的无家可归,"这样一个社会被不断增长的繁殖力带来的富足搞得眼花缭乱,沉浸在一种无休止运转的平稳过程当中,它就不再能认清自身的空虚——一种不能在[它的]劳动过后把自身确定和实现为'主体'的生活的空虚。"② 从而在"时间"问题上,虽然他们表面上是非常的古典,但在实质上,他们却是现代的。尼采的"永恒轮回"显然不是古希腊的人所理解的永恒轮回,"根据希腊人的世界观,一切事物的运动都是同一种关于宇宙的素朴理解,它把关于时间中的变化的认识和关于有周期的合规律性、持存性和不变形的认识统一起来。"③ 但尼采的"永恒轮回"却是为了强调权利意志的创造性、未来性。"意志必须通过学会,也'向后意欲'而自己拯救自己。它必须自愿地接受非所意愿

---

① 海德格尔:《林中路》,孙周兴译,上海译文出版社2004年版,第88页。
② 同上书,第277页。
③ 卡尔·洛维特:《世界历史与救赎历史》,李秋零、田薇译,上海世纪出版集团2006年版,第33页。

第一章　启蒙世界观的实质——主体形而上学

的，即我们无所意欲而发生了和存在着的一起事物的过去，尤其是我们自己存在的已经发生了的宿命。所有这些意欲、创造和向后意欲，都是非希腊的、非古典的、非异教的。"[①] 因而尼采的时间在根本的气质上是以"未来"为取向的。而海德格尔拒绝流俗地将时间理解为纯粹的、无始无终的现在序列，而将本原性的时间理解为"绽出"，但他认为时间的维度是以未来为特征的，因为他指出："源始而本真的时间性的首要现象是将来。"[②] 因而当海德格尔将人的存在理解为生存的时候，生存指的是"去存在"。于是海德格尔的始源性的时间概念也绝不是古希腊的，而是现代的，即以未来为取向的。而以未来的时间为导向，正是现代性或主体形而上学的基本维度，而进步与发展则正是植根与主体形而上学的基本维度。

因而主体形而上学区别于传统形而上学的根本方面之一乃是在传统形而上学中，时间意识受制于逻各斯或上帝，由此，时间是意义的所在之处，因为时间是受到严格约束的，从而在某种意义上是有限的。但是在主体形而上学视域中，由于逻各斯或上帝的合法性受到质疑而被驱逐，从而不受约束的时间本身成为第一性的存在。这样一种失去了精神意义的纯粹数学和物理的时间，它的基本特征是均质性、唯一性、单维性，而在洛维特看来这正是现代虚无主义的滥觞。所以主体形而上学及其蕴含的进步观虽然历史性地宣告了人之存在的最高可能性，但是主体形而上学却是以"历史主义"告终。"西方现代的'历史观念'大体经历了三个阶段，第一阶段是'进步的观念'的提出，第二阶段是'历史观念'的提出，而第三阶段则是走向所谓'历史主义'。第一阶段即所谓'进步的观念'的兴起是在马基雅维利开端的反叛古代以后，培根等早期启蒙哲学家的乐观主义的'历史'观念，他们坚信一旦现代人彻底地挣脱'古人'的思想枷锁以后就

[①] 卡尔·洛维特：《世界历史与救赎历史》，李秋零、田薇译，上海世纪出版集团2006年版，第247页。

[②] 海德格尔：《存在与时间》，陈嘉映、王庆节译，生活·读书·新知三联书店2006年版，第375页。

启蒙之后的"启蒙"

能走上人类无限'进步'的大道,尤其相信'科学技术的进步'必然会给人类带来福祉和光明。但卢梭第一个打破了启蒙运动的这种迷蒙,指出'科学技术的进步'并不等于人类的进步,因为科学技术同样可以造成人类的败坏甚至毁灭人类。康德接过了卢梭的这个问题而将'进步的观念'改造成他自己的'历史观念'。所谓'历史观念'就是承认卢梭所言科技进步和现代的进展将伴随着人类的灾难,但康德认为'历史'作为一个总体过程必然地甚至不以人的意志为转移地走向自己的终点,这个终点就是人类的'目的王国'即自由王国。这是因为康德哲学将'自然'与'道德'分离,因此康德的'道德'即自由的实现就必须在'历史'中来完成,但这'历史'的进展并不是由人的道德行为来实现,而是由'天意'借用邪恶和暴力来促成,但最后的结果则是根除邪恶和暴力。盖尔斯顿强调正是康德首先提出的这个'历史观念'导向黑格尔和马克思的'历史的狡计'概念,即所谓历史是由看不见的无形之手所推动或即由'恶'推动,但人类最后必定将从'必然王国'走向'自由王国',从而达成'历史的终结'。……第三阶段则是上述'历史观念'的破产,特别是第一次世界大战以后,欧洲没有人再相信康德、黑格尔的这种'总体历史',随之出现的是存在主义的'历史主义'观念,即认为历史根本就没有方向,根本就没有目标,甚至根本不存在所谓的'历史'。因为所谓的'历史'至多是某个'特别时刻'的突然来临或'绽出',这种'绽出'既无法预料,更没有任何因果必然性,一切都是任意的,一切都只能归结为某个体或某群体的命运。"[①] 实际上当主体形而上学取得绝对支配地位之时,也是主体形而上学面临深渊之际,本书的第二章将予以论述。

[①] 甘阳:《政治哲人施特劳斯:古典保守主义政治哲学的复兴》,施特劳斯:《自然权利与历史》,彭刚译,生活·读书·新知三联书店2006年版,第12—13页。

第一章　启蒙世界观的实质——主体形而上学

第二节　启蒙世界观的特征

启蒙世界观的本质是主体形而上学，主体形而上学主要体现为人作为最高的主体居于世界的中心，而其他的一切存在者都要通过主体而予以说明，因而在这个意义上人是作为最高的立法者而存在的。那么作为启蒙世界观的主体形而上学有哪些根本的特征？借鉴哲学家们的研究成果，我们大致可以归纳为三点：超验的萎缩、功利主义、自然权利。

一　超验的萎缩

"知识就是力量"，成为启蒙时代人们的座右铭。知识是与迷信、权威相对的，而拥有知识就意味着人摆脱了愚昧、神秘和恐惧，成为一个理性的人。知识扩展的过程就是"神秘之域"不断萎缩、消失的过程。因而任何事物都必须在理性的法庭上来证明自己的合法性，超验的存在经不住检验而自行瓦解。"只要人们想知道，他任何时候都能够知道；从原则上说，再也没有什么神秘莫测、无法计算的力量在起作用，人们可以通过计算掌握一切。而这就意味着为世界祛魅。"[1] 在康德看来，知识的领域或自然科学的领域，一切都是必然的，而必然性来源于人的"主观性"，因而凡是不能成为"先天综合判断"的命题都不是真正的知识，而科学正是真正的知识。

在自然领域，是不可能存在不可理解的神秘之物的，因为一切都在人的认知形式的作用之下。康德在理论理性领域杀死了上帝，也就宣布任何超验的神秘之物在知识领域之中的存在都没有合法性。科学驱逐了一切脱离规律的存在之物，但科学又要求在一切领域中都具有合法性，即在所有人类存在的领域中都确立起自身的权威地位。那么自由领域是否也可以科学化呢？康德作为一个自由主义者极力捍卫人的尊严与伟大，认为"人是目的"并

---

[1] 马克斯·韦伯：《学术与政治》，冯克利译，生活·读书·新知三联书店2005年版，第29页。

启蒙之后的"启蒙"

且只能作为目的而存在,因为人的自由意志超越了自然,摆脱了因果必然性能够自由地选择。但康德显然没有摆脱科学主义逻辑的影响,因为尽管康德认为人能为道德立法,但"法"在形式上无疑是借鉴了科学的根本特征:普遍必然性。"根据康德的观念,实践理性不适用任何外在于自身的标准。它不诉诸任何来自经验的内容,因此,康德反对使用幸福或援引上帝启示的那些独立不倚的论辩,只会强化一种在康德有关理性之功能与力量的观点中已经包含了的立场。理性的本质就在于制定普遍的、无条件的、内在一致的原则。从而一种合理的道德所规定的原则,能够也应该独立于各种环境和条件而为一切人所信奉,亦即能够一贯地为每一个理性的行为者在任何场合下所遵守。"① 因而当康德被称为道德领域的牛顿时这不是一个简单的类比,而是指康德遵循并吸收了牛顿物理学的普遍性逻辑使之成为道德领域的根本逻辑。这集中体现为康德对准则与法则的区分以及认为实践理性的根本内涵就是普遍性的法则。"实践原理是包含意志一般决定的一些命题,这种决定在自身之下有更多的实践规则。如果主体以为这种条件只对他的意志有效,那么这些原理就是主观的,或者是准则;但是,如果主体认识到这种条件是客观的,亦即对每一个理性存在者的意志都有效,那么这些原理就是客观的,或者就是实践法则。"② 而实践理性就其本质来说就构成了绝对的道德原则,"绝对道德原则源自于实践理性本身,这一启蒙运动的理念因而具有两个关键的组成部分。首先它主张:合理的行动就其合理性被所有理性行动者所接受的行动,其次它假设:理性对于行为所施加的绝对要求就等同于我们认作道德的东西。"③

实际上在康德的内在逻辑中,科学与自由一直处于内在的紧张之中。如加达默尔中肯地指出:"康德所创造的新美学所包含的彻底主体化倾向确实开创了新纪元,一方面由于它不相信在自

---

① 麦金太尔:《追寻美德》,宋继杰译,译林出版社 2003 年版,第 58 页。
② 康德:《实践理性批判》,韩水法译,商务印书馆 1999 年版,第 17 页。
③ 拉莫尔:《现代性的教训》,刘擎、应奇译,东方出版社 2010 年版,第 51 页。

第一章　启蒙世界观的实质——主体形而上学

然科学的知识之外有任何其他的理论知识，从而逼使精神科学在自我思考中依赖自然科学的方法论，另一方面由于它提供了'艺术要素'、'情感'和'移情'作为辅助工具，从而减缓了这种对自然科学方法论的依赖。"① 而墨菲也几乎在同样的意义上批评了康德实践理性的实证主义意蕴，"'伦理知识'与特定的科学知识不同。建立在习惯、共同体中通行的文化和历史背景的基础上，并且意味着拒绝指向普遍性的所有遁词。这是一种适合研究人类实践的理性类型，它排除了实践'科学'的所有可能性，而要求一种'实践理性'的存在……康德提出了一个非常不同的实践理性概念——要求普遍性。正如利科所看到的：'通过将普遍化的规则提升到最高原则的级别，康德发端了一种最危险的理念，这个理念从费希特到马克思一直盛行；与理论领域对科学知识的要求相并行，实践领域也屈从于知识的科学类型了。'所以加达默尔也批评康德在人文科学中打开了通向实证主义的大门。"② 实际上启蒙时代的大多数哲学家们都是科学家，并试图以科学方法论去建构自己的整个哲学体系，且以此为基础提出自己的政治理想（本书第二章将予以详细论述）。

　　同为启蒙运动健将的黑格尔也深刻地指出了启蒙运动所具有的对超验进行拒绝的特征。"绝对或上帝被还原为关于最高存在的空洞观念，对于这个观念无法做出更进一步的描写。由于所有特殊现实现在都看作仅仅是物质和可感觉到的东西，所有特殊描写所给予的意义只能根据这个现实来理解。"③ 也即是说，"唯物主义"成为启蒙运动的一项基本原则，一切存在物如果不能被分解或归纳为"物质"即一种可以以理性加以认识的事物，那么其存在的真实性是大打折扣的。在西方人的精神生活中的最高神圣存在者——上帝，也难逃被"物质化"的命运，启蒙思想家中的

---

　① 加达默尔：《真理与方法》（上卷），洪汉鼎译，上海译文出版社2004年版，第53页。
　② 尚塔尔·墨菲：《政治的回归》，王恒、臧佩洪译，江苏人民出版社2005年版，第17页。
　③ 查尔斯·泰勒：《黑格尔》，张国清译，译林出版社2002年版，第276页。

启蒙之后的"启蒙"

极端主义分子宣称上帝不存在,而温和的启蒙哲学家则认为上帝是"理性神"。但这在黑格尔看来,这是启蒙运动所存在的严重不足。近代以来的时代是一个以"思维"为原则的时代,但如果思维仅限于认识"可知"的事物,那么这无疑是对思维原则的最大讽刺。"继之而来的知识上的庸俗浅薄——这就是所谓启蒙——便坦然自得地从自认其无能,并自矜其根本忘记了较高兴趣。最后所谓批判哲学曾经把这种对永恒和神圣对象的无知当成了良知,因为它确信曾证明了我们对永恒、神圣、真理什么也不知道。"① 因而黑格尔认为启蒙运动对超验领域的拒斥实际上是一种虚浮和自夸,因为它主张放弃理性的根本使命:超越有限的现象而达到对无限实体的把握,从而使有限的知识上升为"绝对知识"。

总之,超验的萎缩体现的是世俗化这样一种现代社会的基本精神气质。对超验的拒绝是以人对上帝的取代为前提的,也就是说在启蒙的视域中,人才是真理、价值、秩序之源,人类的社会归根到底并不是建立在未经反思的习俗、信仰的基础之上,相反,都是人的理性建构的结果。因而按照启蒙的原则确立的世界是平面的、其间只有主体生活于其中的世界。人作为主体正是在同超越的拒斥中建立了自己,由此造成的后果是人失去了崇高感与皈依感,得到的只是虚假的满足。"个人除了失去了其行为中的更大社会和宇宙的视野外,还失去了某种重要的东西。有人把这称为生命的英雄维度的失落。人们不再有更高的目标感,不再感觉到有某种值得以死相趋的东西。"② 世界的平板化和个体的自我专注都是超验领域消失的伴随物,当然这一点只有在 20 世纪才得到了真切的体现。与超验的萎缩相关的就是价值领域所实现的由信仰的伦理向功利主义的转变。

二 功利主义的盛行

启蒙世界观由于拒斥了最高存在者上帝对现实生活的作用,

---

① 黑格尔:《小逻辑》,贺麟译,商务印书馆1980年版,第34页。
② 查尔斯·泰勒:《现代性之隐忧》,程炼译,中央编译出版社2001年版,第4页。

第一章　启蒙世界观的实质——主体形而上学

那么其后果是一切存在都失去神圣特征。在传统世界观中，自然是一个合目的的体系，而上帝居于最高的地位并赋予这个目的论体系中的每一事物以意义。但随着目的论宇宙观的瓦解，事物之间的关系变得"自然化"，由于人成为主体则事物与人之间的关系被"人化"。超验的萎缩导致的逻辑后果是"有用性"观念即功利主义逻辑的盛行。"认为某物是'有用'的，也就是认为它不具有与生俱来的意义。相反，它的意义是为个别事物的目的服务的。这个'有用性'观念起源于启蒙运动的世界观，并且自然地流行了起来。"① 从此，不再是任何其他的因素，而是"有用"成为判定事物价值的最终根据。更为重要的是在启蒙视域中功利主义的逻辑一经产生便很快由人与物之间的关系延伸到人与人之间的关系。

"功利主义是启蒙运动的道德规范"，"启蒙运动只接受物质现实以及它的类似于法律（规律）的联系，它没有为诸如德性这样的标准属性留下地盘，也没有为诸如从推论意义上为自然法奠定基础的标准秩序留下地盘。"② 所以在启蒙运动哲学家眼中，所谓的美德、德性无非是一种虚伪的东西。因为如果人本质上是自然的东西，那么人天生就是追求幸福与快乐的动物，理性只是实现人目的的手段，那么"有用性"成为人与人之间真实的伦理原则。黑格尔认为市民社会集中体现了这一点，"在市民社会中，每个人都以自身为目的，其他一切在他看来都是虚无。但是，如果他不同别人发生关系，他就不能达到他的全部目的，因此，其他人便成为特殊的人达到目的的手段。……受到普遍性限制的特殊性是衡量一切特殊性是否促进它的福利的唯一尺度。"③ 青年马克思更是深刻地指出了人与人之间的这种利益关系，"任何一种所谓的人权都没有超出利己主义的人，没有超出作为市民社会的成员的人，即作为封闭于自身、私人利益、私人任性、同时脱

---

① 查尔斯·泰勒：《黑格尔》，张国清译，译林出版社2002年版，第277页。
② 同上书，第277—278页。
③ 黑格尔：《法哲学原理》，范扬、张企泰译，商务印书馆1961年版，第197—198页。

启蒙之后的"启蒙"

离社会整体的个人的人。……把人和社会连接起来的唯一纽带是天然必然性,是需要和私人利益,是对他们财产和利己主义个人的保护。"① 总之,有用性是启蒙时代的人们透视事物的世界观,在这样一个世界里"一切坚固的东西都烟消云散了",人们唯有在对不断堆积的可替换的商品的消费中感受自己的存在与自由。

那么如何看待康德的道义论与黑格尔对功利主义的批判呢?他们不是在提供一种与启蒙哲学不同的一种伦理原则吗?无论是康德、黑格尔等德国哲学家都批判了法国启蒙运动者的功利主义逻辑,如康德就认为功利主义是将人由自由的存在者下降为必然的存在者,这实际上是否定了人的尊严;而黑格尔则认为功利主义的逻辑是一种庸俗的"恶无限"。因而在他们看来启蒙的功利主义是片面的。但与此同时他们又不自觉地承认了功利主义所具有的合理内涵。仅以康德为例,他的道义论实际上并不是反对功利主义,而是在某种程度上默许了功利主义,并与之一道构成了启蒙伦理学的不可分割的部分。如前文所指出的,世俗化是启蒙现代世界的基本精神气质,康德也正是在此背景中展开其道义论的。康德从道德自律出发,认为道义论或者说形式性地按照普遍的道德法则而行动是人的价值、尊严之所在,但康德同时也意识到了人存在的自然维度,那就是对利益的追求以满足情感和欲望的不可消解性。仅就康德认为伦理学的最高理念"至善"是德与福的统一这一点而言,他就承认了功利主义所具有的合理性。而且从事实上看,自由意志与自然自我处于不同的领域,而彼此又在实际上并不能相互作用。尽管康德认为幸福应该建立在德行的基础之上,但在逻辑上康德在强调义务论和动机论的同时只能对幸福及其功利主义网开一面。

另外,即使认为实践理性高于理论理性,自由高于必然的康德,尽管在伦理领域捍卫人的道德自律、动机的合理性,拒斥功利主义的思考,但在政治领域他又陷入功利主义。"因为康德只有一个形式的自由观念,他无法把他的政体观念从那个观念中推

---

① 《马克思恩格斯全集》第 1 卷,人民出版社 1956 年版,第 439 页。

第一章 启蒙世界观的实质——主体形而上学

导出来。他的政治理论最终到功利主义那里去汲取资源。我们可以这样说，它所阐明的是关于以自己方式寻求幸福的功利主义见解。"① 实际上，启蒙视域中的政治学正是这样一种功利主义的政治学。"我们不应根据社会是什么或者它表现了什么来评判它，而是应该根据社会获得的东西，根据人的需要、欲望和目标的实现来评判它。社会逐渐地被人看作是一个工具。它的不同样式和结构将被科学地得到研究，因为它们对人类的幸福产生了影响。"②

爱尔维修的伦理观真实反映了启蒙时代的法国人的真实想法。"当人们在作为道德主体的人身上寻找一个唯一的东西的时候，它把这个唯一的东西称为爱己，并且努力表明，凡是我们称为美德的东西，总之一切行动、法律、正义，全都是仅仅以爱己、利己为基础的，并且是消融于其中的。"③ 功利主义侵入政治领域，瓦解了政治的神圣性，使政治下降为纯粹的技术活动。而所谓的政治德性纯粹以效率为准则，效率以及"最大多数人的最大利益"而不是美德或救赎成为政治制度的基本原则。一个理性的政治国家之所以是可欲的，并非因为它在道德上是完善的，而是因为它能满足绝大多数人的利益。作为现代政治哲学的奠基人，马基雅维利则明确把政治加以非道德化，认为判定一个君主是否英明，并不在于他的道德高尚与否，而是取决于其"能力"。马基雅维利甚至要君主做一个会欺骗的小人："许多和约和许多诺言由于君主们没有信义而作废和无效；而深知怎样做狐狸的人却获得最大的成功。但是君主必须深知怎样掩饰这种兽性，并且必须做一个伟大的伪装者和假好人。"④ 政治领域的工具主义和功利化自启蒙运动时起而至今仍是我们时代最大的特征。

---

① 泰勒：《黑格尔》，张国清译，译林出版社 2002 年版，第 568 页。
② 同上书，第 630 页。
③ 黑格尔：《哲学史讲演录》（第 4 卷），贺麟、王太庆译，商务印书馆 1978 年版，第 231 页。
④ 马基雅维利：《君主论》，潘汉典译，商务印书馆 1985 年版，第 84 页。

启蒙之后的"启蒙"

三 自然权利

与超验的萎缩、功利主义并行的启蒙世界观的第三个特征是关于自然权利的假设,不管这个假设在当代遭到了何等的批判(最激烈的莫过于麦金太尔直接将权利概念等同于独角兽的概念而归于幻象),但这个观念却成为当近代以来政治社会建立的基础和"顶拱石",而且权利成为人们普遍接受的观念。自然权利理论是在反对基督教国家理论中产生并兴起的,它成功地摧毁了古希腊的目的论和中世纪的神学政治观,塑造了一种新的政治人性论和社会秩序。

自然权利理论本质上是一种个人主义政治哲学,它的目的是要确定个体的人存在的优先性,这正是对产生于古希腊并一直延续到中世纪基督教的"人是政治动物"这一基本信念的反叛。在传统自然法理论中,人都是作为共同体中的一员追求人的本质之实现的目的性的存在者,也就是说个体从来不是独立的,它要么受逻各斯的限制,要么以上帝存在为依托。但是至中世纪后期开始所产生的社会结构的转型,使古代的自然法理论的目的论与人性论变得可疑,因为以近代工业、商业、海外贸易的发展以及世俗城市的日益独立"所产生的结果是政治和经济活动领域的长足发展,远远超过了传统道德的保护框架,以至于道德再也不能只是作为一种德行的规范秩序被研究了。所以,一点也不奇怪,正是在社会结构的变革已经彻底完成的地方,古典政治哲学转变成了现代社会理论。"① 这就是人是作为以自我为中心关心自己的私利,并具有理性计算能力的存在者,近代的天赋人权说不过是对这种人性论的理论表述。而个人主义、主体主义正是这种人性论的逻辑后果。自私自利的存在者并非一种理论的抽象或建构,而是植根于现实的社会——以市场经济为基础的市民社会。"经验科学的兴起伴随着社会领域和经济领域的封建等级制度的衰落和市场竞争关系对它的逐步取代,这种市场竞争关系的核心在

---

① 阿克塞尔·霍耐特:《为承认而斗争》,胡继华译,上海世纪出版集团2005年版,第12页。

第一章 启蒙世界观的实质——主体形而上学

于,人是占有财产和渴望获得财产的生物。"① 也就是说自近代以来,人不再追求卓越的德性存在者,而是等同于他的"物理特质"和"经验占有"。所以不难理解,为何在经验主义哲学家那里,生命、财产始终是其核心词汇。阿伦特眼光独到地指出作为法国大革命精神原则的《人权宣言》,它捍卫的无非是作为"自然人"的基本欲望的合理性。"法国的《人权宣言》,正如大革命对他的理解那样,意在成为一切政治权力的源泉,为政治体奠定基石,而是不是加以控制。新的政治体应当建立在人的自然权利的基础上;建立在他仅仅作为一个自然存在的权利基础上;建立在他'吃、穿和种族繁衍'的权利的基础上;也就是说,建立在他满足生活必需性的权利的基础上。"② 因而现代社会的核心原则是权利,而权所关注的乃是纯粹的生命的生存。"社会建构了生命过程本身的公共性组织的最鲜明标志,也许表现在这样一个事实上:在一个相当短的时间内,新兴的社会领域把所有近代共同体都变成了劳动者和打工者团体;换言之,他们都一下子围绕着生命所必需的活动组织起来。社会就是这样一种模式,在它里面,人们为了生命而非别的什么而相互依赖的事实获得了公共的重要性,与纯粹生存相联系的活动被允许现身于公共场合。"③ 而以经济人即以自利为本质特征的理性人则为了更好地维护自己的利益,以契约的形式建立起国家这样一种公共的权力机构,而政府的合法性就来自于公民的同意。所以人的同意而非逻各斯或上帝成为整个政治社会的权威性基础,这正是近代社会"人本化"的特征。

自然权利源自于近代西方政治思想家们关于自然法(理性)的先验假设,它宣布所谓自然权利是人生而具有的,即自然赋予人的权利。"'自然'在当时并不是指事物的存在,而是指真理的起源与基础。无论其内容如何,凡属自身确定的、自明的、无

---

① 多迈尔:《主体性的黄昏》,万俊人等译,上海译文出版社1992年版,第10页。

② 阿伦特:《论革命》,陈周旺译,译林出版社2007年版,第93页。

③ 阿伦特:《人的境况》,王寅丽译,上海世纪出版集团2009年版,第30页。

启蒙之后的"启蒙"

须求助于启示的真理,都是属于自然的。"① 即只要是人就平等地享有这种人之为人的权利,而不论其出生、性别、天赋等。尽管对于自然权利包含哪些内容,启蒙哲学家们并没有达成一致,但大体都赞成洛克所说的"生命权"、"自由权"、"财产权"。"理性,也就是自然法,教导着有意遵从理性的全人类:人们既然都是平等和独立的,任何人就不得侵害他人的生命、健康、自由和财产。"② 而卢梭则更是将自然权利与人之为人等同起来:"放弃自己的自由,就是放弃自己做人的资格,即是放弃人的权利。"③ 但卢梭所说的人并不是霍布斯的自私自利、恐惧暴力与死亡的"自然人",而是"道德人"。实际上随着"自然"一词的逐渐贬值,人之为人的尊严再也不能在自然中找到根据。因为在18世纪自然逐渐地由真理的代名词转变为纯粹物质性的存在,"自然界看来归根到底就只不过是普通人日常所观察和处理的普通事物,而自然律则仅只是这些行为一律的方式而已。"④而自然必然性的进一步贬值则成为人的欲望的代名词。因而到康德这里,理性而不是自然是人之为人的本性,人的本质有着更高的形上根据,那就是人的自由、道德。"唯有道德的自由才使人类真正地成为自己的主人;因为仅只有嗜欲的冲动便是奴役状态,而唯有服从人们自己为自己所规定的法律,才是自由。"⑤ 康德接过了卢梭道德"自律"的思想,在形而上学的基础上进一步论证了权利(自由)的客观性。康德更愿意使用天赋人权而不是自然权利一词来表达人存在的自由特征:"只有一种天赋的权利,即与生俱来的自由。"⑥虽然康德在《法的形而上学原理》一书中到处使用"自然的权利"、"根据自然而享有的权利",但这里的自然显然不是指自然界或必然性,而是指理性。

---

① 卡西尔:《启蒙哲学》,顾伟铭译,山东人民出版社2007年版,第224页。
② 洛克:《政府论》,叶启芳、瞿菊农译,商务印书馆1964年版,第4页。
③ 卢梭:《社会契约论》,何兆武译,商务印书馆1980年版,第15—16页。
④ 卡尔·贝克尔:《启蒙时代哲学家的天城》,何兆武译,江苏教育出版社2005年版,第50页。
⑤ 卢梭:《社会契约论》,何兆武译,商务印书馆1980年版,第26页。
⑥ 康德:《法的形而上学原理》,沈叔平译,商务印书馆1991年版,第50页。

第一章　启蒙世界观的实质——主体形而上学

在康德看来，人作为自然的存在者受必然性的支配，但人作为自由的存在者可以摆脱感性欲望的控制而实现自由意志的自我立法。那么自我立法是否具有普遍性？康德根据"真正的理性是普遍的"这一理性主义的根本信念，设立了实践理性的"可普遍化原则"检验原则来检测个体立法的普遍性。"这样行动：你意志的准则始终能够用作普遍立法的原则"，除非通过此项标准的检测，否则所谓个人的立法永远只是主观性的准则，显然康德认为存在着这样的先验法则。当然康德的实践理性立法原则所蕴含的权利思想——"人是目的"成为康德伦理学的最高道德诉求。"就其本身就是目的的这一要求而言，他就应该作为这样的一个人而为每一个别人所尊重，而绝不能作为单纯是达到其他目的的手段而被任何别人加以使用。"① 实际上"人是目的"这一权利的形而上学基础成为启蒙世界观最重要的价值理念，并一直影响到现代社会政治的理论与实践。

"人是目的"代表了启蒙思想家们对人的自我立法高贵性的强调，它确立起现代政治的普遍原则：权利优于善。但显然这种主体形而上学蕴含着内在的分裂：个体主体性与普遍主体性的内在冲突。在康德的实践哲学中，到底是个体的自由优先，还是普遍的自由优先，康德似乎并没有明确的答案，而总是在二者间摇摆。根据康德伦理学的基本假设人是自由的，因为人的意志可以不受任何外在因素的决定而自由选择，这也是道德得以可能的前提。当然个人的选择可能对也可能错，因为自由是有风险的，但这正是人之为人的尊严，也是作为有限理性存在者的价值所在。这里康德显然是体现出了现代性的基本原则：个体性。但康德马上又认为个体的准则实际上是主观的，本身并不具有道德含义，而只有使准则上升为普遍法则的自我立法才具有道德意义，因而在此自我立法的普遍性在康德的理论中具有最高的地位。但是如果个人的选择只有选择"普遍的法则"，才具有真实的含义，那么所谓选择则只是形式、空洞的，并无实质的含义。自然权利正

---

① 康德：《历史理性批判文集》，何兆武译，商务印书馆1990年版，第66页。

启蒙之后的"启蒙"

是蕴含着内在分裂的风险,因为个体主体性总是处处占据上风。

施特劳斯在其代表作《自然权利与历史》中,证明了近代自然权利理论"权利优于善"在现代的逻辑后果——虚无主义。施特劳斯认为近代以来的西方政治理论对古典政治理论的一个根本的改变是 nature right 一词由"自然正确(正当、正义)"蜕变为"自然权利",而在近代权利理论又经历了从"自然权利"蜕变为"人的权利"的过程。人的权利的确立实际上是以古典的目的论宇宙观的瓦解为前提的。但人权作为基本的政治信念一旦确立,权利的主体便由单数变为复数。因为古典自由主义实质上是一种"政治个人主义","他们的基础是这样一幅社会画面:其成员(毋宁说是政治上有关的成员)正是前面所能描述过的抽象个人,根据这一观点,公民构成了'独立的意识中心',他们都是独立的理性存在,是他们自己需要和偏好的唯一创造者,是他们自己置身利益——这可以通过询问或观察他们意欲何为而得到确认——的最好判断者。"① 权利的主体不再是异质性的德性存在者而是同质性的利益存在者,即纯粹的私人。正如我们前文已经指出过的,目的论体系的瓦解与世俗化以及作为经济人的理性主体地位的确立基本上同时发生,但需要指出的是这里的世俗化并非意味着现实的政治与世界,相反按照阿伦特的理解,近代人从超越的上帝之国撤回此岸世界时他并没有赢得现实的世界,而是被抛回到"内省的封闭领域"。"无论'世俗'一词在通常的用法上表示什么,在历史上都不可能等同于世界性;当现代人丧失了彼岸世界的时候,他无论如何也没有赢得这个世界,严格来说,没有赢得生命;他被抛回到生命,被抛入内省的内在封闭领域,在那里他的至上体验是心灵的自我推理过程、自己和自己玩的空无一物的过程。这个过程所剩的唯一内容是胃口和欲望……唯一潜在不朽的东西——像古代的政治国家和中世纪的个体生命一样不朽的,是生命本身,即人类种群生生不息的生命过程。"②

---

① 卢克斯:《个人主义》,阎克文译,江苏人民出版社 2001 年版,第 74 页。
② 阿伦特:《人的境况》,王寅丽译,上海世纪出版集团 2009 年版,第 253 页。

第一章 启蒙世界观的实质——主体形而上学

可以极端地说，权利的真实主体或载体就是阿伦特所说的"胃口"与"欲望"，这也是为何近代以来隐私、思想自由、私有财产等在政治上被认为是神圣不可侵犯的人权。

人们不仅追求普遍的人之为人的权利，更追求自己特定的利益与幸福，更为重要的是如果失去了最高的"自然正当"的判断标准，那么任一个体的"理性"要求与其他个体的"理性"要求一样具有合理性。因而作为现代性的个人主义的理论预设——自然权利一方面凸显了个体自由的价值，而另一方面自由仅仅等同于利益，在某种程度上与必然性合谋。"自由主义当然为一种普遍的公民身份理念的系统形成做出了贡献。这一普遍的公民身份理念是建基于所有人生而自由和平等的断言之上的。与此同时，自由主义又把公民身份降低为只是一种法律地位，并把个人所拥有的权利说成是同国家相对立的。……社会协作的目的仅是提高我们的生产力和方便每个人获得个体成功。"① 这在施特劳斯看来即是虚无主义，其必然的后果是政治社会的瓦解。"我们越是培植起理性，也就越多地培植起虚无主义，我们也就越难以成为社会的忠诚一员。"②另外与这种追求私利与物质满足以及沉溺于内心体验的现代人的基本存在情景一致，对他者的漠视、对政治生活的冷漠就成为一个令人担心的必然后果，托克维尔在《法国革命论》中就对个体主义的功利化逻辑所导致的公共精神的衰落表示了担忧。而社群主义的泰勒则对现代性的个人主义所带来的一种新式的专制主义惶恐不已，因为在他看来在"群"与"己"之间的你进我退的关系中，内在化的个人对政治的漠不关心孕育起来的正是难以与之抗衡的官僚国家。而在西方马克思主义的奠基者卢卡奇看来，内在化与实证主义基本上具有相同的理论后果，那就是缺乏对现实世界的关注与变革的可能性。"越是'单纯地'强调思维的认识特征，思维变得越是'批判的'，那么思维

---

① 墨菲：《政治的回归》，王恒、臧佩洪译，江苏人民出版社2005年版，第82页。

② 列奥·施特劳斯：《自然权利与历史》，彭刚译，读书·生活·新知三联书店2006年版，第6页。

启蒙之后的"启蒙"

的'主观'形式和（存在着的）对象的客观性之间的鸿沟也就越大，也就越是不可克服。这时也就会像康德那样，把思维的对象看作是由思维形式'产生'出来的。但这样一来，存在的问题并没有得到解决，康德把这个问题从认识论中排除出去，于是对他来说就形成了这样一种哲学情况：他所思维的对象也必须和某种'现实'相一致。但是这种现实作为自在之物是被置于'批判'精神可认识的范围之外的。"[1]所以抽象的自然权利本身代表的是资产阶级的利益的意识形态，马克思的意识形态批判深刻地阐释了这一点。

综上所述，自然权利理论具有以下三个主要特征：第一，自然法是先验的。所谓先验，按照康德的理解，是指超越于经验却又是经验得以可能的前提，因而先验是相对于基督教的超验的上帝而言，但实际上先验乃是理性的本质特征。自然法是实在法得以可能的前提，并且是其合法性根据。因而自然权利理论的出现不过是以形而上学的形式证明了人的理性存在的至高无上的特征，而正是理性的彻底统治才能有真正的文明社会。第二，与之相关的是，在启蒙视域中自然法与"神法"虽然都是"超越经验"的，即不能为经验所证实，但二者却截然相反：自然法是理性的反思所能觉察，但神法却只是非理性信仰的产物，自然权利正是在神法失去作用之时产生的。第三，自然权利在启蒙的视域中被认为是人之为人的基本条件，但显然自然权利蕴含着内在的冲突：个体主体性与普遍主体性。具体的体现是以契约论为基础的现代国家学说与政治学说，总是难以恰当地处理个体与普遍的关系。这体现为，自然权利本质上的个人主义之间的冲突只能外在地由抽象的普遍加以解决，"现代自然法理论只能以'一体化的多数'这种抽象的模式，而不是按照一种所有人的伦理一体性模式，来相信'人类共同体'，也就是说，'人类共同体'只能

---

[1] 卢卡奇：《历史与阶级意识》，杜章智等译，商务印书馆1999年版，第299页。

第一章　启蒙世界观的实质——主体形而上学

被想象为孤立主体的组合。"① 但一旦赋予这种想象的普遍主体以置于个体之上的权力，那么个体的自由却又受到威胁。自然权利作为重要的理论假设，它所宣称的普遍真理实际上反映的是"思想中的时代"，是"时代精神"的体现。自然权利理论作为一种"批判性"的政治哲学视角，确立起人的中心地位，个体的自由是否能够在自然权利的基础上得到合理的理解，这显然是一个需要继续思考的问题。

可以说启蒙世界观在对逻各斯和上帝的批判中确立起人的最高主体地位，当人作为阿基米德点确立起来时，整个社会结构与人的存在方式都发生了根本的变化。如果说在基督教哲学中，人的终极救赎或者存在的意义在于超世的彼岸，尘世的生活不过是需要超越的领域；而在启蒙视域中，人则在现世本身中获得救赎，也就是说通过改造现世而不是扬弃现世，人就能获得最终的解放。不是超越，而是人类历史的不断进步，最终确立起人间天国。于是在启蒙思想家的眼中，历史不是"救赎历史"，而是世界历史，人自己所创造的历史包含着一切问题的谜底。"而现代人，如果他不迷信的话，却不信任任何指导，既不信任命运的指导，也不信仰天意的指导。他自以为能够由他自己创造未来。他之所以把未来看作是不可认识的，乃是因为他要创造自己的未来。"② 当然需要指出的是从中世纪的救赎历史转变为近代的世界历史，宗教的作用无论如何都不能被低估。这不仅体现为基督教的平等观念对现代政治哲学根本精神的影响（自由、平等），而且体现为新教所蕴含的现代性精神。韦伯的对天职观念的分析所得出的新教伦理与资本主义精神之间的内在关系的结论可以说影响深远。在他看来，正是新教培植起资本主义社会的基本道德人格，这为资本主义的发展奠定了基础。"其一，每个人都有义务相信自己是选民，并且将任何怀疑都视为魔鬼的诱惑而加以拒

---

① 阿克塞尔·霍耐特：《为承认而斗争》，胡继华译，上海世纪出版集团2005年版，第17页。

② 卡尔·洛维特：《世界历史与救赎历史》，李秋零、田薇译，上海世纪出版集团2006年版，第39页。

启蒙之后的"启蒙"

斥,因为缺乏自信就是信仰不足,亦即恩宠作用不够的结果。使徒要人'坚守'一己召命的劝勉,在此被解释成个人有义务在日常生活的斗争都赢取自己已得拣选与义认的主观确定。如此一来,路德所推重的谦卑罪人——只要他们悔改、虔诚信赖神,即得应许恩宠——被取代,培养出来的是充满自信的'圣徒',我们在资本主义英雄时代的钢铁般坚定的清教徒商人身上,以及在至今的个别范例里,一再看到他们的身影。其二,谆谆教导人要以孜孜不倦的职业劳动来作为获得那种自我确认的最佳手段。这样,而且唯有这样,才能消除宗教的疑虑,并且带给人恩宠状态的确证。"① 总之在韦伯看来,新教的入世禁欲精神为资本主义的精于计算的世俗功业奠定了"道德"上的基础。从现实的历史来看,宗教的衰微并没有导致宗教的消除,相反宗教已经世俗化并成为世俗世界的重要组成部分。"上帝的超越性,如果被始终如一地彻底思考的话,必定会导向世俗化。从这个观点来看,在一神论和现代性之间就不存在深刻的对抗,或者至少,就一神论所关注的上帝超越性而言,以及就现代性要求对自然做出纯粹自然主义的解释,也要求对道德做出纯粹人性化的理解而言,就是如此。现代性已经成为实现犹太—基督一神论的一种方式。在这里我的意思并不是说这二者是相同的,并不是说每一个现代性的拥护者都是独一上帝的信奉者。不如更确切地讲,这里的要点不仅是说这两者大体上是兼容的,而且是说一神论为现代性的兴盛铺平了道路。只有如此我们才能够解释,为什么一个曾在诸多世纪中通过宗教理想来界定自身的社会却能够相对轻松地接受科学与道德的自主性。"② 所以在现代社会世界的平面化以及人的超验维度的消解,人自身及其生活于期间的这个世界成为唯一真实的存在。正是在这样一种现实的世界历史基础上,"历史辩证法"成为人们理解自身并为现实的苦难所辩解的最后根据,也正

---

① 马克斯·韦伯:《新教伦理与资本主义精神》,康乐、简惠美译,广西师范大学出版社2007年版,第92—93页。

② 拉莫尔:《现代性的教训》,刘擎、应奇译,东方出版社2010年版,第45页。

第一章　启蒙世界观的实质——主体形而上学

是在这种新的历史观的基础上，启蒙思想家们提出了宏伟的政治理想。

第三节　启蒙时代的政治理想

正如前文已经指出的，科学在启蒙运动中发挥了巨大作用，这不仅体现为科学为世界"祛魅"，确立起人的主体地位，还表现为科学的理性反思能使人超越现象而认识事物的本质。正是科学的巨大典范作用，给予了启蒙时代哲学家们以巨大的鼓舞，他们相信自己已经找到了人类社会发展的逻辑并在此基础上宣告了自己的政治理想：以他们所掌握的普遍真理启蒙大众，改造社会，一个永恒、美好的人间天国终将建立。虽然人间天国在很大程度上不过是基督教天国的世俗版本，但它在根本上又与之有了区别，那就是一个美好社会的建立所依据的是人类的理性，而理性的用武之地就在于现实的时间或历史之中。"假如天堂必须被拆掉才能在大地之上重建起来，那么看来人类的得救就必须不是由某种外在的、奇迹般的翻天覆地的代理人，而是要由人自身、要由世代相继的人们的努力所做出的进步性的改良才能获得了。而在这场合作的事业中，后代就有其无可否认的用处：后世将会完成过去和现在所已经开始了的事情。"[①]而人间天国的政治理想依赖于启蒙世界观所实现的对基督教世界观的批判所产生出来的一些观点。

实际上在启蒙时代，尽管哲学家们关注于科学的本质问题，关注于伦理的问题，但他们冷静理智的外表隐藏的是强烈的政治关怀。"当然，如果物理学里的秩序因此得以建立，那么，我们也可以将同样的方法用于伦理学、政治学、美学领域以及其他混乱的人类思想领域（在这些领域里，人们各自以那些排他性的原则的名义互相争斗、互相杀戮、互相毁灭、互相诋毁），成果同

[①]　卡尔·贝克尔：《启蒙时代哲学家的天城》，何兆武译，江苏教育出版社2005年版，第109页。

启蒙之后的"启蒙"

样辉煌持久。看起来这是一种相当合理的希冀,这也是一个很崇高的人类理想。至少可以肯定,这是启蒙运动的理想。"① 因而,在此意义上,我们可以说启蒙本质上是一个道德、政治问题,一个将道德、政治奠定在理性(很大程度上是由科学所揭示的)基础的问题。如果历史的发展最终实现了理性的全面统治,那么历史就终结了,一个理想国就在此岸世界中得以建立。启蒙哲学家康德认为人为道德立法本质上高于人为自然立法,道德、政治问题才是康德的最终目的。所以,启蒙哲学家们无论多么关注于探讨知识的本质、探讨科学的本质、探讨形而上学的本质,其最终的旨趣均在于人为政治社会立法。而启蒙思想家们之所以相信能为社会、政治立法,其原因在于他们普遍地相信世界上存在着永恒的真理、普遍的制度,是超时空放之四海而皆准的,而人的理性能够发现它们并将之付诸实践。

哲学家们认为人类的历史是一个不断理性化从而也不断完美化的历程,而历史的终结也即是启蒙的最终完成,这就是启蒙时代的进步主义历史观。人的本质是理性,但人一半是天使一半是恶魔,只有在不断的启蒙中即"认识你自己"的进程中才能逐步地实现理性对非理性的宰制,最终实现理性的彻底胜利。"我们正在进步,我们正在发现,我们正在摧毁古老的偏见、迷信、无知和残忍,我们正在建立某种科学,以使人们生活得幸福、自由、道德和正义。"② 尽管人可能犯错,社会可能在某些时候走向黑暗,道路虽然曲折但前途是光明的,有时历史的发展呈现出倒退情形,但这都是实现真理的必然代价。"自由就是对必然的认识"成为启蒙时代人们的真实信念。伯林如此概括西方的政治思想传统(包括启蒙运动)的三个核心假设:"对所有的真正的命题来说,只能有一个正确的答案,其他所有答案都是错的"、"找出这些答案的方法一定存在,至少在原则上是可以认识的"、

---

① 以赛亚·伯林:《浪漫主义的根源》,吕梁等译,译林出版社2008年版,第31页。
② 同上书,第36页。

第一章 启蒙世界观的实质——主体形而上学

"所有正确的答案必定是毫无例外地彼此相容",因为根据简单的逻辑法则一个真理不能和另外一个真理相矛盾,所以"最终这些真理将在一个单一的、系统的、彼此联系的整体中合乎逻辑地相互关联"。① 于是结果就会导向一种完美生活。这也就是为何在启蒙时代,理性的知识取代上帝成为救赎人类的根本原因。知识不仅知道事物是什么,而且还告诉人们如何行动。因为苏格拉底早就指出过,知识与行动是同一的,如果一个人知道了关于事物的知识而不采取相应的行动,那么他的知识不是真知。在启蒙哲学家那里,他们真诚地相信"解释世界"是为了"改变世界"。而之所以能够解释世界,其前提在于他们相信世界是可以用理性加以解释的,因为科学已经成功地做到了这一点。科学为什么做到了这一点?答案是存在着宇宙的唯一"模式",尽管其在自然、社会、政治等领域表现的样式迥异,但实际上真理是唯一的,每一领域的有限真理都是普遍"模式"的"分殊"。进步的历史观视野中人的解放为何是可能的?答案是存在着普遍的人性本质即理性,理性显然在存在论上高于非理性,这是西方理性主义传统的基本信念,在启蒙时代得到了进一步加强。因而,人类的历史总是厮杀的战场,但最终的结果必然是理性的胜利。因而人类历史始终都是进步的,而历史的终结则意味着历史的存在与本质的最终合一。

在其间,知识分子(理性主义哲学家)作为普遍知识的垄断者,据有特殊的地位。虽然人人平等是启蒙哲学家的基本价值信念,但他们仅仅是在法律或形式的意义上是平等的,而在事实上他们之间存在着巨大的差异。因为哲学家或知识分子的"思"触及了永恒的真理,所以他们掌握着关于终极真理的话语霸权,是整个世界的"立法者",因而知识分子成为启蒙得以可能的真正主体。知识就意味着解放,而显然哲学家们因从"认识你自己"的自我反省中获得了更多的理性,从而对宇宙间的唯一模式和普

---

① 以赛亚·伯林:《扭曲的人性之材》,邱秀坤译,译林出版社2009年版,第28页。

启蒙之后的"启蒙"

遍真理有着更为真实的理解,普通人因为受制于自己的非理性欲望和习俗的统治而无法"返璞归真"。所以哲学的使命就是"启蒙大众",而哲学家的角色就是"统治者",统治者的使命就是不断地教化"大众",使之有一天能够理解哲学家们为他们所描绘的蓝图;大众的义务就是倾听、服从哲学家们的训导。启蒙哲学家的政治理想再一次体现的柏拉图的"哲学王"诉求,只是在理性主义的视域中显得更具合理性罢了。而只有"形式"(哲学家)与"质料"(大众)的恰当配合,才能真正实现理性与现实的和解,历史才能终结,解放才能真正实现。那么人类的解放是一种什么样的状态:"一个处于纯粹和谐的社会,那里所有的成员都和平相处,彼此互爱,免于皮肉之苦,远离任何欲望,也不用担惊受怕,没有低贱的劳作,没有嫉妒和失落,不会受到不公正的或暴力的对待,生活永恒不变,阳光普照,气候温和,人们生活在无限丰饶的大自然之中。……什么都不会改变,因为它们已臻完美之境。"[①] 于是在启蒙理想的烛照下,一切现实的政治活动都是可以理解的,因为启蒙思想家们正是已经掌握了通往理想国的唯一真实的途径,因而所谓现实的政治无非是实现这一最终目标的一种理性的"筹划"。所以手段因分享了神圣目的而变得神圣,尽管在有些手段在凡人看来有些残忍,但如果他理解了历史的规律,那么他就会发现自己的想法是多么的愚蠢。总之,启蒙时代的人们普遍的相信,随着知识的增长和人的启蒙,一个绝对完美、幸福的人间天国终将实现,虽然实现的过程会很漫长曲折。贝克尔生动地描述了启蒙思想家的这种乐观主义心态:"但是人类终于已经从以往黑暗的荒野之中出现在或者正出现在18世纪的光明的、有秩序的世界中,从18世纪这个高峰上,'哲学家们'瞭望着过去并在预期着未来。他们回忆过去时代的悲惨和错误,就像是成年人回忆青年时代的艰苦和愚蠢,那可能是满怀着悲苦的记忆,然而毕竟是带着一种宽容的微笑,带着一

---

① 以赛亚·伯林:《扭曲的人性之材》,邱秀坤译,译林出版社2009年版,第24页。

第一章 启蒙世界观的实质——主体形而上学

种满意的叹息和一种欣慰的自信感：现在是比过去好得多，未来也将会比现在好得多吗？因此，'哲学家们'展望着未来，就像是展望着一片美好的乐土、一个新的千年福王国。"①

需要指出的是，政治理想国的实现以一些基本的不同于传统世界观的预设为前提，而这些都是启蒙所独有的，可以说正是启蒙哲学所实现的思维范式的转换才使"人间天国"这样一个概念成为可能。而人间天国的实现最为突出的特征是它的"时间性"与"制作性"。所谓时间性，正是指人间天国与理想国的最大的区别是它的世俗性即在时间中的存在，而理想国是超时间、非历史性的。也就是说人间天国是一个人类通过不断的艰辛努力改造世界，使现实世界"革命化"并最终理性化的过程。离开了时间，人间天国是不可想象的。在此意义上可以说启蒙实现了自柏拉图以来的哲学家与诗人这两种生活方式的颠倒，诗人所代表的时间性、现实性开始成为价值与意义的真谛。而所谓的制作性，指的是现代政治哲学视域中，政治问题变成了纯粹的技术问题。也即人间天国的实现不是一个自在的过程，而是一个自为的过程，它建立在自然和人类具有可塑性这一基本假设之上。这同样是对传统的目的论以及人性不变论这一基本信念的颠倒。施特劳斯深刻地指出了这一点，"自然是敌人，是一种要被规约到秩序上去的混沌；一切好的东西都被归为人的劳动而非自然的馈赠：自然只不过提供了毫无价值的物质材料。与此相应，政治社会便绝非自然的：国家是一件人工制品。应当归因于习俗；人的完善并非人的自然目的，而是由人自由地形成的理想。"② 因而不仅自然而且人本身都是可以由哲学家加以无限塑造的"质料"，人再也没有了目的论视域中的固定不变的追求善的内在本性。总之启蒙的政治理想体现了人的最高可能性，是启蒙最为深刻的信念。

---

① 卡尔·贝克尔：《启蒙时代哲学家的天城》，何兆武译，江苏教育出版社 2005 年版，第 100 页。

② 刘小枫编：《苏格拉底问题与现代性》，彭磊、丁耘等译，华夏出版社 2008 年版，第 38 页。

启蒙之后的"启蒙"

综上所述，启蒙世界观的本质是主体形而上学，而所谓主体形而上学即人成为最终的根据和标准，人不仅为自然立法，也为道德立法、为历史立法，总之一切学科都成为"人类学"（海德格尔语）。而所谓的启蒙，无非是确立起理性的最高权威。理性宣布：任何东西都必须在理性的正义法庭为自己存在的合理性申辩，于是传统的宗教、权威、道德等都丧失了其意义，被无情地抛弃。其直接的后果是：超验领域的萎缩、功利主义思想的盛行及自然权利的兴起。启蒙思想家自信人们一旦摆脱传统、宗教等非理性因素的羁绊，人就可以在理性的基础上建立一个美好的人间天国。因而启蒙时代人们以关心"自然"始而关注"政治"止，启蒙时代的哲学家们从近代的科学知识所取得的巨大成就及对世界的改造产生的巨大影响中吸取了方法论原则：如果一切都变得科学，显然一个理想国的建立不仅是可欲的而且也是现实的。于是科学、知识成为启蒙时代最为响亮的概念，虽然知识、理性在很大程度上已经"工具理性"化了。理性的原则一旦在政治、道德等领域中确立，那么人类社会将会走向健康发展的康庄大道。因而知识就是权力成为启蒙时代的真实写照。启蒙运动作为一次思想解放运动，它改变了欧洲近代的历程，并在当代还产生着持久的影响。而之所以如此，是因为"启蒙"不仅仅是一场运动和一个事件，而且"启蒙"根本上是一种精神。所谓的主体形而上学针对的是上帝的最高统治地位，它正是以批判、摧毁神的统治为最终目的，而一旦"上帝"被打倒它就失去了批判的目标从而失去了批判的动力。因而后果是启蒙的根本精神——批判、超越、否定也开始退隐并逐渐地被"实证化"。

这里需要特别指出的是"启蒙运动"或启蒙并非铁板一块，既存在国别差异的启蒙运动，也存在着具体观念迥异的启蒙思想家，因而启蒙只是一个家族相似的名称。尽管启蒙思想家都高扬自由、理性的旗帜，但在不同的人那里，自由与理性具有非常不同的内涵。本书没有刻意去阐释法国启蒙运动的基本观念，这并不是因为它不具有典范性，相反它的一些基本价值理念已经普世化，而且因为施密特的说法即启蒙是一个彻底的德国问题。"启

第一章　启蒙世界观的实质——主体形而上学

蒙运动是欧洲的一个历史事件,但是,'什么是启蒙'这个问题,却独一无二地是一个地地道道的德国问题。由于一些难以阐明的理由,不论是法国哲学家还是苏格兰的道德学家(只是提到两个最可能的派别),都不像他们说德语的同事那么关心'什么是启蒙'这个问题。"① 因而本书较多地引述德国思想家来阐释启蒙世界观。

"启蒙运动,在反抗各种各样的蒙昧、压迫、不公正和非理性方面,其无与伦比的作用是毋庸置疑的。不过,也许是所有伟大的解放运动的共性。他们如果为了突破一般公认的教条和习俗的抵抗,就注定要夸大其词,面对他们所攻击的那些美德却视而不见。"② 事实上后来人们发现启蒙运动远没有那么理性,自由远没有那么自由,甚至理想国的理想也被现实所无情地粉碎,启蒙运动自身蕴含着诸多矛盾。但如果从历史的角度看,启蒙运动作为启蒙精神的一次公开运作,已经彻底地改变了人们的思想、行为乃至生活方式。尽管启蒙运动的价值理念也导致了诸多消极后果,但启蒙精神作为使人解放、独立的批判性力量无疑是至今我们仍然需要珍视的重要财富。而"启蒙"也正是启蒙现代性的危机根本出路。

---

① 詹姆斯·施密特编:《启蒙运动与现代性》,徐向东、卢华萍译,上海人民出版社2005年版,"前言"第1页。

② 以赛亚·伯林:《扭曲的人性之材》,岳秀坤译,译林出版社2009年版,第70页。

第二章
启蒙世界观的内在悖论与根源

　　启蒙时代的世界观并不是圆融统一、整体一块，相反，它们是极其复杂的。它们之间既分享一些共同的信念和观点，又具有家族相似的特征，还具有内在差异甚至对立。所以以启蒙世界观来指称启蒙时代的思想状态无疑只是一个"名称"而不是"概念"。启蒙世界观所确立的现代性方案无疑奠定了近代以来西方社会的发展道路，尽管后来证明，现代性理论存在巨大的缺陷。西方的启蒙运动所确立起的主体性原则及理性所取得的普遍的话语权却总是试图在关于历史的叙事中保持一致与完整，因而在理性主义哲学家们的视域中，近代的人类历史不过是启蒙的历史、一个理性原则逐渐地在现实社会中成为根本原则的历史。但经过反思我们发现这显然是一种形而上学的知性逻辑所导致的理性的独白。而一旦理性原则出现内在的逻辑矛盾及其主体形而上学走向其反面时，启蒙世界观的根基就开始动摇，如果说是启蒙时代的哲学家（如孟德斯鸠、休谟）只是发现了启蒙世界观中的瑕疵但总体上仍然维护启蒙的基本原则，浪漫主义在很大程度上动摇了启蒙世界观，那么到20世纪大部分主流哲学家们则一致批判启蒙并以摧毁启蒙世界观为主要的理论旨趣。

第二章　启蒙世界观的内在悖论与根源

第一节　启蒙"三位一体"的瓦解

在第一章中，我们已经指出启蒙乃是以知识（理性）开始，以政治（自由）终，主体形而上学的世界观其根本的旨趣并不在"形而上"，而是"形而下"，即启蒙就其精神气质来说，不仅仅是要"认识世界"，更是为了"改造世界"，确立一个此岸的理想共同体。在启蒙视域中，理性确立起自己的"三位一体"，这主要体现在如下三个方面。

第一，普遍必然性的知识不是像古希腊时代的哲学家们那样为求知而求知的产物，相反，知识是为了获得确定性，是为了"改造世界"，"知识不再被理解为关乎人或者宇宙秩序；求知在根本上是接受性的；而知性中的自发性则是：人将自然传唤至自己的理性法庭面前；他'拷问自然'；知是一种做；人类知性为自然界立法；人的权柄之大，无限超出前任所相信的；人不仅仅能够把糟糕的人类质料改造为良好的，或者掌握机运——一切真理与意义均出于人；他们并不伏于一个独立于人的能动性的宇宙秩序之中。"[1]

第二，道德律的发现也并不是为了促进教化、"教导我们如何把潜能变为行动、如何实现我们的真实本性并达到我们的真实的目的"[2]（即追求卓越的内在目的的实现），而是为个人权利奠定合法性基础，"人有权把他的意志体现在任何物中，因而使该物成为我的东西；人具有这种权利作为他的实体性的目的，因为物在其自身中不具有这种目的，而是从自我意志中获得它的规定和灵魂的。这就是人对一切物据为己有的绝对权利"[3]。因而启蒙视域中的道德远不同于希腊时代的德性意义上的道德，因为现

---

[1] 刘小枫编：《苏格拉底问题与现代性》，彭磊、丁耘等译，华夏出版社2008年版，第37—38页。
[2] 麦金太尔：《追寻美德》，宋继杰译，译林出版社2003年版，第67页。
[3] 黑格尔：《法哲学原理》，范扬、张企泰译，商务印书馆1961年版，第52页。

启蒙之后的"启蒙"

代性视域中的德性获得了完全不同的意义。"德性决不能被理解为国家为之而存在的东西,相反,德性仅仅为了国家的缘故才存在;政治生活之允当并不受制于道德性;在政治社会之外,道德性是不可能的。"① 也就是说从人的存在论意义来说,道德不再具有根本的意义,相反,它仅仅是一种工具性的、非根本的存在维度。总之,并不是人为了道德而存在而是道德为人而存在,道德的功能已被实用化。"正是在 17 和 18 世纪,道德才开始普遍地被理解为是为了消除人的利己主义所带来的各种问题,而道德的内容也开始在很大程度上被等同于利他主义。因为,正是在这同一时期,人才开始被认为有几分危险的利己主义的天性;而正是当我们认为人具有危险的利己主义的天性时,利他主义才立即变得在社会上必要的。"②

第三,历史不再是循环往复或不以人的意志为转移的救赎史,相反,历史正是理性逐渐取得统治地位并为最终的理想国的建立积累条件的有目的的过程。"作为救赎历史的一种暗示,世界历史是一种'比喻',是隐秘地显而易见的。现代历史意识虽然摆脱了对一个具有绝对意义的中心事件的基督教信仰,但它坚持基督教信仰的前提和结论,即坚持过去是准备、将来是现实;这样,救赎历史就可以被还原为一种进步发展的无位格神学,在这种发展中,每一个目前的阶段都是历史准备的实现。由于转化为一种世俗的进步信理论,救赎历史的图式也就可以表现为自然的和可证明的。"③ 因而在这种无限进步的历史观中,不仅个体的意义被消散在匀质性的时间之中,而且似乎痛苦与奴役也变得可以接受。"在这种线性进步的目的论历史观中,时间完全成了均质化的存在,历史不过是无限的直线进步过程,我们只需静静等待,一切都会变好。这无疑消解了任何批判性力量:一切都会

---

① 刘小枫编:《苏格拉底问题与现代性》,彭磊、丁耘等译,华夏出版社 2008 年版,第 37 页。
② 麦金太尔:《追寻美德》,宋继杰译,译林出版社 2003 年版,第 290 页。
③ 卡尔·洛维特:《世界历史与救赎历史》,李秋零、田薇译,上海世纪出版集团 2006 年版,第 209 页。

第二章　启蒙世界观的内在悖论与根源

变好，一切都在变好。一切痛苦与不公正都变得无足轻重，因为历史总是向前，历史总是进步。"① 而在关于知识与自由的关系问题上，亚里士多德认为从本质上说沉思的生活高于实践（道德、政治）生活，而且如果以知识（真理）来要求政治社会，其结果必然是"意见"领域即政治的瓦解。但启蒙哲学家们自信科学（知识）不仅是自由的基础，稳定的政治社会一定是建立在科学的原则基础之上，而且二者根本上说是统一的。"自然界不正是以一条解不开的锁链把真理、幸福和德行都联系在一起吗？"② 孔多塞恰如其分地表明了启蒙时代理性统一性的信念，而理性的最终实现又是一个历史的过程，但这个历史不是与人无关，相反是人筹划、创造的结果。"人类精神在解脱了所有这些枷锁、摆脱了偶然性的王国以及人类进步之敌的王国之后，就迈着坚定的步伐在真理、德行和幸福的大路上前进……他才真正地和他类似的人们共同生活在一个天堂里，这个天堂是他的理性懂得怎样为自己创造的。"③ 但事实却证明，知识并没有那么"全能"，自由并没那么"完美"，二者之间的关系远没有那么融洽，作为理性与现实和解的历史也远没有那么"合乎理性"。实际上启蒙时代"哲学家的天城"并没有牢固地建立起来，而是处于危机当中，且随着现代性的展开，"天城"被认为是一个理性的幻象，而随之，启蒙的"三位一体"也彻底瓦解了。

一　知识的"逻辑紧身衣"

知识是在与"意见"的对立之中得到理解的。如果说意见代表着偶然、现象和非本质的东西，那么知识则意味着把握到了现象背后的真理，也即意味着达到了柏拉图意义上的理念，因而知识是普遍的、必然的。在近代，知识还通过实体化自身——技术不仅控制自然而且同样控制人类社会，使整个时代成为一个技术

---

① 李莉、王行坤：《消费伦理、二律背反和犬儒主义》，《马克思主义与现实》2014 年第 2 期。

② 孔多塞：《人类精神进步史表纲要》，何兆武译，生活·读书·新知三联书店 1998 年版，第 196 页。

③ 同上书，第 204—205 页。

启蒙之后的"启蒙"

时代。但知识的统治，实际上是启蒙哲学家们一厢情愿的美好愿望，早在启蒙运动初期，知识的普遍必然性就遭到了质疑，而在黑格尔之后，知识更是被看作"逻辑紧身衣"窒息了活生生的生命体验，甚至被认为是扼杀"他者"的元凶。

休谟是最早对必然性概念提出质疑的启蒙思想家，按照启蒙世界观，知识（科学）的根本特征在于超越或然性的必然性。但休谟站在经验主义的立场，却证明了作为知识基础的因果概念只具有主观的特征，即只是人心理的"习惯性联想"。"我们的必然观念和'原因作用'观念所以生起，完全由于我们所见的自然作用是一律的缘故。在自然作用中，相似的各种物象是恒常会合在一起的，而且我们的心也被习惯所决定，由一种物象的出现来推断另一种的存在。这两种情节就是我们认定物质所具有的必然性的全部本性所在。超过了相似物象的恒常'会合'，以及由此而生起的据此推彼的那种推断，那我们并没有任何'必然'意念或'联系'意念。"[①] 尽管休谟对因果必然性的批判是站在经验主义立场所必然得出的逻辑结论，但显然对必然性概念的批判动摇了启蒙世界观的基础。如果因果必然性只是主观的意念，那么科学所标榜的真理也就失去了任何意义，从而以理性和真理自居的科学就变成了最大的谎言。这导致了与启蒙世界观相冲突的两个后果：第一，如果事物之间并非有因就有果，如果只有"习惯是人生的伟大指南"，那么不仅所谓的"认识世界"是无意义的，而且"改造世界"的理想也只是一种幻想；第二，如果知识只是主观的，即使逻辑真理也仅仅存在于内心之中，从而思想不具有任何现实性，那么关于外在世界的存在只是一种信念，也就是说思维与存在间隔着一条无法逾越的鸿沟。但休谟并没有从根本上颠覆启蒙的信念，因为他仍然与主流的思想家分享一些基本的信念。"休谟当然认为宇宙还会依然如故，继续运行。他当然认为行为有理性和不理性之分，理性的手段能给人带来幸福。他相信科学，信奉理性，相信冷静的判断，他信奉所有那些人人皆

---

① 休谟：《人类理解研究》，关文运译，商务印书馆1957年版，第75页。

第二章　启蒙世界观的内在悖论与根源

知的十八世纪观点。"① 但无疑休谟给启蒙主义的理念所撞出的凹痕需要有人来修补，而康德则直面休谟的难题。

在康德看来，虽然必然性源自于主体，然而它并不是主观的。问题的关键不在于存不存在必然性（作为启蒙运动之子，康德从来不怀疑必然性），而是如何理解必然性。显然连休谟也不怀疑现实世界的存在，而康德则把自然同必然性等同起来，因为在自然界中一切都是被决定的。于是康德将知识局限于作为现象界的自然，知识就是一种"先天综合判断"：既是普遍必然的，又是综合性的。当康德将自然与自由，现象与本体相区分，并认为知识与道德遵循不同的"法则"时，他实际上是表明了两点：知识具有普遍必然的属性，但却是有限的；自由存在于道德领域之中虽然不同于知识并且在存在论上要高于自然，但自由不是任意的，因为真正的自由即"自律"，道德律也是普遍必然的，"对于任何一切被造的理性存在者来说，道德的必然性就是强制性"②。这里的强制性显然不是自然因果必然性意义上的强制性，而是指人作为一个理性的存在者对普遍法则的敬重而甘愿服从。所以自由并不是为所欲为，因为这只是"任性"，相反，自由具有自身的规范性原则。"任性的含义指内容不是通过我的意志的本性而是通过偶然性被规定成为我的；因此我也就依赖这个内容，这就是任性中所包含矛盾。通常的人当他可以为所欲为时就信以为自己是自由的，但他的不自由恰好就在人性中。当我希求理性东西的时候，我不是作为特异的个人而是根据一般的伦理概念而行动的。"③ 所以存在着两种因果必然性：自然的因果性与自由的因果性。康德在知识论上退却了，因为有限的概念永远只能把握现象界的存在，而认识不了物自体，一旦人们试图将有限的认识形式用于"世界整体"、"上帝"、"心灵"等无限的对象

---

① 以赛亚·伯林：《浪漫主义的根源》，吕梁等译，译林出版社2008年版，第40页。
② 康德：《实践理性批判》，韩水法译，商务印书馆1999年版，第88页。
③ 黑格尔：《法哲学原理》，范扬、张企泰译，商务印书馆1961年版，第27页。

启蒙之后的"启蒙"

时就会产生"二律背反"。所以在知识领域或人的认识领域，由于其理性因其有限而追求无限的形而上学本性所导致的先验幻象中，康德对理性所产生的矛盾与幻象充满担忧而又无能为力。"这一类的推理就其后果而言与其称之为理性推理，不如称之为玄想的推理，尽管它们由于其起因也大致可以冠以理性推理之名，因为它们毕竟不是臆想出来的，或是偶然产生的，而是发源于理性的本性的。这并非某些人的诡辩，而是纯粹理性本身的诡辩，对于这些诡辩，甚至一切人中最有智慧的人也不能摆脱，并且也许虽然作了许多努力之后能够防止犯错误，但对于那不断烦扰和愚弄他的幻象却永远不能完全解除。"① 而在黑格尔看来，思维的矛盾并不是应当加以清除的消极因素，相反，矛盾蕴含着积极的真理性因素。"我们用不着为了我们的矛盾而苦恼，因为矛盾并不是使自我解体，自我能够忍受矛盾。——但这样来说，矛盾并没有接触，在过去以及在今后它仍然保持着。而康德未免对于事物太姑息了，认为事物有了矛盾是不幸之事。但须知，精神（最高的东西）就是矛盾，这绝不应该是什么不幸的事。"② 而康德之所以陷入"不可知论"，是因为他偏执于知性思维逻辑，尽管具有片面的真理性但仍是抽象的。所谓的知性思维逻辑或知性思维方式实质上是与自然科学的思维原则相一致的形式逻辑。但是它的有限性是存在一定限度之内的，那就是日常生活和自然科学研究领域，而一旦超越这个领域它就失效了，所以形式逻辑存在着显而易见的内在缺陷。"形式逻辑和知性思维逻辑的根本缺陷是它脱离内容考察思维的形式，因而思维的形式规则避免不了主观任意的使用；它脱离对象的具体丰富性去把握对象的抽象的共同点，因而不能达到包含差异的理性的具体；它脱离了事物的整体联系和生动流变，用凝固的、孤立的知性概念把握事物，因而不能理解事物的联系和发展。"③ 而黑格尔认为只有过

---

① 康德：《纯粹理性批判》，邓晓芒译，人民出版社2004年版，第287页。
② 黑格尔：《哲学史讲演录》（第4卷），商务印书馆1978年版，第282页。
③ 孙利天：《论辩证法的思维方式》，吉林人民出版社2006年版，第141页。

第二章 启蒙世界观的内在悖论与根源

渡到思辨逻辑才能达到真理,实际上在黑格尔看来,只有辩证法才是对知性逻辑的超越,才是真理的代名词。

黑格尔的概念辩证法克服了知性思维对概念形式和客观内容的分离,超越了知性逻辑对概念的僵死性和孤立性的理解从而使概念流动起来,联系起来,发展起来,"成为具有必然联系和必然发展的知识体系"。所以在黑格尔看来,作为事物本质的概念不是静止、孤立的,相反,概念具有自身的内在否定性,具有内在的生命和发展的原动力。黑格尔使一切逻辑概念流动起来,于是概念本质上是无限的,与真理在本质上是同一的。"思想的真正客观性应该是:思想不仅是我们的思想,同时也是事物的自身,或对象性东西的本质"①。而思想无非就是真实的概念,于是"语言是世界的图像"成为黑格尔乃至启蒙主义的根本信念。当有限理性通过自身的辩证运动上升为无限理性,而知识也就成为"绝对知识",一切事物都被概念化了,或者说一切事物都穿上了"逻辑紧身衣"。理性成为一切事物的标准,一切事物只有符合概念才具有存在的真实性。如果说在康德那里,概念还是有限的,因为概念之外还存在不可消解的自在之物,那么到黑格尔这里,概念甚至已经穿通了所有的事物,成为至大无外的绝对性思想。"黑格尔克服了康德哲学的不可知论,把思维与存在的统一作为绝对理念自我展开和自我意识的辩证过程。在黑格尔看来,思维规律和存在规律是同一的,存在的事物的本质是概念,反映在思维的感官印象和意识内容也具有概念性的本质,因而思维把握对象的普遍规定即是思维的主观逻辑方式,也是对象的客观本质和规律。"② 黑格尔的思存同一性原则使笛卡尔的主体性原则达到了最高峰,使主体成为与上帝同在的存在者,与此同时也使形而上学达到了"极端可能性"。黑格尔的思存同一的知识观其以"透明"为其体系的终极追求,"透明一词非常重要,因为它的目标是要提供一种没有媒介的描述:必须以这样一种方式

---

① 黑格尔:《小逻辑》,贺麟译,商务印书馆1980年版,第120页。
② 孙利天:《论辩证法的思维方式》,吉林人民出版社2006年版,第49页。

启蒙之后的"启蒙"

处理意义问题,即要证明从阐释者和阐释客体之间的幽暗领域内发生的阐释活动是不必要的。"① 黑格尔之后,对主体形而上学的知识论的批判成为一股重要的反启蒙的思潮。

马克思批判了以黑格尔为代表的启蒙主义知识论。在马克思看来,概念与知识被神秘化了,"观念的东西不外是移入人的头脑并在人的头脑中改造过的物质的东西而已。"② 思想、观念、意识等是人的现实社会实践活动的产物,它们作为"意识形态"是由人的生活方式决定的。而黑格尔等唯心主义哲学家却把这一切头足倒置,而其根源无非是一种理性的暴政:"到目前为止,一切谜语的答案都在哲学家们的写字台里,愚昧的凡夫俗子只需要张开嘴来接受绝对科学的烤松鸡就得了。"③ 因此通过对启蒙主义的知识论的批判,马克思不仅指出了知识的现实基础从而破除了理性主义哲学家对逻辑和思想的迷恋,而且还指出了理性主义的"专制"特征:以唯一的真理自居,向人们发号施令。在马克思看来,并没有纯粹的哲学知识和政治知识,这些知识本质上都具有意识形态的色彩。对这些知识体系的批判只是第一步,紧接着还要弄清楚使这些所谓的理性知识和真理得以可能的现实社会基础。马克思的历史唯物主义试图表明,市民社会正是破解作为资产阶级意识形态统治的关键,所以马克思将对哲学、知识的批判引向了对政治对市民社会的批判,并通向了人类自由与解放的思考。"为了把这种确定的历史的人从其局限性解放出来,扬弃人的异化,马克思要求人的一种不仅仅经济和政治上的、而且还是'人性的'解放。但是,这种解放并不涉及作为'我'和'另我'的人,而是涉及人的世界,因为人自己就是他人的人性世界,因为人在本质上是一个'身后性的类本质'或者'政治动物'。因此,马克思对市民社会的人的批判的结果是对人的社会和经济的批判,并没有因此而失去其原则上人类学的意义。然

---

① 博伊恩:《福柯与德里达》,贾辰阳译,北京大学出版社 2010 年版,第 91 页。
② 马克思:《资本论》(第 1 卷),人民出版社 2004 年版,第 22 页。
③ 《马克思恩格斯全集》第 1 卷,人民出版社 1956 年版,第 416 页。

第二章 启蒙世界观的内在悖论与根源

而，只要个人不是社会的类本质或者政治动物，从而不参与作为其公共事务的国家，它就能够表现得好像市民社会的私人就是真正的人。要使单纯私人的扬弃与单纯公民同时可能，就有必要从根本上对私人生活和公共生活的结构进行革命。"① 总之，在马克思看来，知识的真实面目只有在社会历史批判的基础上才能显现出来。在20世纪，启蒙主义的知识论则进一步遭到批判，以致彻底瓦解。主要的批判路径有三个：以阿多尔诺为代表揭示概念的"不逮性"路向，以海德格尔为代表的对知识的物化形态——技术所导致的生态危机的路向，以及以后现代的福柯为代表的揭示"知识就是权力"的路向，其共同点是指出了知识所具有的"控制"野心。

首先，概念自身所具有的有限性。阿多尔诺认为："客体不会一点儿不落地完全进入客体的概念中……同一性是不真实的，即概念不能穷尽被表达的事物。"② 但形而上学的同一性逻辑却完全忽视了这一点，不仅确立起思维与存在的同一性，当然这种同一是以思维宰制存在为前提的，而且追求绝对的同一。黑格尔哲学就是这种同一性哲学的显著代表，他的辩证法以否定性始而以肯定性止，因而最终使启蒙倒退为神话。启蒙视域中的知识观本质上是一种肯定主义的逻辑，并不存在于"概念之网"外面的"异在"，当康德宣称一切真实的知识都是先天综合判断，黑格尔宣称"事物的本质就是概念"时，他们实际上是将概念神话了。情感、直觉以及信仰则因不能加以概念化，它们的真实性是大可质疑的。其实我们在启蒙哲学家的知识观中已经洞察到了概念所具有的"主观性"、"非完整性"。所谓主观性，即知识并不是客观地反映外在事物，而是在很大程度上体现的人的态度与愿望，即所谓的"观察渗透着理论"。所谓的"非完整性"指的是任何概念或理论展现的只是事物的某些方面，不可能是全体，这

---

① 洛维特：《从黑格尔到尼采》，李秋零译，生活·读书·新知三联书店2006年版，第422—423页。
② 阿多尔诺：《否定的辩证法》，张峰译，重庆出版社1993年版，第3页。

启蒙之后的"启蒙"

一点主要体现为一个具体的对象可以出现在不同的理论体系中并且具有非常不同的意义。所以概念或知识并不就是事物本身，它们之间的等同只是理论虚构的产物，即使最为"客观"的科学也是如此，"科学研究的对象绝对不是在一定的时间和空间内可以观察到的全部现象的总和，它永远只能是被选择出来的某些方面：根据我们所提出的问题，同一个时空内的状况，可以包含着无数不同的研究对象。人类的心智其实根本不能掌握某个真实状况的一切不同方面这种意义上的'整体'。"① 因而，概念是有限的，它并不代表事物的本质。

其次，更为重要的知识作为一种解放性的理论，在启蒙的视域中再次试图达到古希腊哲人所欲实现的"知行合一"。也就是说知识不满足于向人们展示真理，只有"操作"时，知识的现实性和力量才能展现出来，于是知识就蜕变为工具理性之知。现代技术不仅增强了控制自然的力量，而且按照现代知识与技术建立的社会制度也日益增强了对人的支配。知识在失去神圣性的同时，却变成一种有效的对整个世界实施支配的工具。"观念只是一件工具。人们在思想中远离自然，目的是要以想象的方式把自然呈现在自己面前，以便按照他们设定的支配方式来支配自然。"② 而要破除这种启蒙世界观的幻象，阿道尔诺认为要坚持辩证法的根本精神——否定性，绝对的否定性，破除同一性的思维逻辑。海德格尔则认为"现代技术之本质是与现代形而上学之本质相同一的"③，现代技术把人确立为"表象者"而把世界确立为"图像"。"人就把自身设置为一个场景，在其中，存在者从此必然摆出自身，必然呈现自身，亦即必然成为图像。人于是就成为对象意义上的存在者的表象者。"④ 于是在海德格尔看来近代启蒙开启了一个人成为绝对主体的"世界图像的时代"，这是一个

---

① 哈耶克：《科学的反革命》，冯克利译，译林出版社2012年版，第68页。
② 马克斯·霍克海默、西奥多·阿道尔诺：《启蒙辩证法》，渠敬东、曹卫东译，上海世纪出版集团2006年版，第31页。
③ 海德格尔：《林中路》，孙周兴译，上海译文出版社2004年版，第77页。
④ 同上书，第93页。

第二章 启蒙世界观的内在悖论与根源

以"生产—消费"无限循环为特征的价值虚无主义时代,其后果是人将自己的存在连根拔起。知识的唯一作用就是支配,使一切存在者包括人都成为可资利用的资源,纳入到财富的无限积累与人的永无止境的消费之中。其后果是"一切坚固的东西都烟消云散了",启蒙所确立起来的自由主体现在沦为只有在占有、消费中才能感知自己存在是异化了的存在者,自由荡然无存。

最后,从历史上看,知识之地位的确立乃是与权力合谋的结果,并不是理性的自明性所确立起来的,福柯深刻地表明了这一点。福柯在现实社会理性的表象中处处看到了支配与压制,从而瓦解了知识所标榜的理性特征,因为在福柯看来,知识与权力的运作密不可分,实际上知识正是凭借权力才确立起自身的话语权。"权力制造知识;权力和知识是直接相互连带的;不相应地建构一种知识领域就不可能有权力关系,不同时预设和建构权力关系就不会有任何知识。"① 如果知识仅仅是权力的产物,而不是像启蒙哲学家所宣称的那样理性、纯洁,那么启蒙哲学家标榜的理性的时代岂不显得荒谬?在福柯看来,启蒙以来的"理性叙事"所取得的绝对的话语权本身是以"规训"和"惩罚"为基础的。在近代"需要一种新惩罚操作,一种与理性的社会和经济秩序的要求相匹配的刑法模式。公共酷刑在创造一个秩序良好的劳动力群体方面几乎毫无用途。在不到一个世纪的发展过程中,惩罚将不再被看做是报复,而是一种改造。惩罚过程的目的将被看成是对普遍社会秩序的维护,也是使'被改造'的个体进入社会秩序的在整合过程。"②

所以知识绝对地位的确立也只是近代以后的事情并伴随着强力,因而所谓的知识的普遍性无非是一种强权话语的独白。一般来说,社会中占统治地位的思想观念和意识形态,并不是理性和普遍性的化身,相反,它是社会统治阶级利益的思辨表达,不过

---

① 福柯:《规训与惩罚》,刘北成、杨远婴译,生活·读书·新知三联书店2007年版,第29页。
② 博伊恩:《福柯与德里达》,贾辰阳译,北京大学出版社2010年版,第107—108页。

启蒙之后的"启蒙"

以普遍性的形式证明自身的合法性。

综上所述,启蒙之后的批判话语针对知识的批判主要是指出了现代科学知识的非真理性、非本质性及非现实性,因为它试图给一切存在者套上理性的"逻辑紧身衣",指出了知识的现实基础(实践活动或权利)与工具理性特征(控制性),这就动摇了启蒙的真理观。(科学)知识本来是作为一种认识世界的本质和改造世界的角色在批判传统的目的论宇宙观的基础上确立起自身的地位,其理性的根本特征为世界祛魅并为建立一个理性的世界提供方法论原则,但实际的结果是科学走向了其反面。如果启蒙世界观赖以建立的重要依据——科学与知识都失去了合法性,那么启蒙现代性的方案岂不只是一种浪漫主义的幻想?

二 自由的幻象

理性(知识)与自由是启蒙的两个最重要的主题,启蒙哲学家们关注理性与知识,关注科学与技术,其根本的目的是为人类的自由与解放确立牢固的基础。启蒙哲学家都可以称之为自由主义思想家,他们在理性的基础上为人的自由的实现呕心沥血。在启蒙哲学的视域中,自由主要体现为两个层面即道德的自由和政治自由,而随着现代性的展开,自由却在这两个方面上都走向了自己的反面。

康德在实践理性的基础上指出了自由是道德的前提,道德是自由的体现,而作为一个理性的存在者,人的"可普遍化"的自我立法必定使所有的理性主体都能成为普遍的立法王国的一员。也就是说康德指出了一个启蒙哲学的普遍信念:人是理性的,从而道德价值是普遍的、超时空的;而且所有的理性价值之间必定都是相容的,只要它们通过了"可普遍化"程序的检验。实际上无论康德的道义论还是功利主义它们之间存在着一致之处,那就是对道德普遍性的承诺。"命令的道德观念——它绝非常常是用神学方式来表达的——已经支配了许多现代道德哲学。功利主义传统也并不是例外,至少从西季威克本人的时代以来就是这样。它像康德的道德哲学一样诉诸一种绝对的道德'应当'。如果我们像某些人已经做的那样把义务论和功利主义理论的差异描述成

第二章 启蒙世界观的内在悖论与根源

是正当还是善被当作基本的道德概念的差异,那我们就错了。相反,两种理论都主张正当优先于善。"① 也就是说在启蒙时代不管是功利主义伦理学还是道义论伦理学,他们都诉诸一种绝对普遍的道德"应当",它们的差异之处只是对应当的理解完全不同。而与康德同时代的浪漫主义思潮开始了全面地对理性主义道德的批判,尽管在此之前马基雅维利已经发出了不祥之声:基督教的道德伦理不适用于当代的政治生活,从而指出了普遍价值之间存在的冲突性。

德国浪漫主义运动的兴起按照伯林的考证源于"受伤的民族情感"和"可怕的民族屈辱",即面对法国由启蒙运动带来的科技发达、文化繁荣及政治统一等反观自己民族的落后而产生的强烈自卑感。于是浪漫主义者采取了一个以退为进的策略:尽管我们"物质"方面贫乏,但我们"精神"方面强大,事实上科学只是发现,但最有价值的不是发现,而是发明,是创造、创新。一个人的价值不在于遵循某个普遍道德律,因为根本就没有普遍的价值,价值就在于个体的创造,所以人与人之间的冲突难以避免。但冲突的悲剧好过理性的苍白和谐,因为那是人的生活的本真状态。所以在浪漫主义哲学家看来,"多样性和差异性不只是客观事实,更是一个辉煌的事实:它证明了造物主丰富多样的想象性、人类辉煌的创造力和无限的可能性以及他们生活在一个生机勃勃的世界中所感到的激动;如果事实如此,那么寻找'如何生活'的终极答案就毫无意义了。它不能说明任何问题,因为所有的答案都可能是互不兼容的。"② 而浪漫主义作为一种反启蒙的思潮一经产生就动摇着启蒙运动的"普适"信念,并为 20 世纪的诸多反启蒙的理论与实践提供着灵感。

尼采认为理性主义的道德无非就是奴隶道德,是精神虚弱的体现,是大众对超人的压制。因而所谓的"自由"、"平等"的

---

① 拉莫尔:《现代性的教训》,刘擎、应奇译,东方出版社 2010 年版,第 21—22 页。
② 以赛亚·伯林:《浪漫主义的根源》,吕梁等译,译林出版社 2008 年版,第 70 页。

启蒙之后的"启蒙"

价值理念无非是大众对强者生命力进行宰制的意识形态，是嫉妒的产物。启蒙运动带来的不是人的自我超越，而是更加严重的对统治的顺从。"思想启蒙运动，是一种必要的手段，使人变得更无主见、更无意志、更需要成帮结伙。简言之，在人们中间促进群畜的发展。这也就是过去一切伟大统治艺术家，在以往统治本能的极盛时期，他们也利用过思想启蒙的原因。——或者，起码允许人有行动自由。民众在这一点上的自我蒙蔽，譬如在历次民主运动中，是很有研究价值的。在'进步'的幌子下，会使人变得更卑贱，使人变得更顺从统治！"① 尼采动摇了启蒙的理性主义道德论证，而元伦理学则指出作为伦理学核心概念的善是不可定义，因为对何为善只是个人直觉的产物。"'善'是一种单一的不可定义的属性的名称，这种属性不同于以'愉快'、'有益于进化生存'为名的属性或任何其他自然属性。因此，摩尔把善说成是一种非自然的属性。那些宣称这或那是善的命题就是摩尔所谓的'直觉'；它们既不能证明也不能证伪。"② 尽管后来的规范主义伦理学部分修正了元伦理学的基本思路，但无疑并没有逃离康德为伦理学所划定的范围。无论是康德的规范主义伦理学还是元伦理学、功利主义伦理学，在麦金太尔看来都归于失败，实际上启蒙的任何道德筹划都失败了。因为随着目的论体系的瓦解，个人开始成为世界的中心，无论怎样理解人性，"人"都不再是一个功能性概念，丧失了与目的的内在联系。尽管我们仍然使用着传统流传下来的道德词汇，但显然它们已经失去了原初的含义。"因为道德判断不过是古典有神论的各种实践的语言残存物，而且它们已经丧失了这些实践所提供的语境。"③ 所以在麦金太尔看来，无论是道义论与功利主义的争论还是当代的自由主义内部的罗尔斯的平等主义与诺齐克的自由主义之争，都不可能彻底地解决。因为他们的逻辑前提是如此的异质并不可公度，而

---

① 尼采：《权力意志》，张念东、凌素心译，中央编译出版社2005年版，第31页。
② 麦金太尔：《追寻美德》，宋继杰译，译林出版社2003年版，第18页。
③ 同上书，第76页。

第二章　启蒙世界观的内在悖论与根源

又不可能找到超越于二者之上的普遍前提，因而其结论必定是相互冲突的。因而"我们的社会不可能指望达成道德上的共识"①，"现代思想的一个独特特征是这样一种洞见：良善生活的性质不可能成为合理一致的对象。在与生活意义有关的问题上，通情达理的人们之间的合理讨论并不像亚里士多德认为的那样自然而然地导向共识，而是导向争论。对这类问题，我们讨论越多，分歧也就越多。尽管在终极意义的问题上有这种导向分歧的趋势，自由主义一直希望能够找到某种在避免武力的情况下共同生活的方式。它一直是这样一种信念，我们可以在生活价值上继续存在分歧的情况下就一种核心道德达成一致。最终来说，这种信念可能是没有根据的。"② 所以启蒙运动普遍主义的道德无非是一种一厢情愿的虚构。如果麦金太尔的观念成立，那么道德的冲突显然就成为社会生活的常态，人类在自由的道德领域中又回到"一切人对一切人战争"的自然状态。那么人的自由还具有什么意义呢？这是启蒙最大的悖论。

如果说道德上的自由悖论在很大程度上只是"内在"的、"精神"的，对于一切冲突可以通过"退居内线的城堡"获得某种安宁而得以解决。但作为自由外在体现的政治，人与人之间的冲突却难以幸免，因为人本身就是"政治的动物"，而且启蒙运动的初衷就是为人类建立一个理想的政治社会。哈贝马斯指出"主体性是现代的原则"③，而主体性的核心含义是个人主义。莱布尼兹的单子论是其理论基础，每个单子都是一个独立的小宇宙，单子却没有可供出入的"窗户"，也就是说单子的主体性只能体现于自身之内，单子之间并无外在联系。但是悖论性地，启蒙哲学家又设定了单子间的预定和谐，毕竟单子之间的冲突是理性原则所不能忍受的。因而在启蒙视域中，个体与个体之间的差

---

① 麦金太尔：《追寻美德》，宋继杰译，译林出版社2003年版，第321页。
② 拉莫尔：《现代性的教训》，刘擎、应奇译，东方出版社2010年版，第160—161页。
③ 哈贝马斯：《现代性的哲学话语》，曹卫东译，译林出版社2004年版，第19页。

启蒙之后的"启蒙"

异作为一种无关紧要的因素被抹平了,因为他们共同具备普遍的本质——理性。所以"现代性并不始于对差异的承认,而是始于对一致的要求。"① 实际上,在启蒙的理性主义逻辑中,个体即具有真实性差异、不可化约为一的个人始终都是缺席的。如康德认为理性的人的自我立法实际上潜在的是普遍立法,而黑格尔尽管在市民社会中描述了人与人之间的利益冲突,毕竟他们之间的矛盾会在国家中得以消弭归于和谐。

启蒙的政治自由的内在冲突随着形而上学的瓦解而呈现出来。也就是说自由问题只是到近代以后才成为一个核心问题并事关人的存在之命运的根本问题。"自由问题是直到最近才变成真正的哲学探讨的题目的。在从前苏格拉底直到最后一个古代哲学家普罗提诺的伟大哲学的整个历史中,没有谁把目光专注于自由问题。"② 在古代,自由问题并没有成为一个问题,因为古代人的自由是从城邦的政治生活中得到体现的。即在古代政治哲学的视域中,人是作为城邦的公民而存在的,而不是作为个体的以追求自身利益为终极目标的存在者。后者在古代哲学家看来是受制于生存必然性的奴隶,因为存在就在于显现。而奴隶既不言说也不行动,只是劳动的动物,尽管他们的存在是自由得以可能的前提,但他们既不是自由也没有存在论上的价值。自由实际上是城邦公民的存在方式,在启蒙视域中哲学家们习惯性地认为古代人是没有自由的,但实际上是指古代人缺乏现代人的个体自由观念。但并不是因为他们没有自由,只是古代人与现代人享有不同的自由范式。启蒙视域中的自由危机是指以个人主体性原则为基础的现代自由的内在冲突。

"人是作为局限于他的人性和放纵于他的专横的'自我',还是作为社会的'我们';是作为个人还是作为社会;是作为社会中的个体,还是作为社团中的单纯成员;是作为国家、民族和

---

① 格雷:《自由主义的两张面孔》,顾爱彬、李瑞华译,江苏人民出版社 2005 年版,第 5 页。

② 贺照田编:《西方现代性的曲折与展开》,吉林人民出版社 2002 年版,第 369 页。

第二章　启蒙世界观的内在悖论与根源

人民，还是作为现代人的普遍人性——人才愿意成为并且必须成为主体，即他作为现代生物已经是的那个主体？"[1] 海德格尔鲜明地指出了启蒙现代性的政治困境：个体与其公民身份的决裂。实际上个人主体性原则的确立正是以传统共同体的瓦解为前提的，但显然，西方的政治传统决定了原子式的个人绝不是退居于内心的思想自由，即不是内在意识的自决，虽然这也是现代自由的重要方面，但绝不是最为根本的体现。因为近代以来的自由其首要的领域仍然是政治的公共领域，无论是康德、黑格尔还是马克思，其理论哲学永远低于实践哲学的位置。启蒙哲学家在自觉地捍卫个体性原则的同时当然也必须建构起某种新的"共同体"，否则失去了共同的生活社会将陷入瓦解。但显然这个新的共同体的存在及其原则是以个人主体性原则为基础的，但真正的共同体的存在必然与个体性原则遵循不同的规则并处于矛盾之中。因而启蒙现代性总是以"分裂"为其特征并处处体现出"苦恼意识"。马克思深刻指出了现代政治革命只是实现了政治解放，使人成为双重性的存在：天国的自由平等与尘世的分裂对立，因而人的存在总是分裂的。尽管政治只是经济的体现，但政治绝非不重要，实际在西方的政治哲学的谱系中，政治问题永远都是头等重要的事关人的自由的最重要的问题，而经济问题则被当作与人的消费或生命必然性相关而予以忽略。个人与公民的冲突，就是内在化的理性与欲望的个体与具有公共性维度的政治人之间的冲突。如果说现代社会的个人之间彼此隔绝相互冷漠，那么公民作为国家共同体的一分子是一种主体间性的存在，他超越了狭隘的利己主义而对公共事务不遗余力。他积极参与公共事务，在一种协同性的行动中感受到幸福。因而人权不等于公民权，人权乃是一个前政治的概念。实际上是个体理性与普遍理性的冲突，霍布斯以社会稳定为宗旨认为权利的转让是一次性完成，不可反悔的，从而赋予普遍理性以绝对的权威。霍布斯实际上是意识到了个人主体性原则的内在分裂从而以普遍主体性原则

---

[1]　海德格尔：《林中路》，孙周兴译，上海译文出版社2004年版，第94页。

启蒙之后的"启蒙"

来加以克服。卢梭以"公意"来协调个体自由与普遍自由，但不自觉地使普遍自由高于个人自由。而康德则一方面以个体的理性"自律"、自决为其伦理学、政治哲学的基石，另一方面则又认为人之真正的选择是作为"立法王国"的一员，从而确立起一种因对普遍道德律的尊重而激发起的"应当如此"的责任。黑格尔则以普遍性的理性国家将个体统一起来，但显然他的国家不是现实的国家，而是绝对精神，黑格尔与其说解决了问题倒不如说回避了问题。实际上现代性的自由问题，尤其是个体理性与普遍理性之间的冲突不过是在启蒙的视域中重新展示了形而上学的根本问题：一与多的矛盾。

另外，启蒙的政治哲学之所以相信一个绝对理性完美的政治共同体能够建立，是因为他们吸取了科学的方法论原则，将"政治问题成了技术问题"①。但显然如果政治问题变成一个按照理性的普遍原则加以控制的问题，这又意味着自由的消失。阿伦特认为政治作为自由人共同言说与行动所构成的公共空间，它的根本特征是不稳定性和"非真理性"，这源于人的行动的不可预测性，因而自由的政治领域是以意见而不是以真理为基础的。启蒙现代性正是意识到了政治领域的不稳定性和非真理性而试图以真理、理性的形式将政治领域"稳定"下来，因而主张将政治领域科学化、理性化，这在阿伦特看来，无疑是集权主义的滥觞，意味着自由政治的消亡。以"制作"来规训政治，实质上是将暴力引入政治，其后果是所有人的沉默、无言，失去了人之所是，因为人、自由、政治乃是三位一体的。"以制作代替行动的尝试，体现在所有反'民主制'的论证中，这些论证无论多么铿锵有力和首尾一贯，都会转化为一种拒斥政治之本性的论证。"② 而这种启蒙的政治在欧克肖特看来就是"政治中的理性主义"。这种理性主义政治有两个特征："完美的政治"、"一式的政治"。"理性主义者不乏谦虚；他可以设想一个不为他自己的理性冲击所动的问题。但他不

---

① 刘小枫编：《苏格拉底问题与现代性》，华夏出版社 2008 年版，第 37 页。
② 阿伦特：《人的境况》，王寅丽译，上海世纪出版集团 2009 年版，第 172 页。

第二章　启蒙世界观的内在悖论与根源

能设想其目的不在于解决问题的政治，或者一个根本不能用'理性'来解决的政治问题。……任何问题的'理性'解决都是完美的解决。……从这完美的政治中产生出一式的政治；一个不承认环境的计划不会有多样性的位置。"① 也就是说启蒙的政治由于相信理性将能解决政治中的无序状态，赋予政治领域以一种理性的秩序。因而总是试图以理性来控制、设计、计划社会和政治生活的一切方面，但这必然导致政治的乌托邦。之所以如此，这不仅因为任何真实的理性计划作为一种意识形态并不是纯粹先验的，相反，它只是政治经验的"暗示"，"将政治理解为在一个独立地预先策划的意识形态指导下参加一个社会的安排的活动，就像将它理解为一个纯经验的活动一样，是一个误解"②；而且因为政治并不是一种可以通过传授而获得的一种技术知识，相反，它是一种"习得"的实践智慧。这种实践知识与人的生活密切相关，"实践知识和政治知识从根本上说与所有那些可学到的知识形式及其应用的结构是不一样的。实践知识实际上就是从自身出发为一切建立在科学基础上的能力指示其位置的知识。……如果有谁相信，科学因其无可争辩的权能而可以代替实践理性和政治合理性，他就忽视了人类生活形式的引导力量，因为唯有人类的生活形式才能够有意义并理智地利用科学和一切人类的能力，并能对这种利用负责。"③

因而政治的理性化不仅使政治作为人类自由的公共领域的多样性消失殆尽，而且试图以一种本质上是"物的逻辑"的技术知识来同化乃至驾驭人的实践智慧，从而将人的自由领域降低为"必然性"领域，使人的自由成为一个自欺欺人无所作为的幻象。启蒙以自由、理性始，以必然、非理性终；启蒙的自由理论不仅在逻辑上存在着内在的矛盾与冲突，而且在现实中也展现出

---

① 欧克肖特：《政治中的理性主义》，张汝伦译，上海译文出版社2004年版，第5—6页。
② 同上书，第47—48页。
③ 加达默尔：《真理与方法》，洪汉鼎译，上海译文出版社2004年版，第664页。

启蒙之后的"启蒙"

超越理性所能预料的非理性后果,这无疑是对启蒙最大的否定。另外,启蒙视域中的理性主义政治低估了政治的复杂性,政治作为一种群体性的生活方式,它的根本特征按照施米特的理解是冲突、分层、对抗,它的关键词是权力。"政治生活与群体性的、公共的行为密切相关;它的目标必须是:在差异和冲突的语境中构建一个'我们'。但是要建构一个'我们'就必须把'我们'与'他们'区别开来,而这意味着设立一个定义'敌人'的边界。所以,当政治的目标是构建一个政治共同体,创造一个统一体时,由于在共同体外部永远会存在着一个'外围构造',一个共同体的存在成为可能的外在物,因而,一种终极性的统一体是永远不可能实现的。对抗性的力量永远不会消失,而政治学正是以冲突和差异为特征的。我们能够达成某些形式的一致,但它们始终是局部和临时的,因为一致必然是奠基于排他行为之上的。"① 也就是说政治自由并不是一致的自由,如果没有冲突、矛盾乃至对立,人们是体验不到自由感的。霍耐特也在同样的意义上认为个体的自由与解放的实现是以"斗争"或"获取承认"而实现的,"个体性的历史解放发生在为承认而斗争的漫长过程中。"②

三 历史目的论的终结

如果说启蒙的核心问题是自由,但自由不同于古代人的参与政治的"积极自由",而其根本特征在于维护其私人利益与私密空间的"消极自由"。那么这种自由范式的出现意味着人们进入一个新的历史时期并产生了一种新的历史意识。这个新的历史阶段就是理性的、人为自己立法的阶段,而新的历史意识即自由的意识,由此产生的历史观是一种乐观主义目的论的历史观。实际上在启蒙视域中,自由、历史如同硬币的两面,共同决定着现代性的根本特征。"现代人之转向历史,意味着人们推动了并最终

---

① 墨菲:《政治的回归》,王恒、臧佩洪译,江苏人民出版社2005年版,第91页。
② 霍耐特:《为承认而斗争》,胡继华译,上海世纪出版集团2005年版,第91页。

第二章 启蒙世界观的内在悖论与根源

发现了现实的一个维度——一个古典思想中没有看到的维度,亦即历史的维度。"① 这个历史的维度即历史作为人的活动的结果,其不同于自然史的特殊之处在于它是人的自由劳作的产物。理性时代的人已经确立起自己立法者的地位,因而人类的历史既不同于自然的历史,又不是杂乱无章的,相反,它是朝向无限的自由逐步实现的过程,而历史的顶点即历史目的的实现:人类彻底的自由与解放。但历史目的论作为人的自由的一种理论无论在理论上还是在现实中都不可避免地陷入自相矛盾而终结。

在理论上,历史目的论作为一种"大写"的历史,它预设了"是"与"应当"之间的逻辑张力,作为"是"的现实历史阶段必然走向预先决定的目标——"应当"。"是"意味着完美、理性的欠缺,而"应当"则意味着理性的绝对胜利和自由的彻底实现。从"是"到"应当"之间的过程就是一个人类进步的历程,这类似于亚里士多德的"潜能"与"现实"。这种历史目的论一方面认为历史无非是人的创造,正是人的理性活动推动着历史的无限进步与发展;但另一方面,历史有着确定的前提与目标,是一个必然的过程,于是历史成为一种"无人身理性"的自我运动。"大写的历史有它自己的逻辑,为了它自己不可预见的目的同化了我们自己表面上自由的构想。历史会在这里那里受挫,但是一般说来,它是从低级向高级发展的、进步的和决定论的。"② 也就是说历史目的论的初衷是为人的自由的实现提供理论基础,但历史目的论却建立在决定论的基础之上,将自由建立在必然性之上无疑是对自由的嘲讽。

因为近代以来,人们普遍相信自由与必然相冲突,自由领域的扩大意味着必然领域的缩小。康德正是在自然(必然)与道德(自由)的区分中为人的自由奠定形而上学的基础,并确立了近代自由观的基本图景。另外,如果自由的实现只能存在于历史的

---

① 列奥·施特劳斯:《自然权利与历史》,彭刚译,生活·读书·新知三联书店 2006 年版,第 35 页。
② 特里·伊格尔顿:《后现代主义的幻象》,华明译,商务印书馆 2000 年版,第 55 页。

启蒙之后的"启蒙"

终结之时,那么现实的自由还具有什么意义呢?也就是说如果今天的不幸只是通往未来幸福与自由的前提,今天的自由必定是不充分、不真实的,那么我们在今天为何还要呼吁人的自由?更为重要的问题是,历史目的论及其蕴含的乐观主义进步信念在失去人们的信任之后,关于启蒙视域中的历史的"模式"及作为进步主义历史观的使之合法化基础的元叙事自身也遭遇到了危机。"元话语明确地求助于诸如精神辩证法、意义阐释学、理性主题或劳动主体的解放、财富的增长等某个大叙事时,我们便用'现代'一词指称这种依靠元话语使自身合法化的科学。"①而当历史目的论的元叙事遭遇信任危机之后,启蒙却并没有为我们提供一种能"切中"历史自身的更为合理的解释原则。这实际上是暴露了启蒙的关于历史解释原则的独断性,它的"宽容"并没有允许与理性主义的历史观相异质的其他解释原则的存在,"宽容被证明是通向真理的手段。宽容是理性共识的一种工具;由于一种相信不同的生活方式终将消失的信念,它们为人们所宽容。"②它说许诺的"多样性"也并未超越"理一分殊"的形而上学逻辑。这种唯一的关于历史的解释原则以超历史的、非历史的逻辑来规范现实的人类生活,致使现实的人类历史本身被虚无化。所以启蒙的绝对主义理性原则总是与其反面——虚无主义是一对孪生兄弟,理性主义的历史观达于顶峰之时也是虚无主义肆虐之际。导致这一后果的根本原因在于现代历史观不仅以无限发展的线性时间消解了一切坚固的价值,而且历史自身的世俗化与经验化使任何人造的价值都只能是相对的,并且不断消逝的。

在现实中,历史目的论(无论是线性的历史观还是螺旋式的历史观还是在所谓"以倒退的形式实现进步"的"理性狡黠"式的历史观)失去了人们的信任而声名狼藉。法国大革命的失败不仅动摇了自由、平等、博爱的政治理想,而且也在启蒙运动的

---

① 让-弗朗索瓦·利奥塔尔:《后现代状态》(引言),车槿山译,生活·读书·新知三联书店1997年版,第1—2页。

② 约翰·格雷:《自由主义的两张面孔》,顾爱斌、李瑞华译,江苏人民出版社2005年版,第140页。

高峰之际就动摇了历史目的论。此后，现实的人类历史事件更是屡屡超出历史目的论的预测，乃至根本是历史目的论的反面，从而使历史目的论在解释人类历史事件时处处失语而陷入尴尬。20世纪出现的世界大战、生态危机、大屠杀等动摇人类基本价值信念和世界观的事件更是使人们失去了对人类历史的乐观主义态度，以至于阿道尔诺认为奥斯维辛之后不再有诗。另外，关于历史目的论的所谓历史的终结，更是仁者见仁，智者见智。终结带有不可调和的双重含义：要么意味着圆满，要么意味着最大的奴役与不平等从而表征着真正的开始，因而终结是黑与白的临界点，是必然与自由的交会处。但很显然关于对历史的本质及形式的问题，既不能证实也不能证伪，历史总是充满着偶然性和不可预测性的事件，因而关于历史人们不再谈论规律，它仅表达了人们对自身存在的某种主观态度。

总之，历史目的论作为启蒙时代的历史观，它既要使人的历史作为人的自由创造的活动的结果具有自由的"人性"特征，又要使之从偶然性中拯救出来，赋予它以规律。因而历史目的论总是徘徊于必然与自由之间，受动与创造之间，按其根本精神与气质它总是倾向于后者，而按其逻辑它总是倾向于前者。启蒙的历史观总体来说前者占据了优势，它虽然提供了辩证法的思维形式，但它自身却免于辩证法的"解构"，它的独白使之走向其反面。

第二节　启蒙运动的逻辑范式——科学主义

正如伯林深刻地指出的，启蒙运动作为一场思想政治运动无非是一种新的逻辑范式的全面确立，那就是科学逻辑向道德、政治、历史等领域的移植并取得统治地位。"自我再一次成为万物的中心……在其中，人学会了了解、掌握控制自然世界和政治世界。现代科学意识为启蒙运动奠定了基础。"[①] 而这种科学主义

---

① 泰勒：《黑格尔》，张国清、朱进东译，译林出版社2002年版，第276页。

启蒙之后的"启蒙"

的逻辑具有以下几个特征：客观性、可计算性、效用原则。科学主义原则的胜利，意味着"改造世界"成为人类全部活动的中心。爱智慧一直是传统哲学的代名词，它一方面表明人之有限性，所以相对于神之智慧人只能自觉地接近，因而只能是对智慧之爱，哲学家并不自诩能获得智慧；另一方面哲学本身是为知而知，因而哲学以求知为内在目的，毫无其他外在的目的，所以在此意义上，哲学是超功利、内在、自由的。而启蒙运动受自然科学的进展带来的启发，相信科学的逻辑是普遍的放之四海而皆准，而哲学从作为一切学科的女王的地位下降至"无家可归"以至于爱智慧成为空洞的名词。因为科学的胜利改变了人类的世界图景，目的论宇宙观事实上被摧毁，那么当神不存在了，一切都是自然的或人为的时候，显然"行动"取代"沉思"成为哲学的真实内涵。

一 科学的"舆论气候"

黑格尔深刻地指出启蒙运动使超验萎缩，从而使"唯物主义"原则得以确立，并使"有用性"成为根本的原则。从西方思想史的角度来看，启蒙运动标志着人类思想方式和存在样式的根本转变，这一深刻的转折就是"神学世界观"转向"人类中心主义"。这不仅开启了现代性的基本的信条与价值，使人类变得可以"自决"、"自律"；但同时也使人们的自由空间变得如此狭小，以至于只有在"人为"之物的"安全岛"之中自由才是可以设想的，而在此之外却处处充满神秘、黑暗，以至于理性也取法侵蚀。

我们可以把启蒙运动以前的西方历史称为"神学的时代"，不论是古希腊的"理性主义"，还是中世纪的"信仰主义"。古希腊哲学的理性主义奠定了西方形而上学和哲学的基本范式，但古希腊哲学的根本特征是神性高于人的理性。也即在传统的世界图景中，神的存在总是哲学家们思考和行动的"不自觉的无条件的前提"。在神学世界图景中，人的存在具有一种"向上"的特征，亦即人总是追求与神的接近，尽管哲学家们清醒地意识到有限的人是不可能做到的。最高的理念作为神的代名词，是使一切

第二章 启蒙世界观的内在悖论与根源

事物得以显现的"太阳",所以"沉思"理念成为最高的活动。因而在神学世界观中,"认识世界"、"爱智慧"之人被认为是最自由的人。所以古希腊哲学家如此定义哲学:哲学起源于"惊异",并以自由为前提。尽管自由既是理论的前提又是"实践"的前提,但显然从存在论意义上说,沉思是高于道德与政治的实践活动的。但启蒙运动却使人类的世界观发生了根本转变,随着这一转变人类存在意义与追求也就发生了根本的转变。

科学以其"客观性"、"有效性"确立起自身的合法性地位,并因其方法论上的"典范性"确立起自身的话语霸权。科学客体化为技术,在改造世界、创造物质财富的进程中,本身成为与资本主义社会同构的一种客观性力量,并具有政治的意义和功能,得到人们的认同。"当代社会的力量比以往大得无可估量——这意味着社会对个人统治的范围也比以往大得无可估量。我们社会的突出之处是,在压倒一切的效率和日益提高的生活水准这双重基础上,利用技术而不是恐怖去压服那些离心的社会力量。"[①] 科学技术以其创造的巨大的物质财富和大量的闲暇时间使工人由绝对的贫困变得相对富裕,而工人所付出的代价是由满足消费的物质补偿取代了其作为资本主义社会的"否定性因素"。"标准化和常规同化了生存性和非生产性的工作,先前那些资本主义阶段的无产者的确是在劳役重压下的牲畜,当他生活于肮脏和贫困中时,他只能依靠身体的劳动来获取生活的必需品和奢侈品。因而他是对他那社会的活的否定。与此相反,技术社会发达地区的有组织的工人都过着明显缺乏否定性的生活;同社会劳动分工中的其他人的目标一样,他正在被纳入由受到管理的人们所组成的技术共同体之中。"[②] 也就是说由现代科学与技术造就的资本主义社会中人的存在方式不再是赤裸裸的斗争,即不再是通过强力而实施的统治,而是变得更加文明,也就是统治成为管理。在此资本主义社会统治的合法性具有了一种新的更加牢固的基础。

---

① 马尔库塞:《单向度的人》,刘继译,上海译文出版社 2007 年版,第 2 页。
② 同上书,第 25—26 页。

启蒙之后的"启蒙"

"资本主义是由一种生产方式决定的,这种生产方式不仅提出了统治的合法性问题,而且也在解决统治的合法性问题。资本主义提供的统治的合法性,不再是得自于文化传统的天国,而是从社会劳动的根基上获得的。财产私有制赖以交换商品的市场机制,确保着交换关系的公平合理和等价交换。这种资产阶级的意识形态,用相互关系的范畴,甚至还把交往活动的关系变成了合法性的基础。但是,相互关系的原则正是社会生产和再生产过程本身的组织原则。因此,政治统治能够继续'从下'而不是'从上'得到合法性。"[①] 在哈贝马斯看来,正是因为科学与技术不仅是第一位的生产力,而且成了统治的合法性基础,因为科技的进步对个人的物质补偿获得了广大工人对资本主义制度的忠诚。总之,科学与技术不仅因此内在的逻辑而且因其现实的政治后果而成为新时代合理性的典范。

科学意味着"无神",意味着超验领域的消失。如果神不存在,在以神为前提定义的爱智慧就没有任何意义了。在启蒙视域中,超越维度的消失使所有的眼光都转向人类的生活世界,因而"实践"(马克思意义上的改造世界的活动)成为最为重要的哲学主题。由此,真理开始取代爱智慧成为哲学的代名词。而世俗化对目的论的超越以及人生活于其中的自然世界就占据了哲学家思维的中心,于是求知活动不再是自律的,而是以"产出"为目的,也即解释世界的根本目的是为了改造世界,马克思只是勇敢地指出了哲学心中的真实想法。真理在其本来的意义上,乃是指事物的本质、宇宙的结构、人性等现象背后的真实存在,真理就像传统世界观中的智慧一样是存在的,但真理却不是超越的,相反,真理就在"心灵之境"中。而能否成为掌握真理者,只需"反求诸己",一旦发现了真理,真理掌握者就应当勇敢地肩负起以真理改造世界的责任。在此意义上,对真理之先验性的承诺,启蒙并没有超越传统的世界观,只不过真理不再是通过直觉

---

① 哈贝马斯:《作为"意识形态"的技术与科学》,李黎、郭官义译,学林出版社 1999 年版,第 54 页。

第二章 启蒙世界观的内在悖论与根源

而是通过"大胆地使用自己的理性"而获得。当然,启蒙的精英主义特征又必然承认只有少数的理性者才能真正地成为真理的获得者及阐释者,普通大众则成为哲学家们任意加以塑造的"质料",并且只有在"质料"与"形式"的完美结合中,一个真正的自由、完美的人间天国才能得以确立。

启蒙运动科学主义的"舆论气候"使哲学这门最自由的学科无论在形式上还是内容上都被"科学化":形式上哲学以科学为榜样追求严密的体系,完美的逻辑形式;内容上,哲学家宣称发现了人性和人类社会"毋庸置疑"的真理。科学从毋庸置疑的、大家都认可的前提出发,经过逻辑的演绎,就能得出符合事实的真理。启蒙哲学作为政治哲学和伦理学(不再关注于超验的神,而下降为关于人本身)以科学为榜样,提出了关于社会、政治和人的普遍性真理。但显然伦理学、政治学价值理念却无法像科学那样得以证实。因为哲学家们都只能使用"任何有理性的人都会承认"这种狡黠的形式来确信自己理论的真理性,所谓自由的思想只是掩盖了哲学家们关于理性的"独断"。20世纪的实用主义者,提出"有用即是真理"的著名真理观,实际上是非常谦虚地承认了这样一个事实:任何关于人性的、社会的、政治的假设都只是一种理论而并不是真理,一种理论是否"切中"实在并不重要,而是要在改造世界的实践中得以证明,而有用性则就是判断的标准。这又暗合了科学主义逻辑本身所蕴含的"解释世界"并进而"改造世界"的内在冲动。

而一旦"爱智慧"下降为"真理",自由的范式就发生了根本的转变。如果说在传统社会最高的自由是哲学的爱智慧即向神的无限接近,但近代由于丧失了超越的维度,而仅将理论的目光投注于现实社会,于是自由变成了人自身的活动。"真理的彼岸世界消逝以后,历史的任务就是确立此岸世界的真理。人的自由异化的神圣形象被揭穿以后,揭露具有非神圣形象的自我异化,就成了为历史服务的哲学的迫切任务。"[①] 而人作为社会关系的

[①] 《马克思恩格斯选集》第一卷,人民出版社1995年版,第2页。

存在者，难免与他人的自由处于冲突之中。既然科学作为一种改造自然的有效工具，为何这种逻辑不能用来改造人类呢？于是哲学就在使自身科学化的同时就以关于人类世界的真理自居，赋予自身以改造社会与人类的特殊地位，从而使哲学家垄断了关于人类自由的学说。但实际上由科学所主宰的世界中，人的自由（这里的自由是在康德意义上的自由意志）的范围就变得狭窄，自由既不存在于与神的交往中，也不存在于人的自然本性之中，自由只存在于人类的活动之中，并且只在此领域之中才具有现实性和意义。而哲学家的使命则在于使人们自由的安全岛变得稳固、坚定，少受必然性的侵蚀。尽管在启蒙视域中，神仍然存在，但不是作为一个不证自明的实体，相反，它只是作为某种理论体系完善的需要或作为面临解释实践困境时的理念预设，体现了人对自身自由的某种"不安"心态。

二 真理与自由

在启蒙视域中，真理取代神、上帝成为一切美好事物的象征，而自由则在"人为世界"中获得了定在及其现实性。自由既不存在于人与超验存在的关系之中，又不存在于人与自然的必然性之中，自由只居于"世界"之中（阿伦特语）。自由的表面特征在于"做想做之事"，但显然这样一种自由只是抽象的，是一切人对一切人战争的"恶无限"。因为自由存在着某种"真理性"，即自由至少在形式上必须像科学知识一样能前后一贯、具有普遍性，所以存在着关于自由的真理和自由的假象。尽管启蒙运动高扬人之独特性，强调自由高于必然，但显然关于自由的理论体系无形之中吸收了真理的逻辑。康德将自律即主体"可普遍化"的自我立法作为自由的真理确定下来，在康德看来，自由高于必然（即自然），但真正的自由在于理性主体的"反思平衡"。虽然自由不同于必然，但并不否认自由具有必然的某些特征。于是真理与自由处于十分复杂的关系之中。

启蒙哲学家们正是在必然与自由的区分中，来确证人的选择与自由，从而在"自我立法"的意义上使人的主体地位得以确立。自由之所以重要，不仅因为启蒙哲学家认为这是人之为人的

第二章　启蒙世界观的内在悖论与根源

根本特征，也是由于只有承认自由（包括自由思想、自由选择等），真理（主要是关于人、社会的真理）才能被发现并被揭示出来。"还不单单为着或者主要为着形成伟大思想才需要思想自由。相反，为着使一般人都能获得他们所能达到的精神体量，思想自由是同样或者甚至更加必不可少。"① 卢梭将"公意"作为政治、法律合理性的基础，因为"公意"是永远不会错的，在此意义上"公意"就是真理的代名词。康德更是将能否"普遍化"作为道德律的检验程序，从而将普遍的标准来判断个体行为之有效性和合法性。所以，自由在拒斥自然必然性的同时又承认了自由的必然性形式，而且自由是真理得以可能的前提。但与此同时，真理又具有唯一性，在真理面前一切所谓虚假"自由"的言论都是无知的体现。承认"人为世界"中的必然性，那所谓的自由将显得毫无意义，因为将真理或必然性的逻辑贯彻到底，所谓的选择与自我立法只是一个一厢情愿的幻象。"终极而言，个人的选择自由是一种幻象；人类能够作不同的选择，这种观念是建立在对事实无知之上的；……如果我们是理性的，我们应当承认，只有在我们对世界的真实本性仍然无知的情况下，我们才会称赞与谴责、提醒与鼓励、促进公正与自我利益、谅解、宽恕、做出决议、发布命令、感到合情合理的自责。我们所知越多，人类的自由因而还有责任的领域就越狭窄。因为对于把握了事物为什么是其所是、不是其不是的全知的人来说，责任或内疚、正确与错误的观念必然是空洞的；这些观念纯粹是一种无知、儿童般的幻想的标志。"② 因此，如果将真理所蕴含的决定论贯彻到底，所谓的自由只是"无知"导致的幻象，而所谓的道德判断只能是纯粹的"美学判断"。

于是卢梭认为真正的自由并非"众意"，而只能是具有普遍性的"公意"。真正的选择只能是唯一正确的选择，即那个真实

---

① 约翰·密尔：《论自由》，许宝骙译，商务印书馆1959年版，第39页。
② 以赛亚·伯林：《自由论》，胡传胜译，译林出版社2003年版，第122—123页。

启蒙之后的"启蒙"

自我的选择。"只有一种替代性选择是正确的替代性选择,这时候没有理由为人类提供多种选择,多种替代性选择。当然,他们必须做出选择,因为他们如果不去选择,就不具有自发性,就不是自由的,就算不上人类;可是,如果他们没有做出正确的替代选择,如果他们做出错误的替代性锻造,这是因为他们的真正自我没有发挥作用。"① 因此所谓的个人自由、个性化无非是一种幻象,是一种虚假的自由。"个性化的每一次进步,都是以牺牲个体为代价的,尽管它是以个性的名义发展起来的,其实,除了自己的特殊意图之外,个人已经没剩下什么东西了。"② 按照伯林的话来说,启蒙视域中的自由蕴含着一种与真正自由即"消极自由"相反的"积极自由"。因为积极自由总是预设了所谓真实的自我,并进一步将真实自我等同于国家、种族、历史等形上实体,这样一来,个体的自由就体现为个人对形上实体的献身之中,如此导致的后果就是以自由之名出现的集权主义统治。

所以一方面,人们总是承认存在的先验的普遍的真理,也即它们是人所不能违背因而是必然的;另一方面,人们总是以其自由而自豪,但自由无非是对真理的认识。如此一来,自由由一个存在论概念下降为一个认识概念,这样就表达了超越必然这一根本维度而启蒙视域中的自由最终却因为其科学化的逻辑,使整个"人为世界"成为一个铁笼。阿伦特将启蒙现代性造成的这种后果称之为"技艺人"的兴起与取得统治地位,而技艺人实际上是非政治的,意味着自由的丧失,人成为纯粹的生产—消费者,失去了言说和行动的能力。

三 批判启蒙自由的路向

自由的丧失可谓启蒙最大的悖论,理性化的后果是自由对于人来说成为了一种重负,于是批判启蒙的理性主义、揭示自由主义逻辑所导致的自由的丧失就成为20世纪重大的理论课题之一。

---

① 伯林:《自由及其背叛》,赵国新译,译林出版社2005年版,第48页。
② 霍克海默、阿道尔诺:《启蒙辩证法》,渠敬东、曹卫东译,上海人民出版社2006年版,第141页。

第二章　启蒙世界观的内在悖论与根源

启蒙的核心范畴是"理性"与"自由",显然自由又高于理性并且构成理性的终极目的。但正如上文所指出的,只有在自由与真理、科学的关联中才能合理地阐释启蒙自由的独特范式。而大多数思想家在思考近代自由的危机与困境时忽略了这个前提,因而在其给出的"拯救"自由的新方案中,由于超越了启蒙自由的"问题域",从而其克服现代性危机的路径总是显得力有未逮。施密特总结了思考启蒙与自由关系的三条路线:"第一条路线涉及理性、权威和传统的关系,它采取了深化埃德蒙·柏克对法国革命的疑虑形式。第二条路线集中于理性,恐怖和支配之间的令人不安的密切关系,继续一条由黑格尔在《精神现象学》中开创的论证路线。第三条路线力图把启蒙的理想从与法国革命的一切联系中解放出来,这条路线在尼采的著作中发现它的起源。"[①]实际上总体来说主要有三种超越启蒙并提供自由新范式的路径:回归古希腊传统的以"人是政治的动物"为基本特征的"古典主义";认为自由是规训的产物从而采取"大拒绝"的方式为根本特征的"后现代主义";以"更深刻的现代性来医治现代性创伤",宣告启蒙是一项未竟事业的"新启蒙主义"。

　　回归古典以保守主义者施特劳斯、阿伦特等为代表。他们以亚里士多德传统来诊断现代性,从现代性自由的范式中看到了自由主义的逻辑后果——虚无主义,因此主张回归传统,重新清理哲学与政治的关系,从而回到自由的"本真状态"。但古典主义的自由范式显然与启蒙的自由范式是异质且不可公度,而且所谓的"回归"显然是不现实的。虽然现代性的自由总是过于形式化,但总的来说,这是实现人类自由的重要一步,这一点黑格尔和马克思都指出过。虽然以古典政治哲学为基点对现代性的批判具有重要的意义,对现代性自由之内在困境的诊断也十分深刻,但他们并没有提供一条克服自由危机的现实道路。

　　后现代主义者则看到启蒙的现代社会不过是以圆形监狱为原

[①] 詹姆斯·施密特编:《启蒙运动与现代性》,徐向东、卢华萍译,上海人民出版社2005年版,第16页。

启蒙之后的"启蒙"

型的更为隐蔽、更为有效的统治形式。这样一种统治以个人的原子化、被孤立为基础,以无人直接统治的高效率为特征。无论是社会的宏观领域还是在个人生活的微观领域,后现代主义者都觉察到了权力的运作,因而所谓的自由只是"意识形态"的支配逻辑。后现代主义克服现代性自由危机时也矫枉过正,时时刻刻都意识到可能存在的规训从而采取大拒绝的方式来获得自由,所以自由从来都不能具有某种固定的形式,而只能是在为拒绝而拒绝的过程中体验到的一种彻底否定性的"超越感"。

以哈贝马斯、罗尔斯为代表的建构主义者则认为启蒙本身提供了现代性的一切成果,启蒙的危机并不意味着启蒙的终结,相反,启蒙本身提供了一种超越启蒙内在困境的思想资源。在自由问题上,转变思考自由的"范式"即回归"交往理性",自由的危机迎刃而解;或者通过区分私人领域与公共领域,将私人领域的异质性当作是不可避免但因完全是私人化而并不试图强加给他人,并同时承认了他人之"完备性学说"的合法性,而公共领域的"重叠共识"就成为政治领域自由之根本体现,因而并不存在所谓的个体自由与普遍自由的冲突。[1]

而问题是,这三种批判的路向和解决问题的方案虽然在某种意义上意识到了启蒙视域中自由的内在危机,但由于它们没有意识到启蒙自由的根本范式——科学主义,因而并没有提出真实的解决问题的方案。所谓科学主义自由范式主要是意指以近代自然科学的逻辑形式所确立的对自由形式的理解,这主要体现为通过理性的反思,确立一个无可置疑的起点或前提,然后以此为基础理性开始普遍性的自我立法,无论是道德原则、政治原则还是生

---

[1] 马克思思考现代性自由危机并超越启蒙自由范式的路向在某种意义上也是回归"交往理性"(或"实践理性"),但显然马克思的实践不同于传统意义的实践,他对自由的理解具有独特的意义和贡献,阿伦特甚至认为马克思颠覆了整个西方政治哲学的自由主义传统,因而鉴于马克思对自由理解的独特性,在后文将单独论述马克思的自由观。

第二章　启蒙世界观的内在悖论与根源

活世界的交往原则等自由的领域。① 而科学主义范式的自由尽管确立了自由的"人性"特征与理性主义本质，但自由的科学化理解却忽视了自由的存在论基础。而马克思则深刻地意识到了这个问题，并开辟了批判自由的新方向："真理的彼岸世界消逝以后，历史的任务就是确立此岸世界的真理。人的自我异化的神圣形象被揭穿以后，揭露具有非神圣形象的自我异化，就成了为历史服务的哲学的迫切任务。于是，对天国的批判变成对尘世的批判，对宗教的批判变成对法的批判，对神学的批判变成对政治的批判。"② 如果站在马克思实践哲学的立场来思考上述三种典型的对启蒙自由批判的方式，我们可以发现它们的共同点就是仍然将理论的中心集中于资本主义社会中人存在的"异化"的思考，从而以一种"理论"或逻辑的形式来思考现代性自由导致的分裂，缺乏马克思的"现实"维度。这里现实并不是指直观所显现的自然客观性而是指人的现实生活根基，这正是理论所无法完全加以统摄的无限的领域。自由之根本的特征按照康德的说法正是无限的，因为它植根于现实的生活本身。但科学逻辑的前提是其有限性，因而具有理论的典范特征，而以科学的逻辑来规范自由无疑是犯了"混淆范畴"的错误。

四　科学的有限性与科学主义逻辑的谬误

可以说在启蒙的视域中思想家们的乐观主义信念建立在对科学崇拜的基础之上，因为科学被认为不仅切中了事物的本质，而且为人的自由与解放提供了方法论楷模。20 世纪以来，随着科学所造成的各种人类存在的危机，对科学的反思就成为重新理解启蒙运动的重要突破口，而最后的结果是科学作为一种解释世界的逻辑具有不可避免的有限性，而将科学逻辑无条件地运用到道德、政治等人文领域不过是一种错误的类比。

---

① 参见《自然权利与历史》一书中甘阳写的前言：《政治哲人施特劳斯：古典保守主义政治哲学的复兴》第 51—57 页。甘阳以自由的两个方面即摆脱自然情欲的限制与选择为善或为恶勾勒了康德之后自由主义的两条发展线索，即以罗尔斯为代表的建构主义，以德勒兹为代表的激进主义。

② 《马克思恩格斯选集》第一卷，人民出版社 1995 年版，第 2 页。

启蒙之后的"启蒙"

实际上无论怎么估价现代科学技术对人类现实社会与理论思维的影响都是不过分的，但是需要指出的是并不能因为科学与技术"已经变成了一种环境和生活方式"而非仅仅是一种简单的手段，或者仅仅是认为技术是一种价值中立的工具而忽视对技术的控制。否则的话要么对技术的批判不可能，要么对技术的批判是一种外在的批判，如此则缺乏技术政治学的视野，从而也难以理解技术与政治社会之间的复杂关系。"技术体系的使用中含有社会价值，而且技术体系的设计中也含有社会价值。从这一点来看，技术不是一种天命，而是斗争的舞台。技术是一个社会的战场，或者用一种更好的隐喻来说，把技术比作一个文明的替代形式互相竞争的'事态的议会'。"[①] 当然对技术与现实社会关系的探讨已经超出了我们的视野，我们只是试图表明作为理性典范形式的现代技术仍然是有限的。

有意思的是科学有限性的这样一种观点的获得不是来自外部，相反，它正是科学自身发展的逻辑后果。也就是说科学自身的发展不仅没有进一步证明自己接近了"实在"而拥有普遍性的美誉，而是表明了自己的不可避免的有限性。突出的例子是海森堡在物理学上的测不准定理的发现，和哥德尔在数学上发现的任何一个数学体系的不完全性。因而随着在西方科学哲学最先进领域出现的悖论，启蒙世界观的那个稳定、统一、必然的世界图景开始消解，科学的预测、认知功能受到了质疑。实际上在现代科学视域中，人们隐约感受到的是一个非理性乃至混沌的自然。也就是说科学自身具有难以克服的有限性，而在启蒙的视域中，由于理性独断的支配，这一点是难以觉察的，巴特雷深刻地指出了这一点。"科学——而且是在它自己的真正领域——也碰到了人的有限性这个事实。这发生在科学本身，而不是发生在科学的哲学思考中，这一点使得这种发现更加可信和意义重大。人类学，尤其是现代精神分析学已经告诉我们，人类理性乃是人类动物长

---

① 芬伯格：《技术批判理论》，韩连庆、曹观法译，北京大学出版社2005年版，第16页。

第二章　启蒙世界观的内在悖论与根源

久的历史性建构，人的精神根须还伸展下去达到其原始的土壤。然而，对非理性事物的这些发现却在理性本身的活动范围之外；它们是我们在生活中运用理性的顽强障碍，也是坚定的理性主义者依旧希望通过更加明智地运用理性这种工具本身得以绕过的障碍。"[1]虽然康德在启蒙时代就证明了理性所不可避免的有限性，但由于根深蒂固的实证主义逻辑，这一洞见只有为科学自己证明时才被人们不情愿地接受。总之，在科学飞速发展的同时，科学的极限性暴露了出来，主要体现为以下两点。

第一，科学的"非理性主义"基础。以科学逻辑证明的严格性而自豪，但事实上，任何科学体系都以某种不证自明的公理为前提，但所谓的公理是无法从逻辑上予以证明的，在此意义上，不过是一种信仰。也就是说科学所自称的严密性、理性特征是片面的，仅仅在于推理的过程之中，而推论得以可能的阿基米德点却是设定的，这是理性所不能加以"建构"的。20世纪的科技哲学从不同的角度对这一问题予以了论证，从而根本上拒斥了"无前提的科学"这一观念。科学理论的严格性实际上仅仅局限于其形式上，正如康德所说，以分析命题为基础的所谓科学理论不过是同义反复，根本不可能获得新的知识。所以对于真正的科学，形式的合理性或逻辑的严密性只是其特征之一，它还必须包含经验的要素，甚至按照波普尔的说法它只是一种有待检验的"假说"："科学在其发展中在任何时候都遇到问题。科学不能从观察开始，或不能从'资料的收集'开始，这是一些研究方法的学者们所主张的。在我们能够收集资料之前，我们对某类资料的兴趣必定已经产生了。这就是说，问题总是最先出现的。问题的提出又可以由于实践的需要或者由于科学的和前科学的信念而又修改的必要之故。"[2]所以科学并没有所谓的前后一贯的自身内在的逻辑，并不是逻辑严密的纯粹演绎，相反它总是与"非理

---

[1] 巴特雷：《非理性的人》，段德智译，上海译文出版社2007年版，第38页。
[2] 波普尔：《历史决定论的贫困》，杜汝楫、邱仁宗译，上海人民出版社2009年版，第96页。

启蒙之后的"启蒙"

性"因素密切相关。科学知识是不断增长、进化的,但科学却并非绝对真理,这一观点受到了越来越多人的认同。

第二,科学无关乎人生意义。科学以人对自然和社会事物的支配为目的,人确实在支配中感受到了主体的地位,但人一旦将这种支配的逻辑加之于人时,人反而丧失了精神性而为物所支配了。也即是说科学根本无法为人的生命提供某种意义,并且从根本上说正是科学主义逻辑的肆虐,价值虚无主义产生了。因为科学凭逻辑、概念来理解事物,但人的价值与意义却恰好是非概念、非逻辑性的。人生的意义需要通过体验、感悟乃至直觉来呈现,这正是非理性主义和存在主义哲学家给予我们的重要启示,而这显然已经超出了科学的视野。更为重要的是科学自身所谓的严密性本来是以"价值无涉"为基础的,胡塞尔深刻地指出了这样一点:"他们严格的科学性要求研究者必须小心排除一切作出价值判断的立场,排除一切对作为对象的人及其文化的构造是理性还是非理性的探问。科学的、客观的真理只是确证:物理和精神世界到底是怎样的。"[①]

科学之有限性的特征决定了启蒙思想家试图将科学的逻辑移植到人文领域不过是一种"自然主义的谬误"。而这种自然主义的谬误除了是由于启蒙思想家将科学作为理性的化身、真理的代言人这一显著的原因之外,还因为启蒙思想家忽视了自然对象与人文对象之间的内在区别。自然对象虽然不是整体地作为科学研究的对象,如在研究一个自然物体的硬度时,它的颜色、气味就要当作与研究无关的因素被忽略,但自然对象之所以作为科学的研究对象是因其自然属性的客观性。而道德、政治等人文对象其根本的特征乃是与自然属性不同的精神性,在于它们所体现出来的不可脱离于人的人文特质。一般来说,同一的自然对象对于不同研究者来说是同一的、客观的,但对于社会科学来说,所谓的同一的对象或整体不过是理智建构的产物,并没有所谓"在那"

---

① 胡塞尔:《欧洲科学危机和超验现象学》,张庆熊译,上海译文出版社 2005 年版,第 7—8 页。

第二章　启蒙世界观的内在悖论与根源

等待研究的对象。"对于我们的观察而言,整体本身从来就不是既定的,它们无一例外是我们心智的建构。它们不是'既定事实',不是我们因其相同的自然属性而自动视为相同的同类客观素材,缺少表达我们可观察到的众多单个事实之关系的精神图示,他们便完全不可感知。"①因为主观的"态度"或"理论"预先地使一个社会科学的对象成为可能,在此意义上我们也可以说人文领域是一个关乎人的精神、与人的自由相关的领域,科学主义逻辑的侵入不仅不能理解人文现象而且还遮蔽了这些"主观"领域所体现的人存在深度与真实性。对此问题有着清晰认识的卡西尔指出:"虽然每一人文对象无疑问地具有物理性的、心理性的和历史性的面相,然而,只要这些乘数一朝尚仍是从孤立割离一面而不是从彼此之交互关系或相互渗透一面被了解的话,则这一对象之独特性意涵便一朝不能全面显出。就其本身而言,物理学之观点、心理学之观点和历史的观点都是必须的;然而,它们之中没有任何一个单独的观点可以把吾人于人文科学中在努力寻找的那一全相掌握和显示。"②

自由主义思想家伯林更是对"科学主义的历史学"表示强烈的质疑,认为科学的客观性逻辑并不能移植到历史领域,因为历史本身是难以客观化的。"历史作品虽不是想象性的文学作品,但是它肯定无法逃脱在自然科学中被恰当地排斥为无理由的主观性东西,甚至无法逃脱直觉。除非假定历史必须把人当作空间中的对象来处理,也就是说,历史学家必须是行为主义者,否则,历史学的方法很少能满足精确的自然科学的标准。呼吁历史学家抑制哪怕是最小限度的道德或心理洞见及其评价——在我看来产生于人文研究的目的、方法与自然科学的目的、方法间的混淆。纯粹描述性的、完全无人的历史,从来就是一种抽象的理论建构,是对前一些世代伪善与虚荣的夸张的反动。"③另外,如果

---

① 哈耶克:《科学的反革命》,冯克利译,译林出版社2012年版,第53页。
② 同上书,第93页。
③ 伯林:《自由论》,胡传胜译,译林出版社2003年版,第157页。

启蒙之后的"启蒙"

以科学主义的逻辑来理解人的道德,那么道德就失去了本真的含义。因为道德就其本质而言并不是科学意义上的认识,道德的主体不是观察、认识的主体而是行动的主体,道德的基本含义乃是人之于感性欲望的境遇中"向上"挣扎,以摆脱外在偶然事物的诱惑而达至自律的自我。也就是说分裂与冲突(如感性与理性、肉体与精神等的分离)乃是人的本体论的基本结构,所以道德的主体绝对不是科学意义上的单一的透明人。"人类基本上看来乃是一道德之存有,所以对人类而言,这种分离是必须的。倘若这一种分离并不是人类命中注定的特色的话,则人类便不能努力和挣扎奋斗,他也不可能成为一个担负责任的位格。因此,超验的观念于知识层面的主体论正好像对象知识和对象自身一般的是建基于康德的世界观之道德主体论之上的。作为与无限之上帝像对的有限之人类,如果要被称为一主体的话,则人之所谓主体并不是作为一认知的主体,而是作为一意愿的与行动的主体。"[①]也即道德的主体是一行动与意愿的主体,它的存在论维度以向上为基本气质,而科学的主体或知识的主体是一认知的主体,它的存在论维度与水平为基本气质。道德标志着人作为自由意志的存在,它具有超越其物理存在的超越维度,而科学主义的逻辑将人理解为一种纯粹实在的存在者。所以以科学去理解人的道德和历史实际上取消了人的自由,从而也取消了人的责任。所以以科学主义逻辑去理解人,将人理解为一种可以借由观察而被理解的"本质先于存在"的自然存在物,这无疑是否定了人的责任并限制了人的能动性,使人成为甘于服从的存在者,这就说为何马尔库塞所说的科学技术已经成为一种新的意识形态的原因。

总之,科学主义逻辑中所展示的并非是具有丰富内涵的人本身,相反,它的人的形象是一个抽象、以单一理性为特征的自然物。科学式的思维方式实际上也是启蒙时代哲学家所效仿的思维逻辑,"这样一种效仿的结果,使得哲学提问的方式与自然科学

[①] 克朗纳:《论康德与黑格尔》,关子尹译,同济大学出版社2004年版,第114页。

第二章 启蒙世界观的内在悖论与根源

无异而哲学问题的回答则没有相应的实证科学手段,从而陷入形而上学的独断。此外,用机械力学的僵死模式去理解包括人类社会生活在内的全部世界现象,又必然产生马克思和恩格斯敏锐指出的机械唯物主义的奇怪现象:'物理运动成为机械运动或数学运动的牺牲品;集合学被宣布为主要的科学。唯物主义变得敌视人了。为了在自己的领域克服敌视人的、毫无血肉的精神,唯物主义只好抑制自己的情欲,当一个禁欲主义者。它变成理智的东西,同时以无情的彻底性来发展理智的一切结论。'这种僵死的、机械的、抽象理智的态度和方法,至少不能获得任何对人和社会生活的有益见解。"① 甚至直到康德这样一种牛顿力学的思维方式仍然居于支配地位,到黑格尔时才发现了科学逻辑的内在缺陷,认为真正的哲学必然不能是力学思维而只能是思辨的思维。也正是思辨的思维才能真正理解不同于死物的人的存在方式,黑格尔的理论洞见无疑启发了 20 世纪的哲学家们。他们试图从不同的视角来揭示被形而上学的独断论所遮蔽的人的真实存在方式及其生活世界,彰显科学的思维逻辑所遗忘的存在的意义,这也是批判启蒙现代性的一条重要的思路。

第三节 理性主义、乌托邦与知性思维逻辑

如果说科学主义的逻辑范式表明了启蒙试图超越传统并确立起自己合法性地位的方法论基础,体现了启蒙的时代特征;那么启蒙世界观所蕴含的乌托邦,理性主义与知性思维逻辑则显明了启蒙与西方传统哲学的内在关联,西方哲学的传统主题在理性主义的前提下得到了重新阐释。总的说来,启蒙试图根本上超越传统的世界观,但实际上它又在很大程度上继承了传统的逻辑。仅就其历史观而言,它不过是以世俗化的语言表达了基督教的基本信仰,"近代历史哲学就其想在现世历史中实现旧约的终极救赎

---

① 孙利天:《论辩证法的思维方式》,吉林人民出版社 2006 年版,第 35 页。

启蒙之后的"启蒙"

历史而言,是基督教式的历史观。"[①] 启蒙叙事或启蒙话语作为一种新型的解释世界的方式,并表现出强烈的改造世界的理想,但事实证明启蒙并没有它声称的那样理性。启蒙是一种新型的强制,而这种控制和强制通过一种无形的方式深入人的内心及生活习惯并主宰着人的选择与实践,西方马克思主义者指出了这一资本主义的新型控制逻辑。而本书将从历史出发来分析启蒙的命运。

一 理性主义的信念

启蒙哲学家如笛卡尔、康德等固然证明理性的自主性和自决性,但显然只有仅仅涉及理性自身时,这种通过"怀疑"或"形而上学的分析"所确立起来的理性的自主性才是"自明"的。但一旦涉及"他者",如理性之外的实体或理性的外在后果(按康德的说法,理性的本体世界与自然的现象世界是分裂的,动机与后果分属不同的领域故而不是统一的),理性似乎就无法证明世界的同一性,于是作为理论预设的最高存在——上帝就不可避免地被设定。其实这暴露了启蒙理性主义的局限,康德的"有限理性者"固然意识到了这点,但启蒙的内在冲动——将理性无限化使之等同于最高的真理或世界的"模式"从而使整个世界得以"解释"却遮蔽了这一宝贵的思想。按照启蒙的内在逻辑,它具有一种"控制"的欲望,当然这种控制无论是一种彻底的"解释"还是一种彻底的"实践",它要实现海德格尔所说的将一切学问变为"人类学"。按照鲍曼的分析,如果说一个社会的终极目的在于有效的控制,那么启蒙不过是提供了一种建立在理性控制基础上的新型控制形式。鲍曼认为17世纪的危机本质上是"既存的社会控制手段的崩溃",而启蒙运动所提供的范式则是为解决此危机的一种政治上的反应。"启蒙运动的纲领从一开始且必然具有双重性,也就一目了然了:一方面,启蒙运动着意于国家及其政策的'开明化';另一方面,它着意于对臣民的

[①] 洛维特:《世界历史与救赎历史》,李秋零、田薇译,上海世纪出版集团2006年版,第11页。

第二章 启蒙世界观的内在悖论与根源

控制、驯服或其他类型的管制。知识分子向握有权柄者说：所'说'之内容与'民众'有关；'说'的行为之意义在于传播理性思想；如何使维护社会秩序的活动理性化，是'说'之主题。"① 而一旦知识与权力的合谋实现了有效的控制，理性似乎就有意无意地忽略自己的"原罪"，将自己当作整个宇宙概莫能外的统治法则，是与统治、黑暗、无知截然相区分并且是美好、理念的象征。于是理性主义根据科学主义的逻辑范式确立起自己的一些基本信念，尽管启蒙世界观并不以为这些是信念而是当作基本的事实。

首先，宇宙是一元、统一的，而理性原则上能发现此一普遍的结构。启蒙运动的世界观由于驱逐了神，世界变成了自然事物的聚集，而自然事物的组成乃至结构和变化均是理性所能把握的，因为在启蒙视域中，自然已经去神秘化而成为必然性的代名词。尽管在现实社会中，一些人由于受制于激情、欲望的限制而无法做出理性的观察和判断，但显然哲学家作为真理的所有者，能洞幽烛微地切中世界的本质，因为他们拥有一双"灵眼"。以此为基础启蒙确立了第二个信念：既然理性在认识自然、改造自然层面取得累累硕果，那么没有理由怀疑理性的运用将同样在"人为"领域建功立业。人们承认在自由道德领域中充满了偶然性，但他们也相信这些偶然性源于人们的无知或者说人们还没有发现关于自由的真理，也就是说人们受习俗、意见的支配而无法理解真正的规律，正如一个没有通晓万有引力定律的人总是对苹果落地的偶然性无动于衷。于是第三个信念确立起来，正如"自由就是对必然的认识"，自由的实现也是一个无限进步的过程，辩证法的正—反—合揭示了自由实现的历程。于是脱离于实际社会发展进程的发展逻辑被认为是真理，任何时空中的现实发展概莫能外，于是"形式性"取得根本胜利。在这里需要指出的是，一方面现代社会的根本气质是世俗化，但另一方面，它又难以放

---

① 齐格蒙·鲍曼：《立法者与阐释者》，洪涛译，上海人民出版社2000年版，第99页。

启蒙之后的"启蒙"

弃形而上学，这样一种表面上的矛盾，实际上体现的是西方根深蒂固的本体论逻辑的二元性特征。

总之，理性的信念：一元论、统一性、进步性作为启蒙最为基本的信念主导着启蒙现代性的建构，因而所谓的理性并非是"自性"的，相反，它既带有"控制"的特征，又是以"信仰"为基础。而随着启蒙取得的重大成就，它的理性特征压制住了其非理性特征，从而以唯一的"理性"标示其身份，而忽视了理性的成长本身要以"非理性"的信念为基础。哈耶克深刻地指出，市场经济作为一种配置资源的有效方式，作为提升人自由的基本媒介，它并非理性设计或控制的结果，相反，它是在无人知道其后果的条件下，自发地"进化"而形成的。"我们作为个人，应当服从一些我们无法充分理解但又是文明之进步甚至延续所必需的力量和原理，这对于理性的成长至关重要。历史地看，造成这种服从的是各种宗教信仰、传统和迷信的势力，它们通过诉诸人的情感而不是人的理性，使他服从这些力量。这文明的成长过程中，最危险的阶段也许就是人类开始把这些信念一概视为迷信，于是拒绝接受或服从任何他没有从理性理解的东西。"[①] 也即是说理性的能力实际上是非常有限的，它自以为它所发明的东西其实不过是自发的产物，而且理性自身能力的增强还以某些理性所不能理解的因素为基础。理性的无限性不过是受科学的鼓舞所产生的一种缺乏根据的迷信。

显然，理性的信念包含着自身的悖论与矛盾。如根据其一元论的信念，所有真理都是统一的，所有好的事物都是一致的，因为真理不能与真理相矛盾。自由与平等同为启蒙的两大核心价值理念，但它们无论在逻辑上还是在现实社会中，它们都是相冲突的。自由贯彻到底必定是平等的反面，而真正平等必然要限制自由，当代的罗尔斯和诺齐克之争将启蒙的悖论展现出来，市场经济形式上的平等所造成的资产阶级对无产者的彻底支配更是以经验的形式将此悖论体现出来。其同一性的逻辑实际上是一种打破

---

① 哈耶克：《科学的反革命》，冯克利译，译林出版社2012年版，第91页。

第二章 启蒙世界观的内在悖论与根源

界限、抹平边界与消除差异的逻辑,将科学的领域等同于自由的逻辑或以科学的逻辑来建构自由导致的结果必定是生活世界的殖民化,或者意义陷入虚无。而进步性的信念本质上是一种逻辑上的抽象或心理上的愿望,但这绝不是一种事实上的描述,更不是一种逻辑上必然的客观规律,以真理的名义将进步信念用于政治领域其后果是以"意见"(只是一种主观的信念或想法)规范意见(阿伦特认为政治的领域是意见的领域,没有所谓的真理),以概念来规定事实,导致了各种各样的乌托邦。"当一种思想状态与所存在的现实状态不相协调时,那么它就是乌托邦的。这种不协调在事实上总是很明显的,即在经历、思想和行为方面的这样一种思想状态朝向一个现实环境中并不存在的目标。然而,我们不应当把不符合或超越现实状况的每一种思想状态都看成是乌托邦的。只有转化为行动并部分或全部地动摇现存统治秩序的时候,它们才被看作是乌托邦的。"① 以概念来改变整体的现实即"整体主义或乌托邦的社会工程"似乎忘记了法国大革命的"从头再来"的教训,其实我们的整个社会建构包括传统、习俗、情感、宗教、语言等,只有很少一部分是有意识地设计出来的,绝大部分都是人类活动未经设计而自发"生长"出来的。"整体主义的或乌托邦的社会工程与渐进的社会工程相反,它绝不带有'私人的'性质,而总是具有'公众'的性质。它的目的在于按照一个确定的计划或蓝图来改造'整个社会';它的目的在于'夺取关键地位'扩大'国家权力……直到国家变成几乎与社会一样',它的目的还在于从这关键地位上控制那些影响着社会未来发展的历史力量,或者阻碍社会发展,或者预见其过程并使社会与之相适应。"② 但乌托邦的整体主义逻辑试图从总体上对社会的"整体"进行彻底改造,但这在逻辑上是不可能的。这不仅因为"整体"无法成为科学研究的对象,因为我们的观察和描述

---

① 曼海姆:《意识形态与乌托邦》,中国社会科学出版社 2009 年版,第 182 页。
② 波普尔:《历史决定论的贫困》,杜汝楫、邱仁宗译,上海人民出版社 2009 年版,第 53—54 页。

启蒙之后的"启蒙"

永远都是有选择的,即只是对机体的某个方面的观察与研究,整体既不可能被研究也不能被改造或控制,因为科学的对象永远是有限的。在此意义上整体主义的思维方法"绝不代表思想发展的高水平或新阶段,而是前科学时期的特征"。而更为重要的是整体主义的乌托邦不仅蕴含着集权主义的危险,而且本质上是不可能的。"整体主义者不但企图用不可能的方法来研究我们的社会,而且还企图把我们的社会作为一个整体来控制和改造。他们预言:'国家的权力必须扩大,直到它和社会几乎合而为一为止。'这句话所表达的直觉是够清楚的。这就是集权主义的直觉。这个预言除了传达这种直觉之外还会有什么别的意思呢?'社会'这个词当然包括一切社会关系,包括一切人与人之间的关系;母子关系以及儿童福利官员和母子两者之间的关系等等。有许多理由说明控制所有或'几乎'所有这些关系是不可能的;因为只要对社会关系进行新的控制,我们就创造了一大堆需要加以控制的新的社会关系。简言之,这种不可能性是逻辑的不可能性。毫无疑问,乌托邦计划正是想去做而不可能做到的事情。"[1] 所以乌托邦的结局只能是灾难和暴力。

总之,启蒙的核心原则——理性实际上体现为一种知性思维逻辑。所谓知性思维逻辑,按照黑格尔的理解就是一种有限的、以分裂为特征的思维原则,"知性的活动,一般可以说是在于赋予内容以普遍性的形式。不过由知性所建立的普遍性乃是一种抽象的普遍性,这种普遍性与特殊性坚持地对立着,致使其自身同时也成为一特殊的东西了。"[2] 但启蒙坚执于这一抽象的普遍性,从而不仅导致了人与自然的分裂,也导致人与人的对立。这既体现为启蒙运动的唯物主义自然观,也体现为法国大革命"绝对的自由导致绝对的恐怖"。坚持自主性这一原则并将其推到极端,其后果是理性本身成为绝对抽象的"形式",而没有意识到理性

---

[1] 波普尔:《历史决定论的贫困》,杜汝楫、邱仁宗译,上海人民出版社 2009 年版,第63—64页。

[2] 黑格尔:《小逻辑》,贺麟译,商务印书馆 1980 年版,第172—173页。

第二章 启蒙世界观的内在悖论与根源

只有实体化自身,只有在"他物"中才能展示自己的现实性和力量。在黑格尔看来,这种知性思维逻辑只是一种非常有限的思维,未能达到真正的理性,从而康德的作为立法者的人其主体性仍然是一种毫无内容的空洞形式。"道德自主性的获得以道德空洞性为代价。"① 而知性思维逻辑作为一种有限性的逻辑实际上只体现了片面的真理性。"启蒙运动仍然停留于知性层次,即停留在思维明确地区分事物、隔离了事物,但是没有超越它而抵达理性的层次。……启蒙运动做出了明确的区分,把人看作是独立于每一个他者的个体;但是它对他们生活于其中的共同体视而不见。……启蒙运动的见解虽然真切,但却是极其片面的。"② 所以启蒙理性本质上是一种有限性的理性,它无法依靠自身的力量取代上帝。这既体现为它作为一种思想的原则无法确立起外在的存在(我思只能证明我在,但无法保证他者的在);也表现为理性无法穿透一切黑暗,无法将一切存在都理性化,实际上它还以非理性的力量为基础,因而理性所许诺的彻底的解放不过是一种"致命的自负",而按照理性的原则去确立的理想国不过是"通往奴役之路"。

二 自由与解放实现的"必然"逻辑

乌托邦按其本意指"完美社会"的理想,但它仅在理论上是可行而在现实中是行不通的,而且一旦以乌托邦理想来指引现实将会导致严重的政治灾难。欧克肖特将这种追求完美的启蒙政治理想称为"信念论政治","在信念论政治中,人们追求人类完美完全是因为这种完美不是出现在现在。而且人们还相信,我们无需,也不应该,借助神圣天意来获取人类的解放。人类完美的获取凭借的是人类的努力,不完美会逐步消失的自信在这里来自对人类力量的信心,而不是来自对神圣天意的确信。或许,我们可以通过相信我们的努力得到天意的赞同甚至支持而鼓足勇气,但我们会认为,完美的获取所依靠的是我们自身的不懈努力,如

---

① 泰勒:《黑格尔》,张国清、朱进东译,译林出版社2002年版,第567页。
② 同上书,第616页。

启蒙之后的"启蒙"

果我们坚持不懈，完美就会实现。"① 这样一种对完美的追求被事实证明是一种理性的"致命的自负"并且必然导致"通往奴役之路"的集权主义逻辑。但乌托邦理想并不是没有"根据"的，相反，它本身有一套完善的逻辑体系及话语形式。"在所有的乌托邦思想中，无论是基督徒的，还是普通人的，都贯穿了一个恒定的主体：过去曾经有一个完美的状态，后来发生了某种巨大的灾难……太古的统一被打破了，此后的人类历史就是持续不断地尝试结束这种分裂状态，恢复统一……宇宙是从完美的整体开始的，或许它也终复归于一体。这是一种持续存在的观念，它自始至终贯穿了欧洲的思想进程；它是一切古老乌托邦的基础，并且深刻地影响了西方的形而上学、伦理学和政治学思想。"② 更为重要的是，在启蒙视域中，哲学家们普遍相信他们关于美好社会的设想不仅是可能的，而且是现实的。因为他们真诚地相信"凡是合乎理性的东西都是现实的"，而且由于启蒙的理性主义确实在认识世界和改造世界中取得了由上帝的退隐而腾出来的位置，因而建立在理性基础上的理想社会必然是具有现实性的。所以，启蒙哲学家对乌托邦的信念源于一种逻辑的必然性。但问题不在于逻辑是否严密，而在于这样一种必然性逻辑是否能真实地捍卫启蒙的核心价值理念——自由。

康德关于自然与自由的二律背反深刻地说明了必然与自由的内在矛盾，如果乌托邦意味着一种自由的存在状态，但显然它并不能由必然性的逻辑来保证。因为从逻辑上说，它们根本属于不同的范畴领域或者说它们根本就是不可公度的。在康德看来，正题："按照自然律的因果性并不是世界的全部现象都可以由之导出的唯一因果性。为了解释这些现象，还有必要假定一种由自由而来的因果性"，反题："没有什么自由，相反，世界上一切东

---

① 迈克尔·欧克肖特：《信念论政治与怀疑论政治》，张铭、姚仁权译，上海译文出版社 2009 年版，第 34—35 页。
② 以赛亚·伯林：《扭曲的人性之材》，邱秀坤译，译林出版社 2009 年版，第 27 页。

第二章　启蒙世界观的内在悖论与根源

西都只是按照自然律而发生的"①，因为仅从逻辑上来说，正题和反题都是成立的，但二者又是根本对立的。而如果分别将正题与反题置于不同的领域二者又并不矛盾，只是分别言说了事物存在的不同维度。所以在此意义上，不仅逻辑的完美并不是代表事实的存在，而且自由与必然分属不同的存在领域，自然的必然性与自由的必然性是不同的"范畴"，将二者混淆犯了混淆范畴的错误。因而乌托邦的"是"与"应当"、"必然"与"自由"间的逻辑张力和前者走向后者的"必然性"并不能证明自由与解放实现的必然性和真实性。启蒙运动的乌托邦理想一方面将未来社会的美好设想奠基于此岸；另一方面，它的乌托邦并非是一种"调节性"的理想，相反，它试图"规范"，试图为人类现实的社会、政治活动提供某种蓝图或规则。而如果启蒙以某种带有超越特征的理想来"塑造"现实，它必定以其普遍性原则来牺牲差异性原则，以客体性原则来规定主体，其后果是自由仅获得了形式的特征而导致的结果是实质自由的终结。

而且更为重要的是，在启蒙话语中，"方法"脱离内容成为形而上学的"怪影"，它不来源于事实但可预言事实，它不局限于任何特殊领域，而又可以解释任何事物。辩证法（当然这里指的是以黑格尔为代表的思辨的辩证法）作为启蒙视域中的一种重要的理论方法，它声称任何事物必然要经历正—反—合的发展阶段。启蒙哲学家将这个方法运用于人类社会的发展，证明自由实现之不可避免性。辩证法表面上看是一条自由的逻辑，但实际上是一条必然的逻辑，因为它事先就预言了事物的前景及后果，这是由事物的必然逻辑所决定的，但显然这是一种混淆。社会历史中的辩证法实际上是一种更具"弹性"的科学主义方法，它融合了"个别环节"的必然性从而实现"整体的自由"。尽管它并不否认偶然性因素的存在，甚至在某种意义上还承认偶然所具有的意义，但偶然只是必然的一种无意识体现，结论显然从根本上说并没有超越正题与反题。所以，启蒙的乌托邦，它可以据其原则

---

① 康德：《纯粹理性批判》，邓晓芒译，人民出版社2004年版，第374页。

启蒙之后的"启蒙"

将未来的理想社会如实地"描摹"出来,甚至将真正自由实现的道路规划出来。这实际上是忽视了人的历史性存在维度,并将人从有限性拔高到无限性。

但如果承认人的理性的有限性,那么关于人类解放的宏大叙事就只能是仁者见仁,智者见智。声称掌握真理的哲学家之间关于人类自由与解放的方案也呈现出"一切人对一切人战争"的状态,最多也只是"家族相似",并没有唯一的关于美好社会的设想。在后形而上学视域中,乌托邦被当成奴役、压迫的代名词。如果乌托邦理想不仅是美好的而且是现实的,并且只有唯一的一条真实的道路通往自由、解放的终极状态,那么现实中的任何与此相冲突的思想和行为就必须得以"净化",如果说这是一种牺牲,那么这也是为实现"全体自由"的必然代价。"既然我知道的是通向社会问题的最后解决的、唯一正确的道路,那么我就知道怎么来驾驶人类这辆大篷车;而且,为了到达目的地,既然你不懂我知道的东西,你就不应该有选择的自由,哪怕是最低限度的也不行。"[①] 这是一种典型的集权主义逻辑,是赤裸裸的形而上学的恐怖,这深刻地体现了启蒙自由观的"意识形态"特征。它一方面呼吁自由是人的天赋权利,从而每个人都拥有公共权利或他人不可侵犯的"领地",在此领域中他可以独立做主;而另一方面,在通往完美社会、终极自由的途中,个人自由又是错误的根源,因为只有作为立法者的哲学家才具备洞悉真理的"灵眼"。所以,在事关"人类"的问题上只有哲学家才有发言权,而普通大众只需接受来自上面的"烤松鸡"。按照鲍曼的考证,大众只能被"教育"而不能被"启蒙",启蒙只是知识分子的事情。"启蒙被理解为有条理的、理性的思维能力的发展和建立在广博知识基础之上的判断能力的提高,而'群众'的固有缺陷是启蒙的不可逾越的界限。统治者需要被启蒙,臣民需要受训练以

---

① 以赛亚·伯林:《扭曲的人性之材》,邱秀坤译,译林出版社2009年版,第19页。

第二章　启蒙世界观的内在悖论与根源

成为有纪律的人。"① 在此意义上，启蒙又显现出其精英主义特征及以普遍性外表呈现的特殊主义实质，因而所谓的启蒙无非是权力者的思想话语。

三　马克思对启蒙自由观的批判

马克思终身的理论旨趣都是思考人类自由与解放，在此意义上马克思同于启蒙思想家；但问题不在于是否谈论自由与解放，而是在何种意义上谈论？他们的理论基础是什么？显然马克思将自由与解放的思考建立在历史唯物主义基础之上，使之与传统哲学家"解释世界"的特征区别开来。马克思对启蒙自由观的批判主要体现为两方面，即其"形式性"和"意识形态性质"。

所谓形式性即资产阶级的自由、平等等政治口号和价值理念仅仅是形式的自由、平等，是实质上的不自由、不平等。突出体现为在资本主义社会工人只能"自由"地出卖自己的劳动力，导致的后果是"工人生产的财富越多，他的产品的力量和数量越大，他就越贫穷。工人创造的商品越多，他就越变成廉价的商品。物的世界的增值同人的世界的贬值成正比。"② 因此，所谓的自由、平等的表面掩盖的是资本家对工人的残酷剥削。但资产阶级却只看到所谓的"程序正义"，即每个人只要作为一个交换者出现在市场中，都要进行等价的交换。于是资产阶级哲学家将这种自由的理想"意识形态化"，宣称这是"历史的终结"，是人类社会的完美状态。对此，马克思一针见血地指出："每一个企图取代旧统治阶级的新阶级，为了达到自己的目的不得不把自己的利益说成是社会全体成员的共同利益，就是说，这在观念上的表达就是：赋予自己的思想以普遍性的形式，把它们描绘成唯一合乎理性的、有普遍意义的思想。"③ 因此马克思对"普遍性"的自由、正义理论提出的问题是"谁之自由，何种平等？"可谓一语中的，揭示了资产阶级自由观的内在本质。恩格斯也在同样

---

① 齐格蒙·鲍曼：《立法者与阐释者》，洪涛译，上海人民出版社2000年版，第106页。
② 马克思：《1844年经济学哲学手稿》，人民出版社2000年版，第51页。
③ 《马克思恩格斯选集》第一卷，人民出版社1995年版，第100页。

启蒙之后的"启蒙"

的意义上指出:"这个理性的王国不过是'资产阶级'理想化的王国;永恒的正义在'资产阶级'司法中得到实现;平等归结为法律面前的'资产阶级'平等;被宣布为最主要的人权质疑的是'资产阶级'的所有权;而理性的国家、卢梭的社会契约在实践中表现为而且也只能表现为'资产阶级'民主共和国。"[1] 这样一种以个人主义为基础的自由、平等的理论不过是利己主义逻辑的必然后果,其所谓的作为伦理共同体或理性化身的国家不过是协调"经济人"之间利益冲突的工具。"'经济人'希望在舒适的条件下健康富足地生活。为了消费,他必须生产,在社会或'市场'——在那里,诸个体作为交换者,即作为一种用于达到个人目标的非个性化但彼此通用的'手段'进行接触——的竞技台上动用其个人权力。作为社会基本模型并被政治经济学家研究的市场,并不是古代城邦意义上的集市,后者作为人们参与共同讨论的会面场所,在那里人们仅仅具有个人的关系,或敌或友——顺便提一下,这种模式为卢梭主义的激进民主主义设想提供了解释'全体意志'的舞台。较之在后者那里个体意志实现统一,在现代市场中,参与者之间自己抽象关系,个体意志不是被统一,反而被视为补充,个体虽被确认为个体,实质上却相互雷同。所有个体原则上都是经济利己主义者,就这样——满怀希望地——他们设法去调和自身利益维护社会相互作用。"[2]

在马克思看来这样一种以市场经济为基础的利己主义的存在方式是人的存在的异化,将人作为一种普遍的类存在物下降为一种只是将自己劳动用来维持自身生存的一种手段。人本质上是一种类存在物,"人是类存在物,不仅因为人在实践上和理论上都把类——他自身的类以及其他物的类——当作自己的对象;而且因为——这只是同一种事物的另一种说法——人把自身当作现有的、有生命的类来对待,因为人把自身当作普遍的因而也是自由

---

[1] 《马克思恩格斯全集》第20卷,人民出版社1971年版,第20页。
[2] 伯尔基:《马克思主义的起源》,伍庆、王文扬译,上海师范大学出版社2007年版,第65—66页。

第二章　启蒙世界观的内在悖论与根源

的存在物来看待。"① 但是资本的无限增值的逻辑使人的"合目的性"受制于自然性的"合规律性",使"人的尺度"让位于"物的尺度",从而使人仅仅成为一种经济动物。人创造出来的不仅是难以计数的商品堆积,更是创造了一种难以控制的异己性力量。"现代人的生存受到了永远的威胁,他们不是像农民那样受自然灾害的威胁,而是受一些不受他控制的社会行为的威胁,它们可能是新的发明,或者是通过关税关闭市场,或者是经理的失策,或者是消费者口味的变化,或者是普遍的经济危机。在生存一直受到威胁的这种情况下,没有人能够过完整的生活。"② 于是人与自然、人与人之间都处于一种矛盾、对立状况,这与马克思真正的自由社会形成了鲜明的对比。而马克思的自由社会即自由人的联合体,人与人之间不再是互为工具手段的外在关系,而是相互联合互为前提的内在关系。"无产阶级通过在不同的国家中实现整个无产阶级的共同利益,即工人阶级的共产主义事业,拯救整个人类社会。在这一程序的终点,无产阶级将不像资产阶级那样是一个统治阶级,而是将消灭它自己作为一个阶级的统治。取代旧的资产阶级社会及其阶级对立的,将是一个'联合体',在那里,每个人的自由发展是一切人的自由发展的条件。最终,整个生存必然性的领域将被一个'自由王国'在最高的具有共产主义特色的社团解除:一个没有上帝的上帝之城"。③

马克思在批判启蒙自由理论的同时也提出了自己对自由的理解,他批判了启蒙自由观的科学主义范式,虽然在某种程度上使自己的理论保持"科学"的形式。在马克思看来,社会不同于自然,如果说自然是一个封闭的体系,那么社会则是一个"开放"的领域,它是人的活动的空间。因而马克思说:"我们不想教条

---

① 马克思:《1844 年经济学哲学手稿》,人民出版社 2000 年版,第 56 页。
② 沃格林:《没有约束的现代性》,张新樟、刘景联译,华东师范大学出版社 2007 年版,第 151 页。
③ 洛维特:《世界历史与救赎历史》,李秋零、田薇译,上海世纪出版集团 2006 年版,第 68 页。

启蒙之后的"启蒙"

式地预料未来,而只是希望在批判旧世界中发现新世界。"① 从而马克思在批判启蒙自由观的"意识形态"基础上提出了一种新的对自由的理解。

马克思意识到了资本主义的自由实际上反映的是社会生产领域以利益为终极目的的"一切人对一切人的战争",而由自由所导致的分裂其根源在于私有制,因而扬弃私有制成为马克思思考自由问题的真实起点。很显然私有制作为一种现实的物质关系,它呈现出"似自然"特征。而马克思正是认为只有摆脱这种"似自然"特征,自由才具有现实性。"对于马克思来说,关键不是使我们朝着大写的历史的目的前进,而是从这一切的下面摆脱出来,以便我们能够从此开始——以便严格意义上的历史,带着所有它们的丰富差异,能够从此开始。最后,这将是唯一的'历史'成就。"② 因而在必然性的史前社会终止的地方,真正的自由才开始。这种自由不同于以私有财产为基础的"权利",而是以对私有制的扬弃为基础,马克思并没有否认资本主义社会的自由所具有的重大意义。因为资本主义使人从以人的依赖性(以直接的政治强制为基础的)封建社会中解放出来,实现了人的相对独立与自由,这是人类历史的巨大进步。但资本主义的自由又是不彻底的,因为它是建立在对物的依赖性基础之上的。这体现为在资本主义社会中,个体的所谓独立个性、独特的生活方式、审美情趣等并非具有独立的存在维度,相反,它们无一不依赖于市场及其资本的逻辑,一个饥肠辘辘的穷人是无论如何都不会对任何所谓高雅的品位感兴趣的。因而当后现代主义者热衷于强调所谓的差异性、片段性、异质性,强调边缘、偶然而忽视总体性的宏观因素时,他们很显然是低估了市场、经济、资本等这些要素所一直具有的基础性作用。"当资产阶级赋予个性以一种前所未有的意义的同时,另一方面,它又通过这种个人主义的经济条

---

① 《马克思恩格斯全集》第1卷,人民出版社1956年版,第416页。
② 特里·伊格尔顿:《后现代主义的幻象》,华明译,商务印书馆2000年版,第78页。

第二章 启蒙世界观的内在悖论与根源

件,通过商品生产建立起来的物化取消了任何一种个性"。① 实际上离开了资本、国家、市场这些关键的要素,资本主义世界人的存在方式、话语实践、审美情趣都是难以得到合理理解的。所以马克思抓住理解资本主义的关键要素市场——国家及其理论形态的政治哲学和法哲学,从而真实地理解了资产阶级自由观的实质并对真实自由得以可能进行了探讨。而真正的自由显然是对资本主义的"内在"超越,是对"权利"的扬弃。马克思"他在一个新的良好生活的形象——这种良好的生活并非一种最终完美的生活,也不是被规定的静态精华的体现,而是一种持续的、不停息的、无尽的和限制的成长过程——中看到了资本主义发展的活力,既是每个人的发展也是整体社会的发展。所以,他希望通过一种更加深刻的现代性来医治现代性的创伤。"② 所以"人类解放所要求的是从宗教解放出来的自由,而不是宗教的自由;从财产中解放出来的自由,而不是财产的自由。"③ 那么私有财产如何才能消灭,共产主义如何才能实现呢?

在马克思看来这绝对不是一个"自然"的过程,而是一个主体性的选择问题。"共产主义对我们来说不是应当确立的状况,不是现实应当与之相适应的理想。我们所称为共产主义的是那种消灭现存状况的现实运动。"④ 因而,自由的实现植根于对现实的批判,没有主体的参与,所谓自由的实现是不可设想的。在这里马克思实际上是批判了资产阶级对自由的实证主义态度。资产阶级的理论家认为资本主义是人类的永恒状态,作为一种"铁律"它是无法超越的。"资产阶级思想由于它的出发点和目标始终是为事物的现存秩序作辩护或至少是为这一秩序的不变性作证明,就必然要遇到一个不可逾越的界限。'于是,以前是有历史

---

① 卢卡奇:《历史与阶级意识》,杜章智等译,商务印书馆1999年版,第121页。
② 伯曼:《一切坚固的东西都烟消云散了》,徐大建、张辑译,商务印书馆2003年版,第126页。
③ 伯尔基:《马克思主义的起源》,伍庆、王文扬译,华东师范大学出版社2007年版,第160页。
④ 《马克思恩格斯选集》第一卷,人民出版社1995年版,第87页。

启蒙之后的"启蒙"

的,现在再也没有历史了。'"① 资产阶级的阶级利益使他们采取一种非辩证的直接态度来理解历史,而忽视了根本就没有孤立的历史事实,而是只有历史的过程。

因而马克思从历史的角度指出,异化只是人类历史的暂时状态,它是人的活动的结果,也必将由人的实践活动加以消除。无产阶级"阶级意识"的觉醒及联合行动将会彻底颠覆资本主义的异化"常态",推动自由人联合体的建立。人虽然是历史的剧中人,但更是历史的剧作者,而且无产阶级的使命就是不断地同各种异己、外在力量做斗争,所以未来的历史就是人不同异化做斗争的历史。而无产阶级正是在这一过程中,不断超越直接性的幻象,意识到历史的总体性与内在矛盾。"这种意识体现了历史的必然性,无产阶级'没有任何要实现的理想。'无产阶级意识在变为实践时,只能给历史的辩证法迫使人们做出抉择的事情注入生命,但决不能在实践中不顾历史的进程,把只不过是自己的愿望和认知强加给历史。因为无产阶级本身无非只是已被意识到的社会发展的矛盾。"② 将辩证法引入历史从而建立历史辩证法,马克思为人们重新理解历史、探寻人的自由实现的可能性开辟了一条新的思路。

"对于马克思来说,历史既是决定的又是非理性的,社会主义的意图就是使它的这两方面更少。历史的不确定性,在一个社会更加悠闲和不受限制,更少受到抽象范畴或者类似某些自然灾害那样打击我们的力量的限制这个意义上,对于社会主义来说仍然是要获取的目标,这个目标意味着从以往令人沮丧的确定性下摆脱出来。对于我们来说,一个更多地在理性控制下的历史的出现……它是理性和自由的结合。"③ 在此意义上,马克思与其说提供了一种关于真实自由的设想倒不如说是提供一种超越异化状

---

① 卢卡奇:《历史与阶级意识》,杜章智等译,商务印书馆1999年版,第102—103页。
② 同上书,第268—269页。
③ 特里·伊格尔顿:《后现代主义的幻象》,华明译,商务印书馆2000年版,第121页。

第二章 启蒙世界观的内在悖论与根源

态实现自由的思路,他在现代性的历史发展轨迹中看到了一个更加美好未来的可能性。而且马克思正是要在批判旧世界中发现一个可能的新世界,所以主体性的超越维度是马克思批判资本主义的重要立足点。

显然,马克思哲学内部存在一种张力。这既体现为形式与内容之间的冲突,也体现为马克思作为革命家与理论家之间的冲突。作为革命者的马克思必定要使自己的理论以"科学"的形式出现,从而以"历史的不可避免性"为口号,为无产阶级的革命运动提供理论根据并以此发动革命;但作为严肃的理论家,他必然要真实地思考自由的可能性,这时他不再谈论自由实现的历史必然性,而是转向人的实践活动所体现出的自由与超越向度。所以在马克思的自由理论中存在着两种话语方式即施特劳斯所说的"俗白教导"与"隐晦教导"。"俗白教导"即马克思作为革命者对工人阶级所指出的历史的必然性逻辑,以《共产党宣言》和《德意志意识形态》为典型代表;而"隐晦教导"则是马克思的独特的关于超越异化状态的思考,这具有浓厚的主体性特征,以《1844年经济学哲学手稿》为典型代表。在此意义上,阿尔都塞关于马克思哲学的前后期断裂及"意识形态"与"科学"的区分是对马克思的误解。实际上马克思有着强烈的"现实感"(伯林语),当马克思公开阐释历史唯物主义原则时,他并不设想某种共产主义理想来指引现实的运动。因为"共产主义是现实自身中的运动,而不是从现实外部接近现实的运动"[1],所以,现实的政治运动实际上只能随历史潮流而动,从而只是历史的一部分。而当马克思来思考社会主义时,他又不能仅仅满足于"分娩"的隐喻,必须有某种创造性的"规范"。"社会主义者确实需要撰写食谱,这不仅仅(历史已经证明)是为了知晓如何处置权力,而且是为了吸引普罗大众,因为普罗大众往往会与他们所认识的魔鬼为伍。除非我们为未来的烹调撰写食谱,否则就没有

---

[1] 柯亨:《如果你是平等主义者,为何如此富有?》,霍政欣译,北京大学出版社2009年版,第87页。

启蒙之后的"启蒙"

理由认为我们能得到自己钟爱的食物。所以,如果我们不喜欢目前所使用的烹调热度,我们就最好为未来的烹调撰写食谱。"①所以马克思总是抑制不住"超越"的冲动,总是在指出共产主义者从不预测未来的同时对未来的共产主义有所"言说"。在此意义上,马克思又在一定程度上受到了启蒙思想的影响。

总之,启蒙世界观作为一种根本的"舆论气候"和"理论范式",它的本意是为人的自由奠基,但实际上它总是走向了其反面,而重新思考启蒙与自由的关系则成为启蒙终结之后的重要课题。

---

① 柯亨:《如果你是平等主义者,为何如此富有?》,霍政欣译,北京大学出版社2009年版,第100页。

第三章
启蒙终结与"启蒙"的合法性

　　启蒙的逻辑范式是"科学主义",但很显然,科学也并非是一成不变的,科学作为一种解释世界的方式,它自身也不断地经历"范式的转换"。按照库恩的理论,科学是一种历史性的思想,所以科学并不能把握"实在",因而,启蒙时代的哲学家是将科学理想化了。自近代以来,科学的客观化、普遍化特征固然在于其理论的形式性特征,更在于改造世界的有效性特征。但如果科学并没有反映"实在"与"本质",那么以科学为榜样的伦理学、政治学、历史学等"人类学"是否还具有存在的意义及合法性?罗蒂在谈论自由主义的基础时深刻地指出:"认为自由主义文化应该有基础,这其实是启蒙运动科学主义的后果;而启蒙的科学主义本身,又是要求人类计划必须由非人的权威背书的宗教需求之残余。18世纪的自由主义政治思想试图和当时最有前途的文化发展——科学主义——搭上关系,乃是很自然的事。然而很不幸的是,启蒙运动将其大部分的政治修辞,编织在科学家作为一种祭师的图像周围,依这图像,科学家是'合乎逻辑的'、'有方法的'和'客观的',因而得以接触到非人的真理。这在当时是个有用的策略,但在今天却比较没用。因为,首先,科学家不再是最要紧,或最有前途,或最令人振奋的文化领域。其次,科学家业已一清二楚地指出,这幅科学家的图像和实际的科学成就之间多么互不相干,以及试图独立出所谓'科学的方法'

启蒙之后的"启蒙"

是多么无意义。"① 实际上在形而上学终结之后的20世纪，由于不再存在着"实体"或者即使认为存在着实体也与人的存在无关，所以，一切理论与实践都改变了其自身的真理性标准（即使极端的后现代主义理论也承认某种真理）。

启蒙运动作为以科学主义形式出现的政治理想，当科学的光环退却之后，启蒙的核心政治理想——自由就成为最为重大的理论课题，如何赋予自由以稳定的根基成为当代自由主义者的最为重要的任务。而这又使启蒙的问题在新的问题域中呈现出来，无论是赞同启蒙从而继续以启蒙为旗帜以期解决现代性危机的"后形而上学思想"，还是以终结启蒙为使命的"后现代主义"。如果真的不存在"实在"，那么近代的启蒙世界观的真理论就失去了存在论上的依据。而西方的整个的以反映论为根本特征的真理观只不过是一种幻象："知识是由于一种特殊的镜式本质而成立的，而镜式本质使人类能够反映自然"②，但并不存在"心镜"，一切认识的结论不过是"语言游戏"的产物。所以，也并不存在关于符合"实在"的自由理论，而正是失去了客观性的基础，自由的普遍性及现实性问题成为启蒙之后的一个新问题。共同体主义（或社群主义）与自由主义之争，在后形而上学视域中将自由"建制化"或现实化问题呈现出来，为人们更深刻地理解自由问题提供了有益的思考。更为重要的是，关于自由问题的种种思考，实际上反映的是一种启蒙精神的延续与展现，因为启蒙的核心问题乃是自由问题，从纵向的历史角度来看，自由（观）的历史无非是不断"启蒙"的历史。

第一节 "启蒙终结"的真实内涵

正是由于近代启蒙的基本价值信念塑造了我们的现代社会，

---

① 理查德·罗蒂：《偶然、反讽与团结》，徐文瑞译，商务印书馆2003年版，第78页。

② 理查德·罗蒂：《哲学与自然之镜》，李幼蒸译，商务印书馆2003年版，第35页。

第三章　启蒙终结与"启蒙"的合法性

而且我们现在很大程度上仍然为启蒙的世界观所支配，因而面对现代性的各种危机，宣告启蒙终结就成为人们最为直观的反映。但"启蒙终结"远不是一个已然明确的结论，不如说在很大程度上是人们对启蒙的失望所产生的一种"情绪"，其间蕴含了多少真理，还是一个需要思考的问题。

一　"启蒙终结"——一个需要重新审视的问题

启蒙运动自产生之日起就以摧枯拉朽之势瓦解着传统的世界图景、思维方式与价值观念，并在新的理论地基上（即理性）确立起现代性的世界秩序，开辟了真正的世界历史。笛卡尔的"我思故我在"从哲学上表征着理性成为现代性的根本原则。如果说在古希腊，人的理性受制于逻各斯，在中世纪，人的理性受制于信仰，那么在启蒙时期，理性开始成为最高的立法者。理性从自然科学所取得的巨大成就中获得了极大的自信，相信理性在人事领域中的运用也将结束这些领域中的混乱状态。于是理性不仅成为真理之源、价值之源，甚至成为历史之源。尽管启蒙世界观自其产生之日起就掌握着舆论的话语霸权，但对启蒙的批判与质疑却如影随形。

特别是自 20 世纪初以来，出现了所谓的现代性危机，而现代性危机实质是理性主义的危机。最为突出地体现为价值领域的"诸神之战"，而理性对此却无能为力，这在某种程度上已经表征了由启蒙所建构的西方理性主义文化处于危机之中。"现代文化是特别理性主义的，相信理性的权力；这样的文化一旦不再相信理性有能力赋予自己的最高目的以效力，那么，这个文化无疑处于危机之中。"① 于是对启蒙的批判就成为 20 世纪重要的哲学思潮，正是在此视域中启蒙似乎宣告了自身的终结。本书第二章对启蒙世界观内在悖论与根源的探讨很大程度上已经借鉴了 20 世纪哲学发展中的积极性成果，但主要集中在对科学主义逻辑的思考，而本章对启蒙终结的思考则涉及一些更为具体的原因。思

---

① 列奥·施特劳斯：《现代性的三次浪潮》，刘小枫编：《苏格拉底问题与现代性》，华夏出版社 2008 年版，第 33 页。

启蒙之后的"启蒙"

想家们通过对启蒙的批判而宣告启蒙终结,而对启蒙的批判总体上来说主要集中于以下几个方面。

首先,启蒙视域中主体与客体的分离使以"内在"为本性的主体何以超越这种内在性而切中外在的事物或者说认识何以可能成为一个悬而未解的问题。启蒙哲学的认知论逻辑是以主体与客体的分离为前提的,如果说作为客体的外部世界(自然与社会)是纯粹主观的,那么作为认识主体的思维则是纯内在的。那么作为思维的我如何达至客体?"这个进行认识的主体怎么从他的内在'范围'出来并进入'一个不同的外在的'范围?认识究竟怎么能有一个对象?必须怎样来设想这个对象才能使主体最终认识这个对象而且不必冒跃入另一个范围的风险?……主体的'内'和主体的'内在范围'肯定不可被设想成一个'箱子'或一间'密室'那样。然而认识被首先锁闭于的其中的那个的'内'的肯定的含义是什么,或认识的这种'在内'的存在性质如何奠基于主体的存在方式——对这些问题却都讳莫如深。认识究竟如何能从这个'内在范围''出去',如何获得'超越'?"①海德格尔指出这正是主体中心主义难以解决的内在困境。这里的问题不仅仅是传统的知性逻辑用抽象的概念来理解现实的生活世界导致无限丰富世界被抽象化和虚无化,重要的是认识从根本上来说并不是第一性的,认识不过是此在在世存在的一种样式。认识论模式的理解存在者的方式导致了对存在的遗忘、存在意义的丧失。在认识论的基础上超越问题是难以获得解答的,而只有在存在论的基础上才能得到合理的理解。海德格尔将人这种特殊的存在者命名为此在,而此在的存在论结构是生存——去存在,因而此在是"自身出离"的。正是在存在论的基础上,"超越"获得了全新的含义。"在指向某某东西之际,在把捉之际,此在并非要从它早先被囚闭于其中的内在范围出去,相反倒是:按照它本来的存在方式,此在一向已经'在外',一向滞留于属于已被

---

① 海德格尔:《存在与时间》,陈嘉映、王庆节译,生活·读书·新知三联书店2006年版,第71页。

第三章　启蒙终结与"启蒙"的合法性

揭示的世界的、前来照面的存在者。有所规定地滞留于有待认识的存在者，这并非离开内在范围，而是说，此在的这种依寓于对象的'在外存在'就是真正意义上的'在内'。这就是说，此在本身就是作为认识着的'在世界之中'。反过来说，对被认识的东西的知觉不是先有出征把握，然后会带着赢获物转回意识的'密室'；而是：即使在知觉的收藏和保存中，进行认识的此在依然是作为外在而在外。"①所以在海德格尔看来，囿于主体形而上学的主客二分的思维逻辑，对认识何以切中外在的客体在逻辑上是一个自相矛盾的问题，只有立足于人的生存而非人的"现存存在"的存在论结构，在内与在外之间的统一才是可能的。

其次，理性作为启蒙运动的阿基米德点，它并非"自在"的而是依赖性的，因而理性的自我立法是无根的独断。事实上启蒙的理性一开始就纠缠于与理性他者（如利益、信仰、传统）的关系之中。早在启蒙的视域中康德就无意中表明了理性的"他者"——追求幸福的欲望的不可规约性，离开了幸福，伦理学的至善是不可想象的，"在道德法则里面没有丝毫的根据说，德性和那个作为部分属于世界并因而依赖世界的存在者与德性相称的幸福之间有必然联系，而且正是出于这个缘故他不能够通过他的意志成为这个自然的原因，并且他也不能够凭自己的力量使自然，就其涉及他的幸福而论，与他的实践原则彻底协调。然而，在纯粹理性的实践任务里面，亦即在对于至善的必然追求之中，这样一种联系是被设定为必然的：我们应当设法促进至善。这样，全部自然的而又与自然有别的一个原因的此在，也就被设定了，而这个原因包含着上述联系的根据，也即是幸福与德性的精确地契合一致的根据。"②但是从康德的理论出发点来说，他是典型的形式主义的，实践理性的自我本性上是要超越所有感性的欲望、爱好，出于对普遍法则（丝毫没有任何内容）的敬重而自

---

① 海德格尔：《存在与时间》，陈嘉映、王庆节译，生活·读书·新知三联书店2006年版，第73页。

② 康德：《实践理性批判》，韩水法译，商务印书馆1999年版，第136—137页。

启蒙之后的"启蒙"

我立法。因此康德的"道德自主性的获得以道德空洞性为代价"。① 虽然法国的启蒙运动哲学家表面上反对宗教与信仰,但实际上,他们并没有真正放弃信仰,卡西尔深刻地指出:"我们能否根据启蒙运动的斗士和发言人的上述宣称,就认为启蒙时代的基本精神是反宗教和敌视宗教,这一点值得怀疑。因为这种观点恰恰有忽视这一时代最高的积极成就的危险。怀疑论本身不可能取得这些成就。启蒙运动最强有力的精神力量不在于它摒弃信仰,而在于它宣告的新信仰形式,在于它所包含的新宗教形式。"② 另外,启蒙以理性反对权威、传统,实际上不过是"反对前见本身的前见",因为理性自身也是一种权威并成为一种传统,所以相信理性的绝对性与无限性不过是一种无根据的独断。

再次,启蒙运动试图将世界从迷信和神话中解脱出来,但结果却是启蒙自身成为神话,形成了新的支配。这种支配不仅体现为对自然的支配,也体现为对人的支配。启蒙开启了一个"世界图像的时代","存在者之存在从来就不存在:存在者作为对象被带到人面前,存在者被摆置到人的决定和支配领域之中,并唯有这样才能成为存在着的。"③ 也即是说启蒙对世界的祛魅导致了自然被"资源化"、"价值化",而人成为"生产—消费"的人,从而导致了人存在的无家可归。另外,按照理性的原则所塑造的现代社会政治体制日益蜕变为一个密不透风的"铁笼",人日益成为失去了批判的和超越性的单向度的人,成为社会团结的"水泥"。虽然,科学因其所产生的灾难性后果为具有批判性气质的哲学家所不满,但对于劳动大众来说,技术仍然是减轻劳动痛苦、满足基本物质需求的最为可靠的手段。因而在科学技术成为"意识形态"的资本主义国家中,资本的剥削与压迫本性因技术所带来的物质满足而被弱化,而所谓的解放再也不是一个值得

---

① 查尔斯·泰勒:《黑格尔》,张国清、朱进东译,译林出版社2002年版,第567页。

② 卡西尔:《启蒙哲学》,顾伟铭等译,山东人民出版社2007年版,第125—126页。

③ 海德格尔:《林中路》,孙周兴译,上海译文出版社2004年版,第92页。

第三章　启蒙终结与"启蒙"的合法性

思考的问题。"技术统治的意识是不太可能受到反思攻击的，因为它不再仅仅是意识形态，因为它所表达的不再是'美好生活'的设想（'美好的生活'同糟糕的现实尽管不是一回事，但至少有一种实际上令人满意的联系）。毫无疑问，无论是新的意识形态，还是旧的意识形态，都是用来阻挠人们议论社会基本问题的。……今天，是结构的条件首先确定了维护社会制度的任务，即确定私有经济的资本价值增值形式和确保群众忠诚的、分配社会补偿的政治形式。"① 因而，支配由外在的统治转变为内在的认同，异化成为常态。所以启蒙解放的理想不过是难以实现的乌托邦。

最后，无限进步的历史观不仅使现实人的存在虚无化，而且这种历史观实际上是价值虚无主义的滥觞。启蒙思想家试图以理性的方式启蒙大众、改造社会，而理性总是意味着普遍性，从而规训个体以符合理性成为一项不可避免的社会工程。由此，个体的独特性总是应该被剪除、清理的对象。即使这是一种恶，但这也是实现人类解放的必要恶，因为目的证明了手段的合理。因而个体的人总是成为抽象理性的祭品，这本质上是一种集权主义逻辑。以自由为目的的启蒙反而导致了人的自由的丧失，这是启蒙深刻的悖论，也是现代人所无法忍受的。"把他们仅仅当作客体而不是其动机、观点、意图都具有内在价值的主体——这乃是对人类选择可能性的否定，因而是无法忍受的。"② 更为重要的是这样一种历史观视野中，人既失去了自然的依托又没有了上帝的庇佑，成为孤零零的偶然存在者，价值已经虚无化。人仅仅限于"闲谈"、"两可"的"常人"状态，生命成为失去了任何形上意义的纯粹时间的流逝，既没有深度也没有厚度。

总之，理性的自负导致了"启蒙辩证法"，对启蒙的诸多批判在很大程度上击中了启蒙的关键，但由此而宣告启蒙的终结却

---

① 哈贝马斯：《作为"意识形态"的技术与科学》，李黎、郭官义译，学林出版社1999年版，第69—70页。

② 以赛亚·伯林：《自由论》，胡传胜译，译林出版社2003年版，第387页。

启蒙之后的"启蒙"

是值得商榷的。因为启蒙在批判旧世界的"神圣形象"的进程中难免矫枉过正,确立起各种"非神圣形象",但对启蒙的批判在很大程度上却仍然内在于启蒙的话语结构中。对此伯林深刻地指出:"无论这些观念(启蒙的观念——作者注)是新生的还是旧有的,是革命的还是反动的,在它们的特殊领域中,它们都形成了直到今天我们的生活所依赖的智识资本,我们对之几乎没有任何补充。自18世纪末和19世纪初以来所发生的社会的、道德的、政治的和经济的争论,都一直使用那个时期形成的概念、语言风格、甚至是比喻和隐喻,使用那些现代观念真正奠基者之思想和情感。"① 因此,在此意义上对启蒙的批判仍然处于启蒙的视域之中。另外,宣告启蒙终结忽视了拒斥启蒙哲学的独断性、教条化并不意味着否定了"启蒙"即作为批判、否定、超越的精神维度。实际上,拒斥启蒙哲学对"启蒙"的抽象化理解,拯救"启蒙"的辩证法批判精神仍是一项重要的理论课题。

二 启蒙与"启蒙"的内在关联

尽管我们以启蒙来简称启蒙运动所彰显的以理性主义、个人主义等为根本特征的启蒙世界观,但启蒙不同于"启蒙"。实际上启蒙与"启蒙"存在着根本的差异,尽管它们之间存在着内在的密切关联。"启蒙"(Enlightenment)即照亮,在广义上,"启蒙"是一种批判、反思精神,一种永无止境的超越精神,因而"启蒙"的使命是:"必须推翻那些使人成为被侮辱、被奴役、被遗弃和被蔑视的东西的一切关系。"② 或者用福柯的话来说,"启蒙"是一种"态度"或"精神气质":"能将我们以这种方式同'启蒙'联系起来的纽带不是对一些教条的忠诚,而是为了永久地激活某种态度,也就是激活哲学的'气质',这种'气质'具有对我们的历史时代作永久批判的特征。"③ 而启蒙即启

---

① 以赛亚·伯林:《浪漫主义时代的政治观念》,王岽兴、张蓉译,新星出版社 2011 年版,第 1 页。
② 《马克思恩格斯选集》第一卷,人民出版社 1995 年版,第 10 页。
③ 福柯:《何为启蒙?》,杜小真选编:《福柯集》,上海远东出版社 1998 年版,第 536 页。

第三章　启蒙终结与"启蒙"的合法性

蒙运动则从根本上来说是"启蒙"在近代的鲜明体现，以启蒙的理性主义为基础的世界观本质上首先是以批判神学世界观和目的论宇宙论为目的的。启蒙以科学主义逻辑为基础对于自由的建构不过是一场"思想实验"，它试图为"启蒙"确立某种现实的形态，因而从理论上来说，启蒙仍然需要不断地"启蒙"或者说"启蒙"是一个无限的过程。也就是说"启蒙"作为一种批判、超越的态度，它体现的是一种"调节性"的原则，而不是"规范性"的原理。因而"启蒙"从未提供某种形而上学的"第一原理"或普遍性法则，从而也不是某种超越的"教条"，它只是一种对现实的批判态度，一种针对具体问题的具体批判。

在后形而上学的意义上，启蒙终结之日就是"启蒙"兴起之时。而且在20世纪"启蒙"已在无论是宏观领域还是微观领域都在实现着自己的批判功能，总是在对铁一般的异化现实的批判中思考着某种出路。20世纪掀起的"拒斥形而上学"哲学浪潮，虽然也附带地宣告了启蒙的终结，但它们实质上是延续了"启蒙"精神。因为，批判作为"启蒙"的根本气质，它在当代正是以批判启蒙为内容的，因为我们当代的现实境况正是启蒙的逻辑后果。所以，当我们在后形而上学视域中谈论"启蒙"，我们并不是指"启蒙运动"意义上的启蒙，而是一种对启蒙的态度。并且"启蒙分析——甚至包括启蒙批判——总的说来还是赞同启蒙的。质疑启蒙正是启蒙的一个方面，而并不必然是敌视启蒙的行为。"[①] 因而只有区分"启蒙"与启蒙，区分作为一种态度的"启蒙"与作为一个事件的启蒙运动，才能真正回答"启蒙终结之后"应当何为。但在论述启蒙之后的"启蒙"之前，有必要理清"启蒙"的历史。

如果我们不局限于启蒙运动意义上的启蒙，而是将"启蒙"理解为一种批判的精神气质，那么整个人类社会的发展和进步都可以看作是人类自身不断"启蒙"的历史。普特南认为正是在此

[①] 托马斯·奥斯本：《启蒙面面观》，郑丹丹译，商务印书馆2007年版，第18页。

启蒙之后的"启蒙"

意义上将哲学定义为:"反思的超越",而将哲学意义上的"启蒙"定义为对我们思维方式的重新评价和逻辑前提的反思,"我把哲学描述为一项以我所说的'反思的超越'为目标的事业,它与传统信仰、公认意见甚至公认习惯保持距离,并提出一个尖锐的问题:'为什么我们应当承认这是正确的?'在历史上的某些关键时刻,其结果就是对我们的思维方式的一次意义深刻的重新评价,我们可以称之为'启蒙'。"① 从而普特南由此断定哲学史上存在着"三次启蒙",即以柏拉图为代表的第一次"启蒙","与霍布斯、卢梭和康德、伏尔泰和启蒙思想家们的名字联系在一起的17、18世纪的那场运动",以杜威为代表的坚持"可错的和反形而上学的,但并不陷入怀疑论"的第三次"启蒙"。

很显然普特南对"启蒙"的定义和对"三次启蒙"的阐述具有重要的意义,但由于他站在新实用主义的立场,只是将以杜威为代表的实用主义作为"第三次启蒙",这仍然是一种"先入之见"。实际上,如果将"启蒙"的批判气质贯彻到底,那么,诸种反形而上学的哲学形态均可以标识为第三次"启蒙"。在此意义上,"启蒙"总是有着特定的问题意识,即"启蒙"总是与独断或权威相对立并以揭示、批判既存的教条和非理性的权威为使命。因而当柏拉图对话中的苏格拉底追问"为什么"或事物的概念从而与宗教文本和神话保持距离时,他们开始了人类理性的第一次"祛魅"。但显然古希腊的哲学家们并不能脱离目的论的宇宙论和神学世界观,实际上他们在对"质料"与"形式"的区分中赋予"形式"以优先地位。从而在对社会政治的思考中,自由总是建立在统治基础之上的,而且在理性与激情,语言与"沉默"的区分之中,使奴隶的被统治地位被合法化。因而在关于自由的谈论及何为正义的理解中,国家精英的统治成为哲学家们思考政治问题的出发点。"这种政治领域的平等与我们的平等概念几乎没有什么共同之处:它以'不平等者'的存在为前提,

---

① 希拉里·普特南:《无本体论的伦理学》,孙小龙译,上海译文出版社 2008 年版,第 102 页。

第三章 启蒙终结与"启蒙"的合法性

而且事实上后者在一个城市国家中的人口中总是占多数。"① 而在后宗教时代,无论是哲学上的关于世界的独断,还是政治上的自由人对奴隶统治的自由模式都显得不合时宜,从而"启蒙"应运而生。

启蒙运动以科学为逻辑范式,不仅在哲学上建立起以"思"为基础的认识论体系,建立起以主体性原则为基础的真理观;而且在政治上赋予每个人以"天赋"的权利,将传统社会的自由建立在统治基础之上转换为建立在"同意"之上从而改变了政治的合法性基础。启蒙运动作为人类历史上最为伟大的一次思想解放运动,开启了现代性的基本模式,但它作为一种历史性的思想,难逃自身的历史性局限。在哲学上,它以理性为核心概念,理性作为人的一种能力意味着它是人类能通达永恒真理的可靠手段,因而理性具有"先验"的特征(无论是经验论对被给予自己感官材料最终作为知识检验的标准,还是唯理论的天赋观念)。而启蒙运动的认识论哲学之所以自以为优于传统的本体论哲学是因为它相信它的"反思"的方法论基础使之能更精确地反映"实在"。而政治上的自由及政府的合法性则以社会契约论为核心的理论假设,从而以科学的形式推导政治规则试图将自由领域科学化。但是无论是认识论上,还是政治理论上,都建立在错误的信念之上。

第一,在认识论上体现的是一种"符合论"的真理观,但"符合"却是自我矛盾的。符合论首先预设了主客体的二元区分,它认为存在着独立于我们的实体,而所谓的真理则正是我们的认识与这个实体的符合。但从逻辑上来说,"独立于我们的实在"是自相矛盾的,因为既然我们已经对这种实在有所言说,可以对之做出某种论断,这就证明它并不是与我们无关、独立于我们的。与之相关的是如果实体真的是独立于我们的,那么我们如何能确定自身的认识切中了外在的实体呢? 也即人如何能走出自

---

① 汉娜·阿伦特:《人的境况》,王寅丽译,上海世纪出版集团2009年版,第20页。

启蒙之后的"启蒙"

身、跨出自我与外在的边界来做出判断呢?这只能是一种神目观。"根据这种观点,世界是由不依赖于心灵之对象的某种确定的总和构成的。对'世界的存在方式',只有一个真实的、全面的描述。真理不外乎在词语或思想符号与外部事物和事物集之间的某种符合关系。这种观点我将称为'外在论'观点,因为它最推崇的是一种上帝的眼光。"① 因而符合论不过是从一种超越于人的上帝的眼光来看待世界和实在。在普特南看来,符合论的真理观作为一种形而上学的实在论,设想了一个离开我们的语言和理论的实在,将进行认识的我们设想成"钵中之脑",但这只是一个自相矛盾的假设。近代哲学实现的认识论转向,其根本的解释原则是思维的内在性原则,而思维如何走出自身去观照实则成为一个难以解决的问题。实用主义哲学家罗蒂从语言哲学的角度指出,概念从来都不是对独立实体的模拟,也就是说概念的真理性标准不在于符合,而在于行动。"我们必须把言语不只是理解作并未外化内部现象,而且理解作根本不是表象。我们应当抛弃符合语句以及符合思想的观念,并把语句看作与其他语句、而非与世界相联系。"② 一个有效的概念就在于它在指导人们行动的过程中产生了有用性的后果。而普特南则在批判符合论的基础之上,提出了所谓"内在论"的真理观。"我将称这种观点为内在论观点,因为这种观点的特征在于,在它看来,构成世界的对象是什么这个问题,只有在理论或某种描述之内提出,才有意义。许多'内在论'哲学家还进一步主张,对世界的'真的'理论或描述不止一个。在内在论者看来,'真理'是某种合理的接受性——是我们的诸信念之间、我们的信念同我们的经验之间的某种理想的融贯——而不是我们的信念同不依赖于心灵或不依赖于话语的'事态'之间的符合。并不存在我们能知道或能有效地想象的上帝的眼光;存在着的只是现实的人的各种看法,这些现实

---

① 普特南:《理性、历史与真理》,童世骏、李光程译,上海译文出版社 2005 年版,第 55 页。
② 罗蒂:《哲学与自然之镜》,李幼蒸译,商务印书馆 2003 年版,第 347 页。

第三章 启蒙终结与"启蒙"的合法性

的人思考着他们的理论或描述为之服务的各种利益和目的。"① 批判理性主义者波普尔则认为任何理论和知识都只是一种暂时性的假说,只有至少原则上能被经验证伪,那么它才具有科学性。"一切理论都是尝试,都是试验性的假说,它们是否成立都需要经过检验;而一切实验的确认则不过是以批判精神进行实验的结果,为努力发现我们理论的错误而进行实验的结果。"② 所以知识从来都不是对客观事物的符合,理论从来都不是现实的一面镜子,谈论人的认识与客体之间的符合是一种没有意义的独断。实际上,揭示启蒙哲学符合论真理观的假象,重新理解人的认识的基础、范围与限度,成为当代"启蒙"的重要方面。

第二,对世俗政治的合法性论证在很大程度上也存在着难以克服的内在矛盾。"启蒙运动是从起源于社会契约的社会模式推导出被统治者的同意这个观念。实质上,它从一个契约法的理想化图画——从财产法——将社会性和道德推导出来。"③ 这实际上是西方自由主义传统的一个重要理论预设:个人主义。所谓的个人主义就是将个人孤立化、原子化、非社会化,运用到政治领域中就是从个人出发,以社会契约的形式来推论政治的合法性。"'契约'一词不一定要拘泥于字面去理解;关键问题不是政治制度的真正的起源,而是它们的合法性;就是说,如果它们能够被认为是自由平等的个人之间的契约的结果,它们就是合法的。"④ 因而政治自由主义者将现代意义上的国家与政府看成是纯粹"人为"的产物,是理性建构的结果,与习俗、文化、信仰、情感等无关,它本质上是人的理性的产物。而保守主义者则认为国家远非一种捍卫私人利益调节私人欲望之争的一种工具性

---

① 普特南:《理性、历史与真理》,童世骏、李光程译,上海译文出版社 2005 年版,第 55—56 页。
② 波普尔:《历史决定论的贫困》,杜汝楫、邱仁宗译,上海人民出版社 2009 年版,第 113 页。
③ 希拉里·普特南:《无本体论的伦理学》,孙小龙译,上海译文出版社 2008 年版,第 97 页。
④ 阿尔布莱希特·韦尔默:《后形而上学现代性》,应奇、罗亚玲译,上海译文出版社 2007 年版,第 190—191 页。

启蒙之后的"启蒙"

存在，相反，国家作为一种社会文化进化的产物，它具有更为重要的伦理、道德意义，并不是建构的结果而是自然的产物。哈耶克更是指出了所谓"设计"、"规划"的荒谬性，认为这无疑是要求终止社会的进步。"许多演化出来的规则，为扩展秩序中的更大的合作与繁荣提供了保障，它们有可能全然不同于任何能够预见的事情，甚至有可能在这一秩序的进化过程中，迟早会让某些人产生反感。在扩展秩序中，在每个人为达到自己的目标而必须做什么上起决定作用的环境，显然包含着其他许多素不相识的人就采取什么手段以达到他们自己的目的而做出的不为人知的决定。因此，不管是在这一过程的哪个时刻，个人都不能根据自己的目的，对逐渐形成秩序的规则的功能进行设计。只是到了后来，我们才有能力以回顾既往的方式，从原理上对这种形成过程做些不尽完美的解释。"① 所以，对整个社会进行总体性的设计、规划，自以为是地以洞悉一切真理的哲学王自居不过是一种致命的自负，其结果只能是灾难。而个人主义由于将个人理解为一种自足的抽象存在者，因而它的个人不是真实的个人，而只是一种理论的抽象。"个人被抽象地描绘成一种既定的人，有着既定的兴趣、欲望、目的、需要等等，而社会和国家则被描绘成或多或少满足个人需要的实际的或可能的社会安排体系。按照这种看法，社会政治规章制度统统都是一种技巧，一种可变的工具，一种能够独立完成既定个人目的的手段；这里的手段和目的是有区别的。这种抽象个人观的关键就在于，它把决定社会安排要达到的目标的有关个人特征，不管是本能、才能、需要、欲望、权利还是别的什么，都设想成了既定的、独立于社会环境的。"② 将社会工具化，将个人抽象为脱离他者的目的、欲望的载体，直接的后果是回避了人的解放何以可能这一重大的问题。因为如果个体是实体，那么所谓的革命只能是自身的革命，一种思想领域的

---

① 哈耶克：《致命的自负》，冯克利等译，中国社会科学出版社2000年版，第80—81页。

② 史蒂文·卢克斯：《个人主义》，阎克文译，江苏人民出版社2001年版，第68页。

第三章 启蒙终结与"启蒙"的合法性

理论革命，一种道德意义上的自我命令。但实际上，人之为人并不在于其抽象的"我思"，在于"我"的目标、兴趣、爱好的社会特征，即他的种种观念不过是根源于具体的社会条件的。同时这种个人主义只是哈耶克所说的"伪个人主义"，而这种伪个人主义不仅容易走向自由的反面而且还导向了"集体主义"的制度性安排。"伪个人主义"认为个人是全知的，完全理性的，拒绝任何非人为设计的惯例、习俗，其实践的后果是个人成为一种可有可无的存在者。"只有当所有的事情都是严密计划之结果的时候，这种秩序才能被证明是一种可以得到公认的秩序。如果说当下盛行的逐步向中央控制所有社会过程的那种趋势真的是这种认识进路所导致的必然结果，那么显见不争的是，这种趋势极容易造成这样一些状况，而在这样的状况中，唯有一个拥有全权的中央政府才能够维持秩序和保持稳定。实际上，把所有的决策权都交由权力机构去掌控这个做法本身就会造成这样一种状态，而在这种状态中，社会所具有的那种结构乃是政府强加给它的，而且个人也成了可以随时互换的零件：他们之间不存在任何明确的或持久的关系，所存在的只是那种无所不包或无所不管的组织为他们所规定的关系。"[1] 而"真个人主义"则是一种有限理性的个人主义，它认为各种社会制度与机构并非人类有意设计的产物，而是"自生自发"的。人们在社会交往过程中根据社会趋势的变化调整自己的行动并愿意遵守这些对于个人来说难以理解或者说理性不及的约定和惯例，那么人们自由行动的结果就是他们取得的成就往往会多于个人理性所能设计或预见到的成就。在此哈耶克以通过强调非强制性的惯例或约定作为人类社会有序运行的基本要素，来批判抽象的个人主义的虚幻性。另外，个人主义只是自由主义传统的一面，而自由主义传统的另一面——共同体主义则相信人本身是社会的产物，人被他们生活于其中的文化、传统及社会制度所渗透。因而在共同主义者看来，个人主义的个人无

---

[1] 哈耶克：《个人主义与经济秩序》，邓正来译，生活·读书·新知三联书店2003年版，第37页。

启蒙之后的"启蒙"

非是一种理论的抽象,离开社会无所谓个人,从而动摇着个人主义的自由传统。这里的问题不在于人是个人还是人是社会的,而在于无论个人主义还是共同体主义作为一种理论的预设或逻辑出发点,它们的目的都是要为现实社会中的"自由模式"奠基。而无论是关于"原初状态"的假设还是"共同体"状态的假设它们均只强调了人存在的一个维度,因而如果走向极端,那么如何在现实社会中将自由建制化将成为一个永无定论的难题。

因此,"启蒙"远未完成,而且正在途中。但第三次"启蒙"却不一定是普特南所谓的以杜威为代表的实用主义哲学,实际上第三次"启蒙"有着更为多样的形式与内涵,只要是对现代性的消极后果进行质疑和批判的哲学形态均是"启蒙"。在此存在着两种简单的对待启蒙的态度及由此对"启蒙"的误解,即认为启蒙仍未完成,而且现代性带来的一些矛盾和问题仍需由启蒙的完善加以解决;认为启蒙已经终结了,现代性的悖论和矛盾证明了启蒙已经失败,因而对于任何所谓的"启蒙"他们避之而不及。前者对启蒙运动持一种乐观主义的态度,认为只有坚持启蒙的价值与信念并将启蒙的世界观加以普世化,一个真正的"世界公民"社会才是可以设想的。因而,对于启蒙出现的一些问题,他们认为原因不在于启蒙过度而在于还不够启蒙,启蒙的世界图景还未真正实现。而后者则深刻地意识到了启蒙的内在困境,但他们却彻底否定启蒙认为所谓的启蒙所勾勒的现代性道路不过是人类的幻象,只是一条通往奴役之路。二者尽管态度迥异,却具有共同的特征:均将启蒙看成一个事件,一场运动(不管是已经完成,还是正在完成),没有从启蒙(运动)中洞察出最深刻的内涵——"启蒙"。所以在此意义上,面对现代性的困境,无论是宣告启蒙还是启蒙终结都忽视了启蒙运动作为一场深刻的思想解放运动所蕴含的批判、反思、超越的根本气质和精神。只有区分启蒙与"启蒙",从而将人类的文化的发展看成是人类不断"启蒙"的历程,由此我们才能真正地对现代性有所"断言"并有所"预言"。现代性作为人类的一次自由与解放的制度性试验,它一经"建制化"就造就了近代的人类历史,它所取得的成就是毋庸置疑的，所产生的问题也是非常严重的。但我们当代的反思绝对不是要回到原点另起炉灶，而是要思考现实问题的现实答案。因为人类的历史作为人的实践的结果和产物，具有存在的客观性，"组成我们统治样式的习惯和制度都不是理性的组合，也不是偶然的积聚，而是历史的混合物。"[①] 因而试图通过彻底否定过去或采取虚无主义的态度，都没有切中现代性的历史性特征，实际上现代性的危机只能用更深刻的现代性去超越。因而我们可以说"启蒙"就是"治疗"，是"零星的社会工程"，纵然在危机时刻我们并不排除以"意识形态"的形式去实施某种"乌托邦的社会工程"，但在社会发展的一般时期，针对具体问题的"治疗"应该是一个社会健康发展的常态。所以如果不陷入后现代主义怀疑论的窠臼，那么面临现代性困境我们的唯一出路是"启蒙"。但显然，我们的第三次启蒙不同于第二次启蒙，如果说近代社会与传统社会存在"断裂"，但显然我们仍处于启蒙的视域之中，不论是我们的政治制度、实践经验还是思维逻辑，从而在此意义上，我们"启蒙"的对象是为现代性奠基的启蒙世界观。后现代主义作为激进的反启蒙样式，为固化的现代性逻辑打开了一个缺口，在此意义上后现代主义是当代重大的"启蒙"，当然我们更需要一种"启蒙"的常态，需要在新的语境中将后现代主义的气质与精神同现代性世界观实行"辩证融合"。但正题与反题在后形而上学视域中并不形成合题，即并不形成新的肯定，而是形成一种更深刻的否定。

三 启蒙之后的"启蒙"主题

如果形而上学的实体不存在，或者即使存在我们作为有限理性的存在者也不可触及，那么显然启蒙世界观的真理论——真理是认识与"实在"的符合就失去了意义。尽管康德竭力论证了人的知识是有限的，即知识仅限于现象界，是先天的时空形式和知性范畴与感性材料相结合的产物，但人的理性总有一种自然的倾

[①] 欧克肖特：《信念论政治与怀疑论政治》，张铭、姚仁权译，上海译文出版社2009年版，第12页。

启蒙之后的"启蒙"

向：将有限的范畴运用于无限的实体，其结果是先验的辩证法，即总是产生"二律背反"。"纯粹理性概念的客观运用任何时候都是超验的，而纯粹知性概念的客观运用按其本性任何时候都必须是内在的，因为它只是局限于可能经验之上的。"① 因而一旦将有限的范畴作超验的使用，那么直接后果是"只给予知识的幻象而不给予任何知识"。

最为重要的是这样一种幻象并不是一种错误，一种认识到之后就可以改正的错误，恰恰它的存在是难以克服的，它体现的是人的形而上学冲动，而人本身是形而上学的动物。正如宗教意识作为人的有限性的折射难以从人的意识中根除，形而上学的这种追求无限的冲动也难以消除。"反命题所带来的不仅仅是一种自然的和不可避免的幻象，这种幻象甚至当我们不再受到它的蒙蔽时都一直迷惑我们，尽管不是欺骗我们，因而它虽然可以被变得无害，但却永远不会清除。"② 正是由于这种形而上学自然倾向的不可消除性，所以同这种自然倾向做斗争，揭示这种倾向的根源就成为当代"启蒙"的重要主题之一。

而之所以要同自然倾向做斗争，不仅因为这种倾向过于"自然"以至于经常被人的理性所忽略，而且因此对何谓真理本质上是难以达成共识的（因为有限的理性永远有着不同的关于实在的真理），但又必须要有一种真理，于是暴力取代理性成为真理话语的裁判。所以在真理领域需要与符合论进行斗争，不仅要像海德格尔那样进行质疑："这些内在的东西是如何同外部物理的东西相符合的？"③ 而且需要追问真理到底是何种真理，因为如果真理知识关乎现象，那么所谓的真理就并不具有自明的普遍性和客观性。在罗蒂看来，并没有"在那"的真理，一切理论或知识都是一种"描述"，而真理无非是一种更好的描述，或在经验中被证明为一种更好的产生实践效果的理论。而后现代主义者更是

---

① 康德：《纯粹理性批判》，邓晓芒译，人民出版社 2004 年版，第 278 页。
② 同上书，第 358 页。
③ 海德格尔：《存在与时间》，陈嘉映、王庆节译，生活·读书·新知三联书店 2006 年版，第 39 页。

第三章　启蒙终结与"启蒙"的合法性

从"知识就是权力"的透视视角,将一切的知识都看成是权力的产物。很显然,他们激进的反叛情绪使之洞察到问题的根据之时却并没有理性地思考问题的出路。实际上这里的问题并不是什么是知识与真理,而在于以符合论为基础的真理观往往挪用于政治社会领域,产生了许多人类性的灾难。也就是说在近代启蒙视域中,真理并不是"自性"的,而且因为真理往往是"普遍性"、"完美"的代名词。真理又始源于科学的逻辑,因而以"物"的逻辑去处理"人"的事务,这是一种以真理和理性为名义的暴力拆迁。所以当代的"启蒙"仍然是拒斥这种物的逻辑,因为正是这种物的逻辑使现代性的自由谋划走向其反面。用阿伦特的话来说,人的根本特征在于其"出生性"、"开端启新",从而人的"行动"具有不可预测性,试图用某种科学的原理来控制或预测人的思想与行为都会以失败告终。人作为政治的动物,他的存在不是像物一样的孤立存在,而是"共在"或"在世存在"。从原则上来说,"存在就在于显现"(阿伦特),而显现意味着一个由观众和显现者组成的共同体,没有这种显现的状态,所谓的人就是非人。所以人的存在的真理性不在于与某种非人"实体"的符合,而是通过"言说"与"行动"来证明自己的现实性与力量。因而防止符合论真理论向政治领域的移植仍然是后形而上学的"启蒙"任务,如果说不是唯一的任务,至少也是一项基础性的任务。

而在政治的自由领域,启蒙世界观提供了两种自由的逻辑:自由与平等,但这二者之间的内在冲突使何为自由成为现代性的一个核心问题。显然资本主义社会是一个"消极"自由已被建制化的社会,即以财产权和自然权利理论为基础而建构起来的自由社会。但其形式的合理性掩饰不住实质的对抗与冲突,以致黑格尔以"分裂"来标示现代性并试图以"国家"这个伦理共同体来克服市民社会(市民社会是消极自由建制化)的分裂危险。黑格尔从辩证法出发,认为市民社会的分裂并不是一个纯然否定性的消极状态,相反,它是现代性真正实现个人与个人之间统一的国家伦理生活的必要代价。但没有"绝对精神"作基础,消极自

启蒙之后的"启蒙"

由如何能与积极自由相统一,即自由与民主如何统一,或者说个体与公民的角色如何协调?在黑格尔看来,作为个体的市民与普遍性的公民之间在本质上存在内在的一致,市民必然要成为公民。'市民'和'公民'这两个概念,它们承担着两种不同的功能,只要政治共同体是建立在法律关系的基础上,人们就必须充当这样的角色。在第一种功能中,人们在法律调节的市场交换框架内以'个体为目的'追求私人利益。而在第二种功能中,人们以'普遍性自身为目的'积极参与政治意志的形成。一方面,黑格尔从主体间性法律承认关系中直接推出了'市民'的地位,即它作为能形成契约的目的理性主体,另一方面,他又认为'公民'的地位只能在与国家的绝对普遍性的关系中得以确定。不像法律主体,'公民'不再被当作拥有与其他同伴能自我认识到公民身份的个体进行交往的能力和品质的社会的人。相反,公民的自我意识是在孤独主体与其客观再现整体理念的部分的反思关系中构成的。"[1] 因而作为精神性的存在者,人总是要超出利己主义的狭隘自我的任性而追求普遍的东西,因而作为伦理共同体中特殊与普遍相统一的公民。黑格尔哲学无疑为20世纪的思想家们提供了重要的思想遗产,但是随着人们对理性和普遍性的绝望,个人与公民的分裂又成为人们必须面对的重要问题。

在后形而上学视域中,罗尔斯和哈贝马斯代表了两种对个体与普遍相统一的思考。罗尔斯虚构了"原初状态"作为推论的出发点,在罗尔斯看来,在原初状态中个体具有理性计算的能力只是不具有事关个体的信息,因而达成的普遍性的"共识"具有先验的特征,因为无知之幕背后多样性的个体进行理性的计算必然会达到这一正义的结论。所以在罗尔斯这里,自由(抽象的个人权利)高于民主。罗尔斯只是表面上引入了民主原则,但他的出发点仍然是"抽象"的个人及权利。"自由主义理论的根本问题就在于确定人们仍然能够在政治联合中生活在一起的条件。古希

---

[1] 霍耐特:《为承认而斗争》,胡继华译,上海世纪出版集团2005年版,第66—67页。

第三章　启蒙终结与"启蒙"的合法性

腊和中世纪的思想家们都认为，道德原则必须塑造政府权力。但是他们对于在良善生活问题上的合理一致的可能性抱有十分乐观的信心。对他们来说，理性在这个问题上也将导致一种唯一的解决方案，这是自明的。于是希腊和中世纪的思想家们常常以不同的方式为国家指定了保护和培植良善生活的实质性观念的任务。政府的这种目标对于自由主义思想来说必定显得是十分陌生的，对他们来说，关于良善生活的全体一致与其说是理性的成果，还不如说是强制的产物。因此，要避免权力的压迫性使用，自由主义的目标就是借助于一种最低限度的道德观念确定政治联合的共同利益。政治生活仍然被看作是受道德原则指导的一项事业。但是，政治联合的条件必须是比通情达理的人们存在分歧的良善生活观念包含程度更低的。更为准确地说，基本的政治原则必须表达公民们能够一起肯定的道德观念，不管他们在特定生活方式的价值上存在怎样无法避免的分歧。当然，把这种道德观念称作'最低限度的'，这只不过说它是作为共同的根据发挥作用的，而不是说那些接受这种观念的人能够不费吹灰之力地和无一例外地按照这种观念生活。"① 罗尔斯通过将人二分为道德的维度与政治的维度，在承认道德多元的前提下在政治领域中来寻求共识，似乎公共领域远不像在私人领域中那样杂乱、多样和无序，相反，公共的政治领域中众多公民如同一人存在一样，因为他们之间存在着一种共同的、理性的自我利益，在此他们必然达成一致。这里的问题是罗尔斯私人领域与公共领域的绝对区分实际上是不可能的，因为私人的事务随时有可能出现对抗，成为公共的政治事件。而且更为重要的是所谓公共领域代表着一致、和谐，表明罗尔斯对政治问题的低估。

"在政治学中公共利益始终是一件争论不休的事情，绝不可能达成最终的一致；设想这种一致就是梦想一个没有政治学的社会。人们不应该希望这种不一致会消失，而应寄望于将其限制在

---

① 拉莫尔：《现代性的教训》，刘擎、应奇译，东方出版社2010年版，第134—135页。

启蒙之后的"启蒙"

依然尊重自由民主制度的那些形式内。这正如皮特金所讨论的：'精确地说来，政治生命的特征就是一个在歧见纷呈、主张抗衡和利益冲突的语境中不断地创立统一体——一种公共性——的问题。离开了相互抗衡的主张和利益之间的冲突，政治领域就没有了主题；就无须去做什么政治决策。但是，政治群体，即那个我们，要有所作为，这些持续不断的相互抗衡的主张和利益之间的冲突要得到解决，就必须继续保护这种群体性。'这样一种政治观在罗尔斯那里是完全缺失的。"① 所以罗尔斯的政治概念不过是一种理论的抽象，难以透视现实政治生活的复杂性，他的自由主义逻辑因而排斥了民主的内涵，如果民主指的是不同立场、观念的持有者之间的对话，而这种对话并没有现成的原则会保证他们达成一致。

而哈贝马斯则真正地引入了民主的商谈原则，主体间性成为哈贝马斯普遍性原理的检验基础。"哈贝马斯意义上的程序主义理性观已经包含共同体的自由观念，这一观念的合理性要归结于这一事实：它确定了一种后传统类型的'伦理'共识，即关于理性论证的元规范的那个共识，并基于同样的理由为在传统的伦理实体瓦解之后恢复自由平等的个人之间的伦理共识确定了一种形式，当然也只是形式而已。……借助于论证的程序，自由就会与团结和理性联系在一起；因此，一种程序主义的理性观确定了后传统形式的共同体自由的规范内核。"② 所以哈贝马斯试图通过主体间的交往理性来重建一种道德共同体，在此共同体中，权利（自由）与社会团结（民主）得以和谐统一。哈贝马斯作为启蒙的坚定捍卫者，在坚持启蒙的基本理念——自由（权利）基础上试图将启蒙运动的另一政治理念——平等得以展现出来并使之与自由理念相协调，维护社会的稳定与团结。因为哈贝马斯深知："针对自由主义，必须指出的是，没有理性的共同体的自由的实

---

① 墨菲：《政治的回归》，王恒、臧佩洪译，江苏人民出版社2005年版，第65—66页。
② 韦尔默：《后形而上学现代性》，应奇、罗亚玲译，上海译文出版社2007年版，第219页。

第三章 启蒙终结与"启蒙"的合法性

现,没有伦理生活的民主形式的实现,消极自由必定会变成一幅讽刺画,或成为一场噩梦。"① 尽管哈贝马斯仅对以权利为基础的自由主义,但他认为只有将消极自由与积极自由结合起来,即将自由奠定在民主的基础之上,自由才能真实地存在。

但在罗蒂看来,哈贝马斯的无宰制的沟通以达成共识为目标,但这仍然包含着一种形而上学的内涵。因为他仍然相信人类主体之间存在着某种预先建立的和谐关系,即相信通过真诚的沟通和交往,"共识"的达成是必然的。也就是说哈贝马斯相信,如果众多意见不能会合即不能在相互的质疑、批判中趋同,那么这种对话是无效的。而对任何"普遍性"怀有恐惧的罗蒂则认为对话并不追求任何形式的共识,而是要形成一种敏感的感同身受的能力,即我们个体的行为可能对他人带来痛苦和残酷。因而罗蒂提出了一种新的对交往理性的理解:"意见会合表示人们越来越愿意在多元的情境中共同生活,而不再追求普遍有效性。我主张,自由达成的协议,乃是关于如何完成共同目标的协议,但我也主张,在这些共同目标的背后,人们应当对私人目标的彻底多样性、个人生命的彻底诗意性,以及作为我们社会制度基础的'我们—意识'的纯粹诗意性,具有越来越强的意识。"② 因而在实用主义者看来,重要的并不是确立某种真理(无论是建立在先验基础之上还是建立在经验领域中的交往基础之上),而是要使政治更加民主化。格雷就认为自由主义的未来存在于从理性共识过渡到"权宜之计"中。而"权宜之计"指的是多种"完备性"观念和多样性生活方式的共存。于是格雷也同罗蒂一样在无真理的意义上谈论某种制度的合法性,纵然不存在普遍、先验的真理,但作为人为的产物,现实的政治制度有着自身的合法性标准:"显然,不是所有实际存在的制度都同样是合法的。正如某些生活方式会比其他生活方式更好地解决普遍冲突,某些制度也

---

① 韦尔默:《后形而上学现代性》,应奇、罗亚玲译,上海译文出版社 2007 年版,第 222 页。
② 罗蒂:《偶然、反讽与团结》,徐文瑞译,商务印书馆 2003 年版,第 96 页。

启蒙之后的"启蒙"

是如此。一个通过节制各种自由来解决它们之间冲突的制度,要比一个在其中一些自由被压制而其他自由也得不到很好保护的制度强。在任何它能够建立的地方,前一种制度就要比后一种制度更合法。"① 因而在后形而上学视域中,不是真理而是政治的合法性成为关注的焦点。而政治的合法性标准,不在于符合先验的原理或实在,它的标准乃是实用主义的——更好地维护自由、增进人们的共同利益。但这样一来,政治就"去道德化"了,政治之合法性仅仅在于外在地增进利益与保证人民的权利而与善无关,因而政治就变为一种有效性的程序,而在这种程序面前真实的个体自由往往又是难以得到保障的。

可以说对形而上学的批判成为当代哲学家的共同任务,在某种程度上他们在理论上成功地批判了形而上学,但在思想深处,他们依然没能彻底摆脱形而上学的纠缠。如后形而上学思想家依然迷恋于一致、共识、统一,而这些理念不过是形而上学"改了装"的"遗产",罗蒂虽然意识到了这一点,但他的"种族中心主义"也难以避免。因而,在西方思想视域中,形而上学的幽灵随时在场,在后形而上学视域中最为根本的体现是个体并未真正独立,个体要么成为客观主义的牺牲品,要么被认为是相对主义的根源。所以不断地同形而上学的外在力量做斗争,不断地清醒意识到人的形而上学自然倾向所可能导致的谬误,真正使具有独立生命的个体成为社会生活的主体,成为价值的真正基础,就成为当代启蒙的最为重要的使命。而这样一种启蒙观也暗示了"启蒙"所具有的永恒合法性。

第二节 启蒙精神的实质与合法性

"启蒙"作为一种批判、反思、超越的精神,它并不具有某种规范性的内涵,它总是面对现实的具体困境,"蒙"之不同,

---

① 约翰·格雷:《自由主义的两张面孔》,顾爱彬、李瑞华译,江苏人民出版社2005年版,第141—142页。

第三章 启蒙终结与"启蒙"的合法性

"启"之方式也迥异。"蒙"既包括由个人的情感、欲望所带来的主观性的蒙蔽,也包括由制度、历史、现实等造成的各种客观性的局限。对于各种非理性的"蒙",既不能借口这些力量过于强大而听之任之从而不去思考任何可能性的超越,否则就否定了人的一起行动能够"创造奇迹"的人的能力(阿伦特);也不能渴望有一种"最终解决",从而以釜底抽薪的形式达到"完美",因为正如伯林所说追求完美的"乌托邦"应为20世纪的人类苦难和大屠杀负责。这两种面对现实困境的态度表面上完全相反,但实际上两极相通,背后所共同蕴含的都是一种知性思维逻辑和反启蒙的非"启蒙"态度。而且在20世纪随着乌托邦精神的衰落和实证主义思潮的兴起,异化的铁律不仅作为一种现实,而且作为一种逻辑侵入人的思维,悲观的宿命论及价值虚无主义一时成为社会的时代精神。但正如荷尔德林所说,哪里有危险,哪里就有救渡,启蒙终结的呼声最高之时,也是启蒙日益被"超越"之时,"启蒙"由此作为一种新的时代特征确立起来。

所以,正如启蒙运动的"启蒙"不同于古希腊的柏拉图的"启蒙",而后形而上学的"启蒙"显然也不同于启蒙运动的"启蒙"。但现代性作为一种当代人的存在结构,至少在很大的程度上规定了人们的行为方式和思想套路,其实现代性批判的种种形式仍然居于现代性之中并没有超越其界限,因为批判的自由本身就体现了现代性的根本特征。所以在此意义上,最为激进的后现代主义者仍然没有超越启蒙,尽管它的批判言过其实甚至过于极端。"后现代主义对去中心化的统一性的抨击常辅之以破碎的同一性、面具、反讽、游戏、内在的间距和撕裂等词语,尽管这是一些反启蒙式的词语,但就其是对自身强加的限制的一种释放而言,它们其实是启蒙运动的一种延续,康德将其定义为从自我强加的监护下所获得的一种自由。"① 在此库尔珀的"就其是对自身强加的限制的一种释放而言"并不是"启蒙运动的一种延

---

① 大卫·库尔珀:《纯粹现代性批判》,臧佩洪译,商务印书馆2004年版,第5页。

启蒙之后的"启蒙"

续",而是"启蒙"的根本体现。因为启蒙运动虽然最为鲜明地体现了"启蒙"的批判性和否定性气质,但它批判的旨趣在于建构,在于为从共同体中解放出来的个人自由确立某种合理性的制度基础。所以,如果各种启蒙批判的样式仍然停留于启蒙之中甚至是启蒙的进一步完成,那么"启蒙"在何种意义上是"合法"的?即如果否定本身只是肯定的一个环节,且只是"理性的狡计",那么我们谈论批判现代性是否只是一个幻象?能否有一种彻底"革命"的"启蒙"样式?真理与自由作为启蒙运动的两个核心问题,是否具有一种别样的形态?

一 "启蒙"的问题域

正如上文所指出的,启蒙之后的"启蒙"始于启蒙世界观遭遇危机之时,那么在此背景下谈论"启蒙"必然要涉及两个根本的问题:第一,"启蒙"何以可能?也即"启蒙"作为一种精神和态度是否具有现实性的力量;第二,如果"启蒙"是人类社会发展的必然逻辑,那么彻底的"启蒙"是否可能?如果可能,彻底"启蒙"之后的世界是一个什么样的世界?这两个问题的答案直接决定着启蒙精神的当代合法性并且指明了"启蒙"的问题域。而通过对这两个问题的思考,我们试图指出,"启蒙"并非是脱离西方思想史的一种新的呼吁与号召,不是一种面对客观现实时的一种主观的情绪或乌托邦设计,实际上它蕴含在现实的社会中,体现着社会历史发展的辩证法。

关于第一个问题,实际上是对现代性本质进行诊断之后的逻辑后果。对于现代性主要有两种对立的思考逻辑:以悲观主义的韦伯为代表和以乐观主义的黑格尔为代表,而其他思想家的根本态度基本上分别延续了他们的思考。韦伯思考的前提是他意识到了近代社会同古代社会的差别——个人自我原则的确立,个人的兴起意味着"我思"是终极性的,而"我思"必然伴随着所有历史性的构造及内容。因而在韦伯看来,现代性的根本特征在于形式的合理性,"在现代生活的这些领域中可以发现这样一种特

第三章 启蒙终结与"启蒙"的合法性

殊变化：形式合理性相对于实质合理性具有了优先性。"[1] 与传统社会的实质合理性的社会不同，现代社会的形式合理性具有两个特征：一致性和效率，现代社会政治领域的科层制是其典型体现。而且现代性已将形式（普遍）与内容（特殊）的分离体制化了，国家是价值中立的，只是为个人的行为提供保护而并没有自己的任何实质性的目标；个人则只是为选择而选择，因为只有如此方能体现自己的自由，他尽力来实现自己的"强度和满足的最大化"，但从不关注具体的选择从而使选择沦为空洞。"韦伯就此迷惑了，因为对于他来说，形式过程与内容之间的分离已告完成。在较早历史阶段，在社会过程的形式与它们为之效力的实质内容之间还存在着复杂的交互作用。现在，所有这一切都已结束，分离已然体制化，我们已在劫难逃。"[2] 韦伯对现代性所造就的"铁笼"无能为力，因为他以形式合理性来理解现代性，而形式合理性的普遍化无论是在内部还是外部都不存在有力的"否定者"，所以面对现代性困境时我们别无选择，只能屈从。

而黑格尔从市民社会这个现代性的最大成就中来思考现代性的超越。在黑格尔看来，现代性确立了个人的主体性和自由原则，这集中体现于市民社会中。在市民社会中，个体都能自由地追求自己的利益来满足自己的欲望，但同时市民社会蕴含着分裂的要素，因而这种自由还不是真实的自由。按照黑格尔的逻辑，"概念"是事物的本质，但任何概念都只是中介性的存在，任何概念都必须在一个更大的概念统一体或背景中才能确定其含义。从而市民社会也不是终极性的定在，相反，无论是个人还是市民社会都必须在国家这个大背景中得以存在。因而，市民社会的真理存在于国家之中。"市民社会是处于家庭和国家之间的差别的阶段，虽然它的形成比国家晚。其实，作为差别的阶段，它必须以国家为前提，而为了巩固地存在，它也必须有一个国家作为独

---

[1] 大卫·库尔珀：《纯粹现代性批判》，臧佩洪译，商务印书馆2004年版，第35页。

[2] 同上书，第42页。

启蒙之后的"启蒙"

立的东西在它面前。"① 黑格尔意识到了现代性的根本特征：分裂；尽管这样一种以自然权利为基础的市民社会相对于传统社会是精神发展的一大步，但随之产生的问题是普遍的人权必然导致社会的分裂。"作为一个普遍的对抗的社会，这种社会不但是对伦理生活的特定形式的否定，而且是对伦理生活范畴本身的否定。因为在这种社会取得'无法阻挡的进步'的地方，没有个人之间的共同纽带，没有对公共善的关心，没有阻挡社会的破坏的道德自责，其牺牲品就是对财富、权力和幸福的广泛追逐中的失败者。"② 黑格尔用他的国家理论来对市民社会进行扬弃，因为在黑格尔看来，只有在国家中，个体的自由才真实存在并且与普遍自由相统一。当然黑格尔只是在概念辩证法的基础上即思辨的意义上思考了超越现代性的方案，而马克思则认为理论的统一并不能弥合现实的分裂，现实的冲突与分裂只能实践地加以解决。

显然，韦伯对现代性的诊断非常深刻，但现实社会的发展却并没有像他想象的那样悲观；而黑格尔尽管指出了国家对市民社会超越的克服现代性危机的方案，但马克思令人信服地指出，不是国家决定家庭和市民社会而是相反，从这个意义上来说"启蒙"都超出了他们的视野。人事领域不同于物理领域，这本来是启蒙运动的一个基本共识，也是确立"人是目的"的逻辑前提，但启蒙现代性的科学主义逻辑却相信人类社会可以得到有序的"管理"。这种信念既是人类追求"完美"社会的理论预设，又是人类社会异化现实的症候。启蒙世界观对理想社会的设定就相信通过理性的控制以消除人的差异与主观性因素。尽管人作为个体可能无法抗衡异己的客观性力量，但作为一个交互主体性的存在或"社会关系总和"的共同体的存在，人们总是在证明着自身的"不可预测性"和"革命性力量"，从而证明着自己超越异化的可能性。在这方面阿伦特给予我们重要的提示。阿伦特认为人

---

① 黑格尔：《法哲学原理》，范扬、张企泰译，商务印书馆 1961 年版，第 197 页。

② 韦尔默：《后形而上学现代性》，应奇、罗亚玲译，上海译文出版社 2007 年版，第 195 页。

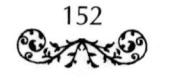

第三章 启蒙终结与"启蒙"的合法性

存在的基本"境况"是其存在的复数性,即人的存在依赖于他人的在场和行动,如不能在众人中显现,那么就是不存在。"我们以言说和行动让自己切入人类世界,这种切入就像人的第二次诞生,在其中我们亲自确认和承担了我们最初的身体显现这一赤裸裸的事实。这个切入不像劳动那样是必然性强加给我们的,也不像工作那样是被有用性所触迫的,而是被他人的在场所激发的,因为我们想加入他们,获得他们的陪伴。但它又不完全被他人所左右,因为它的动力来自我们诞生时带给这个世界的开端,我们又以自身的主动开创了某个新的东西,来回应这个开端。去行动,在最一般的意义上,意味着去创新、去开始,发动某件事。"[1] 也就是作为行动的人,其根本的特征在于他能开端启新,这正是自由的体现。行动具有"不可逆性"和"不可预见性",而意识到这点哲学家们试图以制作来消除政治领域的复数性特征,但这无异于政治公共领域的消亡,这正是现代集权主义的滥觞。政治领域作为自由人言说和行动的公共领域,它是一个意见的领域,因而人的言说和行动是保持其存在的基础,如果意见趋于一致,这无疑是意见的消亡。"一致持有的'公共意见'的统治,与意见自由之间定然是不相容的。因为,事实上,在所有意见都一致之处,是不可能形成意见的。……公共意见基于它的一致同意,煽动一致反对,到处扼杀真实的意见。"[2] 正是对一致性、统一性理想的追求扼杀了自由,使人成为千篇一律的"劳动者"。但人的自由本性是不能消除的,任何时候只要人们的一切行动缔造一个权力空间,那么革命就可能爆发;如果革命精神配备合理的制度(共和主义制度),那么真实的自由就有了保障。

因而,如果这是成立的,那么"启蒙"就不仅是合理的而且是现实的,但"启蒙"不是必然的,它取决人们的"决心",源自人们的共同行动的"勇气"。当然,这里的"启蒙"不同于

---

[1] 汉娜·阿伦特:《人的境况》,王寅丽译,上海世纪出版集团2009年版,第139页。

[2] 汉娜·阿伦特:《论革命》,陈周旺译,译林出版社2007年版,第211页。

启蒙之后的"启蒙"

怀疑主义,尽管它们分享着一些共同之处。"启蒙"虽然怀疑,但并不质疑一切,并不是无政府主义,它只是对任何试图抹平差异、否认人类存在的多样性的行动进行质疑;它对任何形式的权力高度集中、任何形式的"终极完美计划"心存疑虑;它总是对任何问题特别是事关人类本身的大问题的答案保持开放性,相信并没有绝对的真理,而只有特定时空的"权宜之计"。

关于第二个问题,"启蒙"显然是一个永无止境的过程,因而没有终极的"启蒙",从而也不能去设想一种完美的"透明宫殿"。但很多启蒙哲学却设想了一个启蒙了的时代,这个时代以"无神"和"世界公民社会"为基本特征和存在建制。但事实证明,并不能以这两个特征去标示一个自由的社会。启蒙运动按照黑格尔的理解,其基本的精神特征是唯物主义的无神论和功利主义,理性成功地使神圣形象退隐之时,却使整个社会陷入普遍强制化状态。也就是说虽然上帝死了,但在社会的各个领域都存在强制性,海德格尔以"集置"来指称这种普遍化强制的存在样式。在海德格尔看来这正是启蒙运动的必然后果,因为正是现代技术将世界和人"资源化"、"图像化"。而现代技术正是形而上学的完成,在此意义上"无神"并不一定是自由,很有可能是一种更普遍的强制。"随着支配自然的力量一步步增长,制度支配人的权力也在同步增长。"[①] 笛卡尔的"自我"要想获得现实性和力量必须依赖全能的上帝,否则所谓的自由只具有抽象的意义,就已经说明了这一点。价值领域中上帝的缺位更是导致了价值虚无主义,因为康德令人信服地指出,伦理至善理念的实现必须预设上帝的存在。尽管此处的上帝只是预设,但没有这种最高的存在者,伦理与自由显然是不可想象的。

而"世界公民社会"的构想源于启蒙世界观的真理观:真理是普遍的,一种思想或存在具有真理意味着它在所有的时空当中都是有效的,也就是说真理意味着普遍性。现代启蒙运动的一个

---

① 霍克海默、阿道尔诺:《启蒙辩证法》,渠敬东、曹卫东译,上海人民出版社2006年版,第31页。

第三章 启蒙终结与"启蒙"的合法性

基本的成就是公民权利的确认,而公民权意味着法律、政治意义上的自由,但实际上这只是一个意识形态的幻象。这不仅因为在现代性的真实存在领域——市民社会中,人的存在被分裂为双重性的存在:此岸的个人的存在与彼岸的公民的存在,而且更为重要的是所谓的政治自由无非体现和维护的是市民社会中自私自利的个人权利。"任何一种所谓的人权都没有超出利己主义的人,没有超出作为市民社会的成员的人,即作为封闭于自身、私人利益、私人任性、同时脱离社会整体的个人的人。……把人和社会连接起来的唯一纽带是天然利益,是对他们财产和利己主义个人的保护。"① 即使马克思设想了真正自由的未来共产主义社会,即超越市民社会作为"劳动者社会"的存在样式,但在阿伦特看来,也无非是一种乌托邦。"激励着马克思和各类工人运动中最优秀成员的希望——自由时间最终将把人从必然性中解放出来并让劳动动物富有创造性,建立在一个机械论哲学的幻觉之上,就是假设劳动力像任何其他能量一样是守恒的,如果劳动力在生命的苦役上没有消耗完,就会自动地培育出其他'更高级的'活动。……在马克思之后的一百年间,我们认识到了这个推理的谬误之处:劳动动物的空余时间只会花在消费上面,留给他的空闲时间越多,他的欲望就越贪婪强烈。"② 如何看待阿伦特对马克思自由实现理论的批判,涉及他们哲学解释原则的区别,但是他们至少在这一点上达成了一致:自由不可能是启蒙的权利(以财产权为基础的、以人权面目出现的公民权利)的扩展。但在阿伦特看来,自由的实现不是启蒙所能实现的,相反,启蒙使自由的公共领域消失而必然性取而代之。启蒙核心理念的个人权利无非是表征了"物的逻辑"的胜利,即与自然的新陈代谢的生存必然性——"生产—消费"的必然性领域上升到公共领域,从而取消了自由。而马克思虽然批判启蒙运动的权利理论、自由逻辑,但马克思显然是启蒙运动之子,他以启蒙运动的"自由"、"解放"

---

① 《马克思恩格斯全集》第 1 卷,人民出版社 1956 年版,第 439 页。
② 汉娜·阿伦特:《人的境况》,王寅丽译,上海世纪出版集团 2009 年版,第 95 页。

启蒙之后的"启蒙"

为终身志业。但马克思认为启蒙运动的方案与其目标是相互矛盾的,这表现为现代性的自由只是有产者的自由,而真正的自由应该是自由人的联合体,故而马克思深刻地指出"政治解放还不是人的解放",从而指出了现代性的政治革命的历史意义及其局限性。

因而,启蒙的悖论既没有证明启蒙运动失败了,也没有证明"启蒙"终结了。今天的启蒙反思在很大程度上停留于启蒙的基本构架之中,但超越启蒙所带来的奴役性后果,拯救被普遍性所遮蔽的超越性精神,就成为当代"启蒙"的重要内涵。启蒙的困境愈益凸显,"启蒙"的力量与范围就越广,"启蒙"就日益获得其合理性。这不仅因为现实的并非就是合理的,而且因为人的反思判断力催促着人不断地超越,还因为人本身就是一个具有形而上学倾向的理性存在者,因而"启蒙"就是人的宿命。不仅要批判外在的物化逻辑,也要消除内在的非理性逻辑,更为重要的是人具有自身的这样一种力量,自由人的一起言说和行动(阿伦特),实践主体的世界范围的联合(马克思)创造了奇迹。

二 "启蒙"视域中的哲学与政治

如果将整个人类历史看成是"启蒙"的历史,那么形而上学终结之后我们可以将"后形而上学思想"看成是"启蒙"的一种形态,当然这里的后形而上学泛指一切以批判形而上学为目标的哲学思潮。但"启蒙"精神并非一味地批判,而是"在对事物否定的理解中包含着对事物的肯定理解"。也就是说"启蒙"不仅仅是否定,而且也包含着某些肯定,但它深刻地意识到自己的肯定只是某种"思想实验"。它的方略只是提供多样性的选择,但并不断言何种为最好,它与其说是为了提供某种真理,倒不如说是对已经变得敌视人的社会制度进行小范围的谨慎"试错",从而保持一种开放的视野,提供多样性的思想避免社会制度与思想陷入僵化。如果以这样一种新"启蒙"态度来回答启蒙之后"启蒙"何为,那么我们仍然要面对哲学和政治在后形而上学中的样式与意义进行重新定位。因为哲学与政治自古希腊时代就被认为是自由的体现,启蒙更是以哲学的"认识世界"真理与

第三章 启蒙终结与"启蒙"的合法性

政治的"改造世界"的真理来塑造现代社会为自由的实现确立理性的基础。那么现代自由的危机在很大程度上反映了启蒙哲学观与政治观的内在矛盾。

哲学按其本质是以真理为目标,而且真理是超时间超历史从而是普遍的,在此意义上,真理是与偶然性、个体性相对立的。而政治按其本性则是"意见"的领域,因而它以人存在的多样性、个体性为前提。因而在哲学与政治处于内在的冲突之中,柏拉图从苏格拉底之死的事件中看到了真理在政治社会中的危险。柏拉图以"洞喻"来阐释哲学与政治的冲突,当哲人从洞穴之中转身而走向洞外并再次回到洞穴时,他已经不习惯洞穴之中的黑暗并"疯言疯语"。这表明哲学家的真理一旦说出便有可能变成众多意见之一种而湮没无闻,而且哲学家根本就不适合众人生活的意见领域。因为真理的"无言"特征,使哲学家在以无止境的"言谈"为基础的意见的政治领域显得"非我族类",从而总是处于危险之中,苏格拉底就是死在意见之手。因而柏拉图以哲学家当王的方案来使真理的统治得以可能并以真理的普遍性逻辑来消除政治领域中的偶然性、个体性和意见。启蒙现代性不仅把柏拉图的理想加以现实化而且加以激进化。这体现在启蒙世界观中,哲学不仅是真理的化身,而且哲学可以以真理的名义启蒙大众、发动革命;政治虽以意见、多样性始,但以普遍性、一致性终,也就是真理也成为政治的逻辑。所以启蒙的自由以"自律"、"自我决定"的表面形态体现为理性的暴政。当然出现这种情况,正如我们前文已经指出过的无非是科学主义逻辑向自由领域(政治、道德领域)的移植,这满足了真理的哲学王式的梦想,但同时按照波普尔的观念来看,柏拉图的理想国理念无非是一种影响深远的"集权主义逻辑"。因而在"启蒙"的视域中,这是一种"边界意识"缺乏的必然后果。那么真理和政治在后形而上学视域中,会以何种样式存在?罗蒂以激进的思考阐释了"启蒙"的哲学观与政治观,这无疑是一种很有启发意义的思考。

罗蒂不同意通常的"启蒙计划已经失败"的说法,因为在他

启蒙之后的"启蒙"

看来这无疑是混淆了启蒙计划的两个方面,即政治计划和哲学计划:"不过有两个启蒙计划,一个是政治计划,另一个是哲学计划。一个要在地球上创造一个天国,创造没有等级制度、阶级或残暴行为的世界;另一个要发现用自然和理性取代上帝的崭新而全面的世界观。"[①] 虽然哲学的计划基本上是一个"幻象",但政治计划仍然是当代应当进一步追求的事业。在罗蒂看来,启蒙的哲学计划无非就是启蒙的理智计划,相信随着启蒙的完成,人的理智终将把握自然、实在,达到终极真理。但在实用主义哲学看来,这无非是根深蒂固的"镜式思维"在作怪,因为就没有所谓的"自在存在"和"道德实在"。那么取而代之的是"放弃了表象和实在之间的区分。它放弃那个区分以便赞成不太有用的描述和比较有用的描述之间的区分。"[②] 所以罗蒂认为启蒙的哲学计划已经失败,取而代之的应该是以"更好的描述"而不是"更接近实在"作为哲学上是否"启蒙"的标准。而对于政治,罗蒂则认为启蒙的政治计划仍然是合理的,因为现代社会的民主政治仍然让人看到了一种后形而上学的进步希望。虽然不是朝向某种预定"完美"的接近,但经过实用主义的重新解释,它仍然是进步的。"当更大地增进自由和进一步减少残酷的制度代替了使增加自由和减少残酷成为可能的制度的时候,便获得了政治的进步。"[③] 从而罗蒂并不同意后现代主义对政治的绝望态度,而仍然相信政治的进步是可能的并可欲的。因而按照我们对"启蒙"的解释原则,罗蒂是典型的"启蒙"思想家。但同时我们对罗蒂持一定的保留意见,因为罗蒂主要在政治的领域中谈论"启蒙",并以减少残酷增加自由作为政治"启蒙"和进步的标准。问题是这种标准似乎是模糊以致难以确定,并且当罗蒂把"自由"作为自己的核心问题时,他没有意识到也许自由并不是政治领域中最为重要的问题。"向那些衣不蔽体、目不识丁、处于饥

[①] 理查德·罗蒂:《后形而上学希望》,张国清译,上海译文出版社2009年版,第105页。

[②] 同上书,第112页。

[③] 同上书,第111页。

第三章　启蒙终结与"启蒙"的合法性

饿与疾病中的人提供政治权利或者保护他们不受国家的干涉，等于嘲笑他们的生活状况；在他们能够理解或使用他们日益增长的自由之前，他们更需要医疗援助或受教育。……个人自由并非每个人的第一需要。"[1] 甚至罗蒂以增进自由、减少残酷为由而为启蒙的政治计划辩护时，他可能陷入西方根深蒂固的精英主义逻辑之中："困扰着西方自由主义者良心的，并不是他们相信人们所寻求的自由依其社会或经济条件的不同而不同，而是这样一种信念：少数拥有自由的人靠剥夺绝大多数没有自由的人而获得自由，或者至少无视大多数人没有自由这个事实。"[2] 在此意义上仍然需要对启蒙自由观的彻底反思，甚至需要对启蒙自由的一种"外在"批判，方能真正地超越对传统自由的理解。

如果说启蒙总是笼罩在形而上学的阴影中，以致无论是哲学还是政治总是以某种形上实体为逻辑起点，从而无论是哲学追求的真理还是政治追求的完美都具有"反现实"、"反实践"的特征。因而哲学与政治都是以自由和理性始而以奴役、非理性终。尽管以罗蒂为代表的后形而上学思想家揭示了形而上学的虚伪性并找出了其根源，确定了"多种完备性事实"存在的合理性，但他们仍然在很大程度上对政治寄予过多的希望。但很有可能政治领域中主体间的商谈、交往并不必然以"共识"告终，更为重要的是即使商谈得以进行，但使商谈得以进行的"机制"却不一定是价值中立的，很有可能它只是某种权力意志的产物。如果伯林所指出的价值多元主义事实是正确的，那么在很大程度上甚至真正的商谈无法进行，因为一个社群与另一个社群虽共享共同的语言，但他们的价值信念是异质乃至不可公度的，因而在极端的情况下政治领域只能是一切人对一切人的战争。

"启蒙"代表的是一种批判精神，一种针对现实"非理性"的超越。所以"启蒙"视域中的哲学仍然要追求真理，尽管不是与"实在"相符合的真理，也不是某种"更好的描述"。而是要

---

[1] 以赛亚·伯林：《自由论》，胡传胜译，译林出版社2003年版，第192页。
[2] 同上书，第192—193页。

启蒙之后的"启蒙"

回归生活世界,成为内在于实践的"超越"力量。因此抛弃人们应当对人类同胞以外的某个更大实体负责的这种幻觉,真实地面对人们加之于自己和同胞的痛苦、残忍,并使人类社会在非强制的基础上实现团结、宽容和稳定成为当代哲学的重要主题。在此意义上哲学具有了政治的内涵,哲学所追求的真理并不是某种超越的外在实在,而是内在于生活世界本身并对现实社会的批判。因此,哲学的真理是建立在批判基础上的某种关于现实的新的可能性的思考,并且这种可能性需要不断地接受现实的检验并修正自身。在此意义上,真理是多元的、开放的,它是一个名词而非概念,但所有的真理都具有"家族相似性"特征,即都是源于对现实生活的批判,源于对打破同一性的渴望。

而"启蒙"视域中的政治则是以批判为底色的对启蒙政治谱系中任何支配性因素的拒斥。因而政治所要实现的不仅是一种完善的制度以确保最大多数人的最大限度的自由,实现个人自由和普遍自由的统一。而且要使社会成员对社会保持一种真正的认同,从而使之具有一种真实的自由感和安全感。参与政治作为公民的权利和义务,任何以同一性为目标的政治原理和准则在后形而上学视域中都显得不合时宜,因而使政治领域中保持多样性的声音,使政治商谈不陷入形式主义而具有真实的内涵,使被形而上学的"总体性"、"终极性"、"非历史性"原则所压制的"批判意识"、"超越维度"、"自由意识"能够成为政治生活的真实原则成为"理想"政治的标准。

总之,"启蒙"视域中的哲学与政治均是对启蒙的批判与超越性的思考,它们并不追求终极性的真理与完美政治,而是对被启蒙世界观有意无意地加以压制并使之"沉默",但对于一个真正健康的社会来说又必不可少的因素加以拯救的理论上的努力。在此意义上,"启蒙"不是对启蒙的直线推动,而是启蒙精神的真实实现,因而可以说"启蒙"彰显的是一种实践的智慧,一种真实地面对现实、解决具体问题的非理论的思想方式。按照伯林的说法,一个真正"启蒙"的政治思想家具备"现实感",一种类似于艺术直觉却又能真正变革现实的力量。"科学和理论有时无疑会有助益，但它们不能哪怕产生部分地替代一种感性的天赋，一种把握某种人类活动情况总体模式和事物结合方式的能力——这是一种天生的才能，它越是明察秋毫，越是敏锐得不可思议，抽象和分析力就越与之背道而驰，如果不是与之针锋相对的话。"①

三 "启蒙"批判的限度

正如上文所说，"启蒙"主要包含着两个方面的批判，即内在的批判与外在的批判，那么这两个方面存在什么样的关系？批判是像康德所说的游牧民族式的怀疑主义吗？如果批判是一个无止境的过程，那么如何使人类在世界中的生活有家一般的感觉？这些问题所涉及的根本难题是：批判的限度在哪里？

康德在回复何谓启蒙时指出了启蒙就是大胆、公开使用自己的理性，他区分了理性的公开使用和私下使用，并认为只有具备公开使用自己理性的能力才算真正的启蒙。理性的私下使用就是作为受雇于某一职业并以该行业要求的话语而进行言说，它以无条件的服从为特征；而理性的公开使用就是在公共领域中作为一个学者而向全体公民说话，它追问的是事情的合理性。在康德看来，理性的公开使用并不是要否定理性的私下使用，相反，如果理性的公开使用占据一切领域，那么所谓的责任、义务，甚至道德都失去了稳定性，整个社会就会陷入混乱之中。这里康德体现出了他一贯的"边界意识"，即各个领域都有其规则且边界清晰，不可相互僭越。阿伦特也在同样的意义上区分经济与政治、制作与行动、解放与自由。并认为启蒙现代性就是使生产领域呈现于公共领域，并使每个人都成为以劳动谋生的生产者，而作为自由之体现的政治领域由言说和行动蜕变为管理。所以在阿伦特看来，启蒙现代性对自由的谋划无非是一条通往奴役之道。康德和阿伦特的观点代表了近代以来许多哲学家对启蒙反思的一种基本倾向，即对启蒙的普遍性与同一性导致的"边界意识"消失的批判。因而他们对启蒙的批判并不是对启蒙的彻底怀疑和否定，

---

① 伯林：《现实感》，潘荣莱、林茂译，译林出版社2011年版，第56—57页。

启蒙之后的"启蒙"

而是要拯救被形而上学所掩盖的"启蒙"维度。由此"启蒙"并不是一种主观主义的情绪与态度，相反，它是一种客观主义的理性反思，是对启蒙的"启蒙"。并且"启蒙"也是有其限度的，这主要体现为三个方面。

首先，启蒙不能是一场彻底的"革命"，而只能是针对具体蒙蔽的开启。历史证明，社会历史的发展有其客观的规律，尽管可能不是自然科学所展示的发展逻辑，但历史显然不是偶然的，在最消极的意义上历史的发展仍具有某种"趋势"。并且现实社会的发展证明资本的逻辑仍然是当代人类存在的基本境况，这是即使采取暴力手段废除之后仍然需要加以恢复的"经济"基础。所以，"启蒙"仍然不是以废除资本为目的，而是思考如何减少资本的运行所带来的奴役性后果和人的自由的丧失。即"启蒙"提供的是一种思想的可能性，一种建立在批判之上的关于未来社会的"理想"，但不是一种实体性和规范性的理想，而只是一种范导性的"希望"。从肯定的意义上来说"启蒙"的任何理想性"希望"的实现都只能是一种"零星社会工程"式的不断试错与推进。它本质上并不关乎真理，而只是试图打破实证主义逻辑的控制，使辩证法的"否定"精神成为人们对待生活的一种基本态度。

其次，"启蒙"的批判并没有许诺彻底的自由与解放，相反，它要抑制启蒙对于自由与解放的狂热承诺，它要否定启蒙对自由的普遍规划的总体主义逻辑，它要怀疑启蒙的以未来解放的名义而对现实生活的"制作"与安排。因而"启蒙"并不许诺彻底解放，并不承诺绝对完美，但它相信如果世界是一个多样化的世界，人们不仅能不受控制地追求自己的利益和实现自己的兴趣并能实现社会的有机团结，那么人们生活在地球上才能真正有在家之感。所以"启蒙"蕴含着一种多样性地看待世界的独特视角。

最后，"启蒙"并不怀疑理性与自由的价值，它承认启蒙的基本价值及精神，但对现代性的建制充满怀疑，即对启蒙价值与理想的现实化充满疑虑。关于理性，在近代以来一直存在着两种对理性的理解，即经验主义的和唯理主义的。理性要么被理解为

第三章 启蒙终结与"启蒙"的合法性

为实现人的利益而实行的效益最大化的工具主义谋划,即工具理性;要么被理解为摆脱自然欲望的自我立法,即实践理性。这两种对理性相互冲突的理解一直主宰着对理性的理解,而在现代性危机出现之后,从理论理性走向实践理性被认为是摆脱危机的"王道"。或许实践理性能够部分解决人们的"合法化"危机,但它似乎并不能解决现代性的所有问题。如海德格尔虽然揭示了人的"在世"存在的"共在"的基础存在论结构,但并不因此人就成为本真的存在,实际上"交往"在现代性条件下有可能流于形式。而关于自由,现代性总是在"消极自由"与"积极自由"、"自然权利"与"公民权利"、"个体自由"与"集体自由"的相互矛盾与相互纠缠中来展开自己的关于自由的言说。正是由于自由的复杂性以致有人将自由看作一种无法实现的理想从而为现实社会中的非自由状况辩护。

简而言之,"启蒙"是对启蒙理性和自由建制化的现实深感忧虑,但它并不想以一种乌托邦的设想来取代现实,而只是希望在批判的基础上,在"通晓历史的成就基础上"思考扬弃现实的人的非理性生存状态是否可能。总之,"启蒙"与启蒙存在千丝万缕的复杂关联:当我们谈论"启蒙"或谈论辩证法的"批判性"、"革命性"时我们并没有想彻底否定现实,而是思考现实如何变得更加符合人性一些。因而"启蒙"总是存在于"过去与未来之间",它是一种立足于现实的"乌托邦"思考,但又区别于以未来的理想为本体来规划现实从而使现实理性化的"理性主义";更区别于屈服于现实,认为现实社会的发展遵循不以人的意志为转移的客观逻辑的"经验主义"。相反,"启蒙"总是在主体性与客体性、传统与未来、现实与理想的内在张力中寻找关于现实的新的可能性,在此意义上,"启蒙"是对启蒙的延续和对启蒙精神的真正继承。

如果说启蒙也是一种批判,它针对的是传统社会即人的依赖性的社会状况,并成功地使与传统社会的自由——积极参与的自由相对立的自由范式——消极自由确立起来;那么"启蒙"却并没有启蒙的雄心壮志。这不仅因为启蒙的核心价值理念虽然受到

启蒙之后的"启蒙"

挑战但仍然被人们认同，个体自由虽然带来众所周知的弊病但人们仍然将个人自由看成是最值得珍视的价值；而且因为启蒙在对传统的彻底拒绝中使自己陷入虚无主义的深渊。所以"启蒙"仍然珍视启蒙的诸多人类性价值如"权利"、"尊严"等，但它批判的是人成为手段而非目的的各种内在或外在因素。因而在此意义上，"启蒙"的限度正是它的优点，它真正地体现了马克思所说的"新思潮的优点就恰恰在于我们不想教条式地预料未来，而只是希望在批判旧世界中发现新世界。"① 也就是"启蒙"实际上就是马克思意义上的"实践哲学"，而实践哲学的根本是立足于现实的生活世界，在实践的基础上重新理解人存在的现实状态，思考一种更加自由、更加民主、更加符合"人性"的社会何以可能。

第三节 马克思的自由理论与"启蒙"

"启蒙"所体现的是立足于现实的"批判意识"、"超越向度"和"自由思想"，实际上"启蒙"很大程度上是马克思辩证法精神的重新阐释和现实体现。在马克思看来"辩证法在对现存事物的肯定理解中同时包含对现存事物的否定的理解。即对现存事物的必然灭亡的理解；辩证法对每一种既存的形式都是从不断的运动中，因而也就是从它的暂时性方面去理解；辩证法不崇拜任何东西，按其本质来说，它是批判的和革命的。"② 马克思的辩证法体现的是一种对待现实的现实主义态度，但它并不是一种实证主义态度，而是明显地体现出一种"超越"与"批判"的气质与精神，它对任何性质的"崇拜"都持批判精神。马克思辩证法与"启蒙"的共同之处集中于对启蒙自由观的反思，因而认真清理西方政治哲学传统中的自由主义传统，对于理解马克思的辩证法理论及其对现代性的批判以及思考"启蒙"的可能性都具

---

① 《马克思恩格斯全集》第 1 卷，人民出版社 1956 年版，第 416 页。
② 《马克思恩格斯全集》第 44 卷，人民出版社 2001 年版，第 22 页。

第三章 启蒙终结与"启蒙"的合法性

有十分重要的意义。

一 西方政治哲学话语中的自由主义传统

启蒙世界观以自由为核心价值理念,而平等、宽容等无非是自由的扩展,"关于什么是自由主义的主要'官方性'价值,在这方面一直以来是众说纷纭。其中最为显著的价值是自由(freedom)或自由(liberty)同时自由又与其他价值相关,诸如宽容和隐私,而这些从本质上来说导源于,或者说就是自由观念的延伸"①。在此意义上启蒙现代性是以自由为根本价值理念并以平等、民主等其他非核心价值理念相结合所建构的关于人类解放的谋划。在近代的政治哲学话语中,个人自由一直是思考一切政治问题的前提。这不仅因为在西方思想传统中,"人是政治的动物"被当作不证自明的前提,而且政治自由相比于其他形式的自由如思想自由、良心自由等"内在"自由具有更为现实的意义。

与古代参与城邦管理的"积极自由"不同,近代的自由是一种"消极自由"。前者以共同体的存在为基础,而后者则以多元主义与个人主义为前提。"在现代世界,一种新的观念——本杰明·贡斯当对之作了最清晰的阐释——产生了,这就是:存在着一个私人生活的领域,除了特殊情况外,这个领域是不希望受公共权力干涉的。古代世界的核心问题是'谁应该统治我?'……在现代世界,一个同等重要的问题是:政府在多大程度上进行管理?"② 因而近代自由相比于古代自由发生了范式的转换。在启蒙视域中,尽管个人自由成为核心的价值理念,但个人自由远不是自明的,而且个人自由常常成为异己力量的牺牲品。

何谓自由?经验主义与唯理论站在不同的立场对此问题做出了完全不同的回答。经验主义将人看作趋利避害的动物,从而认为人的自由就是不受限制地实现自己利益的满足;而唯理主义将人看作是超越于自然的理性存在者,从而将人的自由理解为超越

---

① 安东尼·阿巴拉斯特:《西方自由主义的兴衰》,吉林人民出版社2004年版,第71页。

② 以赛亚·伯林:《自由论》,胡传胜译,译林出版社2003年版,第321页。

启蒙之后的"启蒙"

自然欲望的自律。尽管二者在不同的人性论基础上对自由做出了不同的理解，但它们都将自由理解为个人自由这一点上取得了一致。而个人自由即"免于干涉的自由"实际上对任何"共同体"概念心有余悸，即使"新自由主义者"意识到了"个人"与"人"的相关性，但仍然并没有使"人"高于"个人"。"自由主义者在其理想之中并不包括共同体的观念。'新'自由主义是一个例外，这股思潮与 T. H. 格林、L. T. 霍布豪斯，以及其他许多不知名的人物联系在一起……霍布豪斯主张'自由仅仅是社会生活的一个方面'，同时主张'集体行动的理论'和'个人自由的理论'同样重要。它们认为社会和个人之间存在着一种'有机'关系。然而，重要的是，这种趋势从来没有成功地替代居于统治地位的个人主义。"① 但这种个人主义面临着难以克服的困境。这体现在以下两个方面：第一，笛卡尔的"我思故我在"从哲学的角度证明了"个人"的本体性，但正如笛卡尔又说个体的现实性及其与其他个体之间的关系又必须以上帝存在为前提，否则一切都将陷入虚无。因而如果个体无须任何外在的存在就能确立起自己的存在及其意义，那么当个体之间陷入冲突（经验主义认为以利益为原则的人必然导致冲突，即使理性主义者也并不否认在现象界人以利益和欲望的满足为目的）时如何化解？存在着两种方案，要不设定国家或民族之类的实体作为高于个人的更高实体来裁决个人之间的冲突；要不承认某些个体的自由代表着真实的人类自由。但这两种方案都违背了近代自由的基本预设即承认"消极自由"的最高价值，寻找任何超越实体来达到终结和谐的道路相比于听凭个体的冲突但维护了个人追求自己利益的权利显得更不人道。

第二，尽管个人主义承认社会的存在，但相比于个人只是第二位的存在，于是"社会"只具有工具的含义。倘若真的如此，那么存在普遍性的价值理念和共同善吗？站在自由主义的立场

---

① 安东尼·阿巴拉斯特：《西方自由主义的兴衰》，吉林人民出版社2004年版，第83—84页。

第三章 启蒙终结与"启蒙"的合法性

上,答案是否定的。显然个人之所以是真实的,只因为他具有独一无二的善观念。理性主义的个人普遍的立法能力总是遭到质疑,不仅因为"你应当如此行动,使你的准则上升为普遍法则"的绝对命令使个人的选择显得空洞无效,而且因为普遍主义的检验标准蕴含着非理性的因素。"康德哲学将道德当作普遍的正规标准的企图最终是空虚的。因为道德本身不具有足够确定性来为我们提供标准,而只能对现有的规划进行测试。此外,它甚至连这一点都做不好:因为只要稍稍机灵一点,我就能对不完全合格的规则加以伪装以通过测试。"① 但在现代性视域中存在着普遍的价值理念,如自由主义者普遍承认的"个体自由"。任何国家、政治组织的存在都预设了某种共同的价值规范,个体尽管具有"反社会"的要求独立的特性,但人同时要求认同,寻找某种归属。如何解决个人与普遍性的冲突成为现代性的一个根本难题。

在20世纪,一与多的问题一直延续下来并在多种形式中被讨论,而最有影响的是当代的罗尔斯和诺齐克之争。诺齐克继承了洛克的权利主义传统并将其激进化,从而反对任何形式的国家干预。因为在诺齐克看来,正义就是"持有"的正义,它的理论基础是作为以个人主义为前提的"自我所有原则"。罗尔斯则认为正义必须是公平,必须是全体人对正义原则的一致同意。罗尔斯承认理性多元化的事实,但在政治领域中以重叠共识的形式将"多"统一起来。而社群主义对自由主义的"权利优于善"的批判更是将自由主义的"无根性"揭示出来。可以说马克思与当代政治哲学不期而遇,他的辩证法理论显示出了特殊的意义。

二 马克思对西方传统逻辑的颠倒

在马克思看来,西方自由主义者标榜的政治自由并不仅仅具有政治上的性质,相反,它实际上是一个经济上的概念。因为"自由是私有财产者的自由",资产阶级的政治革命使人从直接

---

① 理查德·贝拉米:《重新思考自由主义》,王萍、傅广生、周春鹏译,江苏人民出版社2005年版,第8页。

启蒙之后的"启蒙"

的人身依附关系中解放出来,但人又成为两重性的存在,即天国的虚幻共同体的存在和尘世的自私自利的存在。这既是近代革命的成就又是其局限,"政治解放还不是人类解放",资本社会的原则实际上是犹太人的自私自利的精神的体现,自由总是建立在利益的基础之上。由此可以看出马克思对传统自由主义进行批判的两个方面:启蒙的自由与解放实际上是体现有产者利益的意识形态宣传;传统的自由观建立在财产的基础之上,因而是一种精英主义自由理论,没有财产的大众显然被排除在自由之外。现实的证明就是资本对劳动具有优越的地位,因而资产阶级总是对大众"民主"充满敌意并制止人民的政治参与。马克思吸收自由主义传统中的优秀成果但又超越了其"不彻底性",并且在自由问题上颠倒了西方的传统逻辑,提出了自己独特的自由观。阿伦特集中指出了马克思所实现的对政治思想传统的超越,尽管她在否定意义上批判了马克思所实现的超越。

首先,马克思认为"劳动创造了人本身"(恩格斯的表述)。不是神,而是人自己创造了自己,在马克思这里劳动不再是低级、卑劣的活动,相反,劳动获得了存在论上的优先地位。无论是政治还是道德等"高级活动"都建立在劳动的基础之上,并在劳动的基础上才能得到清晰的说明。在传统思想家那里,劳动一直是乌合之众的专利,而自由人的本性则是从事政治、艺术等创造性的活动。尽管近代以来,劳动作为财富的源泉在人们之间达成了共识,但由劳动所带来的公共财富的增长只是劳动者自私自利追求自己利益的结果,因而"私恶"与"公善"的统一实际上只是"无形的手"或"理性的狡计"的结果。从而劳动本身及劳动者并没有获得应有的尊重,政治领域并没有向还没有获得财产的无产阶级敞开大门。而马克思通过自己对政治经济学的研究,发现劳动不仅创造人,而且创造了整个人类历史,劳动成为马克思透视整个人类历史的解释原则。这个命题"意味着迄今为止不是人类最高属性的理性包含了人性,而是传统所有的人的活动中最被蔑视的劳动包含了人性。这一挑战是对传统的神的挑

第三章 启蒙终结与"启蒙"的合法性

战,也是对传统的对劳动评价的挑战,对传统的对理性赞美的挑战。"① 如何看待马克思所实现的这一颠倒?在此我们暂且不对马克思所实现的这种颠倒作评价,只是要弄清楚马克思为何要实现这种颠倒?马克思的问题意识是什么?在马克思看来,传统的政治思想传统是一种精英主义的逻辑,它只是有意或无意地关注于意识形态领域的政治问题,而没有意识到不是国家决定市民社会和家庭,而是家庭和市民社会决定国家。因而,政治领域并不具有独立性,它的一切问题都植根于现实的生活世界,这个自私自利的以劳动为基础的利益共同体。在市民社会中人作为以劳动谋生的存在者"个人怎样表现自己的生活,他们自己就是怎样。因此,他们是什么样的,这同他们的生产是一致的——既和他们生产什么一致,又和他们怎样生产一致。因此,个人是什么样的,这取决于他们进行生产的物质条件。"② 而马克思并不是标新立异,而是试图揭示为传统理性主义逻辑所掩盖的人的真实存在状态。

其次,马克思认为"暴力是每一个孕育着新社会的旧社会的助产婆"。但在西方政治思想传统中,暴力一直被认为是一个健康社会应该力图加以避免的因素。在城邦社会中,暴力被看作僭主制的显著特征,而且政治思想家总是试图将暴力局限于私人领域之中。而在近代以来,随着人的祛魅及为解决现实冲突的实用主义立场盛行,思想家们如马基雅维利、霍布斯等试图将暴力从不光彩、被蔑视的地位拯救出来。但主流的思潮仍然对暴力心有余悸,当然这很大程度上源于法国大革命的深刻印象,这种以自由为宗旨的暴力革命不仅没有实现自由反而导致了大恐怖。所以,康德认为人类历史的发展是一个理性的过程,由此一个世界公民社会的形成得以可能,每个人都被看作目的而不被当作手段。黑格尔将矛盾看作是事物发展的动力,是人类历史发展的内

---

① 阿伦特:《马克思与西方政治思想传统》,孙传钊译,江苏人民出版社2007年版,第91页。

② 《马克思恩格斯选集》第一卷,人民出版社1995年版,第67—68页。

启蒙之后的"启蒙"

在依据,虽然矛盾包含着"否定"、"破坏"的含义,但黑格尔从来都没有将矛盾等同于暴力。因为矛盾是一种积极的发展原则,但暴力只是一种外在的纯粹的破坏,一种导致虚无的非理性因素。马克思则洞察到了理性主义中的非理性主义的内在矛盾及对待现实的非现实主义态度,而从经济基础决定上层建筑的基本原理出发,揭示了理论的真实根源——人的实践活动。"人的思维是否具有客观的真理性,这不是一个理论的问题,而是一个实践的问题。人应该在实践中证明自己思维的真理性,即自己思维的现实性和力量,自己思维的此岸性。关于思维——离开实践的思维——的现实性或非现实性的争论,是一个纯粹经院哲学的问题。"① 因而马克思使辩证法成为一种推动现实发展的批判性力量,"物质的力量只能通过物质的力量来摧毁",马克思清楚地意识到暴力作为一种现实的物质力量所具有的改变世界的重要作用。在马克思的视野中,资本主义社会已经使阶级对立普遍化了,而任何真正的解放都意味着现有不合理社会结构的触动,这显然必须以暴力为基础,否则任何解放可能都只是"意识形态"的欺骗。

最后,"支配他者的人,不能获得自由"。自由问题一直是思想家们关注的核心问题,如果说在古代,政治参与的积极自由必须建立在奴隶制的基础之上,"在城邦生活中,作为政治的前提条件是建立在对奴隶的支配之上的,但是,在自由民的交流中,支配关系已经被排除了。"② 在近代自由体现为"不受约束地做某事",近代人的自由相对于古代人的自由当然是一大进步,但近代自由却同古代自由一样都是建立在财产的基础之上的。资本主义社会却制造了大量的没有财产的无产阶级,从而使整个社会是不正义的。"马克思主义者在批判资本主义的不公正时并没有要求富人帮助穷人。马克思主义所重视的是,资本主义制度下的

---

① 《马克思恩格斯选集》第一卷,人民出版社1995年版,第55页。
② 阿伦特:《马克思与西方政治思想传统》,孙传钊译,江苏人民出版社2007年版,第29页。

第三章 启蒙终结与"启蒙"的合法性

穷人是无产阶级，他们之所以穷并不纯粹是因为他们运气不好，而是因为他们没有受到公正的待遇，因为富人，或者说富人的祖先剥夺了他们的财产。"① 而财产在西方的历史中对人的存在具有举足轻重的作用，这不仅因为自由建立在财产的基础之上，而且因为自由通过财产来体现，这也是黑格尔所指出的财产是自由的定在。"所有权所以合乎理性不在于满足需要，而在于扬弃人格的纯粹主观性。唯有在所有权中才是作为理性而存在的。"② 而近代自由的基础是自由意志，但在现实的物质生活领域，自由意志如没有财产作为基础，所谓的自由是没有意义的。马克思正是意识到了建立在私有财产基础上的自由与平等的有限性及其意识形态性质，及异化产生的现实基础，从而指出了实现真正自由的方向：扬弃异化和私有财产，建立一个"自由人联合体"的共产主义社会。这不仅是马克思从黑格尔的主奴关系辩证法中看到了人的相互依赖的"社会性"；而且因为马克思认为只有在未来的共产主义社会中，资本主义社会的自由原则——自我所有才能达到理想与现实的和解，"因为在马克思的理想社会里，生产性资源是无偿地归一切人所有的，而个体仍然有效地拥有对于自身的所有权。他'随自己的心愿'，自由地发展自身，这不仅不会妨碍别人的自由发展，而且成为别人自由发展的'条件'。由于高度的富裕，天赋较好的人没有必要为了维护条件平等而把他的才能提供给天赋较差的人使用，因此也没有必要为了达成这种平等而反对或改变自我所有。"③ 在此意义上，马克思的共产主义的自由是"自由主义"与"社群主义"的有机结合。它既包含了"自我所有"的人是目的从而人是立法王国中一员的理想，又包含了社群主义的人是一种归属于历史、文化的存在者，同时又

---

① G. A. 柯亨：《自我所有、自由和平等》，李朝晖译，东方出版社 2008 年版，第 139 页。

② 黑格尔：《法哲学原理》，范扬、张企泰译，商务印书馆 1961 年版，第 50 页。

③ G. A. 柯亨：《自我所有、自由和平等》，李朝晖译，东方出版社 2008 年版，第 141—142 页。

启蒙之后的"启蒙"

扬弃了二者的消极因素,并在现实的基础上将二者的积极因素统一起来。因而马克思的共产主义"它是任何自然之间、人和人之间矛盾的真正解决,是存在和本质、对象化和自我确证、自由和必然、个体和类之间的斗争的真正解决。"①

总之,马克思来源于西方思想传统,但又在很大程度上颠倒了近代以来的西方政治思想传统。马克思现实的颠倒并非标新立异,而是深入思想史洞察到了"解释世界"的理论逻辑在解释世界时所具有的意识形态性质。西方政治思想传统在理论旨趣和理论宗旨方面缺乏现实的维度,但并不是说它不关注现实,而是说这种"理论"遮蔽乃至扭曲了现实。马克思不仅洞察到了理论哲学的悖论与现实根源,并在实践基础上实现了理论的范式转换,从而切中了历史的本身,因而不仅真实地解释了世界,而且真实地改造了世界。更为重要的是他以一种对现实彻底批判的态度激励着仍然生活在异化状态的人们对奴役人、压迫人的非理性力量进行批判,从而寻找解放的可能性。

三 马克思历史辩证法的"启蒙"意蕴

马克思之所以认为作为时代精神精华的哲学应当以改变世界为目标,是因为在马克思历史唯物主义的视域中现实的历史是辩证发展的。如果缺乏这样一种历史感的自觉意识,人就失去了作为历史主体的角色与担当,成为无情"命运"的玩物而不自知。而且因为马克思作为启蒙时代思想家的后裔(马克思称自己是黑格尔的学生),马克思并不是完全否定启蒙世界观及其意义,相反,他认为资本主义社会创造了巨大的物质成果,具有非常革命的性质。"资产阶级在它的不到一百年的阶级统治中所创造的生产力,比过去一切时代创造的全部生产力还要多,还要大。"②但是,马克思认为启蒙却仅止于此,忽视了辩证法作为历史的客观规律所具有的普遍性。当资产阶级哲学家一边鼓吹历史是发展的(启蒙思想家认为历史的发展就是一个不断消除黑暗、愚昧、

---

① 马克思:《1844年经济学哲学手稿》,人民出版社2000年版,第81页。
② 《马克思恩格斯选集》第一卷,人民出版社1995年版,第277页。

第三章　启蒙终结与"启蒙"的合法性

不公，不断实现人类自由的理性化进程），一方面又宣称资本主义是历史的终结时（他们对资本主义的黑暗现实视而不见，仍然在政治的天国中谈论自由、平等等启蒙价值理念），形而上学的同一性而非辩证法的差异性与发展性居于主导性原则。典型的体现是黑格尔哲学中体系与方法的矛盾。马克思实现了对启蒙世界观的辩证超越，既在历史辩证法的整体世界观中看到启蒙的积极意义及内在缺陷，揭示了启蒙的现实历史基础；又继承了启蒙的批判精神并真正地使这种批判精神从形而上学的逻辑中脱离出来，从而使"启蒙"成为内在于历史的现实批判。"辩证法不允许我们停留在简单地断定这种意识的'虚假性'，停留在把真和假绝对对立起来，而是要求我们把这种'虚假的'意识当作它所隶属的那个历史总体的一个因素，当作它在其中起作用的那个历史过程的一个阶段，加以具体研究。"[①] 因而马克思并没有停留于抽象的意识形态的批判，不仅仅是满足于对法的纯粹理论形式的研究，对国家这种虚幻共同体本质的揭示，而是深入市民社会这一领域，揭示人的异化得以产生的根源——私有制，并思考扬弃私有制的真实途径。

在马克思这里，私有制的扬弃、从资本主义向共产主义的过并不是理论上的"应当"，而是现实社会发展的内在逻辑。资本主义产生了强大的物质力量，但也产生了自身的掘墓人——无产阶级，一个受压迫、受奴役最为彻底的阶级，而这个阶级的觉醒将推翻资本主义实现共产主义。所以对于受资本统治的人类未来生活，马克思既不同于犬儒主义的"无所谓"，也不同于激进民主派对话语政治、新的实践模式的探索，而是将解放的希望寄托在无产阶级身上。但马克思的无产阶级不是马尔库塞的体制外的边缘人物"底层的流浪汉和局外人，不同种族、不同肤色的被剥削者和被受害者，失业者和不能就业者"，这些人游离于资本主义社会结构之外，"他们生存在民主进程之外；他们的生活就是

[①] 卢卡奇：《历史与阶级意识》，杜章智、任立、燕宏远译，商务印书馆1999年版，第105页。

启蒙之后的"启蒙"

对结束无法容忍的生活条件和体制的最直接、最现实的需要。因此，即使他们的意识不是革命性的，他们的反对也是革命性的。他们的反对是从外部打击现存制度因而没有被该制度引向歧路；它是一种破坏游戏规则并在这样做时揭露该游戏是受操纵的游戏的根本力量。"① 相反，无产阶级的解放性潜能在于它是资本主义社会"内在"的革命性力量，它超越了非反思的"纯直观"态度，而达到了对历史的总体性认识，为革命奠定了基础。而无产阶级作为被意识到的社会矛盾，它并不能将自己的意愿强加给历史，它只是推动历史的变革，而不能取消和改变历史发展的规律。"一个社会即使探索到了本身运动的自然规律——本书的最终目的就是揭示现代社会的经济运动规律——它还是既不能跳过也不能用法令取消自然的发展阶段。但是它能缩短和减轻分娩的痛苦。"② 因而，对资本主义的批判与超越与其说是摧毁，不如说是扬弃，资产阶级的自由、平等虽然是形式的，资本主义的物质生产基础虽然导致了异化的人类生存状态，但是资本主义社会相比于人的依赖性社会仍然是巨大的进步，且为人的最终的自由与解放奠定了基础。这里需要指出的是，从"人的依赖性社会"到"物的依赖性社会"再到"自由与个性的社会"，这样一种历史的辩证法并非先验的逻辑形式，也并不意味着历史自身的必然逻辑，而是主体之间相互作用的结果。"辩证法并不是可以用来解释一切的正—反—合的顽固组合；它也没有提供一个使我们能够证明或预言一切的公式；它也不是历史的动力。同样，辩证法并没有解释、证明、预言任何东西，没有导致任何东西的发生。"③ 所以马克思人类社会发展的三形态说中从一个阶段到另一个阶段的发展与过渡只是可能出现的，是人类选择和行动的结果，没有无产阶级的联合革命，共产主义只是一个难以实现的乌

---

① 马尔库塞：《单向度的人》，刘继译，上海译文出版社2007年版，第233—234页。
② 马克思：《资本论》（第1卷），人民出版社2004年版，第9—10页。
③ 奥尔曼：《辩证法的舞蹈》，田世锭、何双梅译，高等教育出版社2006年版，第5页。

第三章 启蒙终结与"启蒙"的合法性

托邦。"马克思也反对客观社会发展具有内在逻辑必然性的观念。宁可说,仅仅在追溯中,人们才可能重建这种可能发生的以已有事实为基础的逻辑。与此相似,人们也只能期望根据目前把握的但是还要为人类选择和行动所决定的偶然的可能性来构想未来。"[①] 在此意义上马克思在历史辩证法的基础上实现了对启蒙的扬弃,拯救了"启蒙"并确定了"启蒙"的内涵与路向。

马克思将人定义为"人的本质不是单个人所固有的抽象物,在其现实性上,它是一切社会关系的总和。"[②] 这里的社会关系不是一种实体性的"装置",而是一种历史性的"主体间"性的存在样式。马克思又将人定义为历史的"剧中人"与历史的"剧作者"。因而马克思的历史辩证法总是包含着人的存在的双重维度:理想性与现实性、主体性与客体性、合目的性与合规律性的辩证统一。所以马克思的辩证法不是纯粹的主观辩证法,也不是纯粹的自然辩证法,而是历史辩证法。在此马克思实际上是指明了"启蒙"的批判的"场域"与"限度"。启蒙的场域意味着任何批判都是在现实的历史中进行的,即任何"启蒙"都是源于现实而又针对现实的、具体问题的批判。它不同于形而上学的以理性(思想)来规范、控制现实从而来解决问题的路向,它并不把所有的希望寄托于无限的未来并默许了现实非人道存在的合理性,从而以乌托邦的幻想来取代对现实的批判。尽管它并不否认形而上学的维度,但它坚决抵制以牺牲现实的人类幸福与人的存在的异质性、多样性而追求"一"所导致的形而上学的恐怖,相反,自由、个性与真正的多元始终都是"启蒙"的终极目的。另外,"启蒙"的时间维度始终是面向未来,现代社会发展的矛盾与困境并不能通过回归前现代而获得解决,因为现代社会不过是前现代社会内在矛盾发展的产物,是对前现代的扬弃,因此任何意义上的"回归"都是没有意义的。所以在马克思看来,资本

---

① 古尔德:《马克思的社会本体论》,王虎学译,北京师范大学出版社2009年版,第35页。
② 《马克思恩格斯选集》第一卷,人民出版社1995年版,第60页。

启蒙之后的"启蒙"

主义社会所产生的巨大生产力是不能被废除的,相反,只能在此基础上推进人类的启蒙事业。"生产力的这种发展……之所以是绝对必需的实际前提,还因为如果没有这种发展,那就只会有贫穷、极端贫困的普遍化;而在极端贫困的情况下,必须重新开始争取必需品的斗争,全部陈腐污浊的东西又要死灰复燃。"① 在此,马克思给予我们的启示是"启蒙"既不是对现代社会的外在超越,也不是以已然逝去的前现代性来取代现代性,而是在对现代性的内在批判中探寻解放何以可能。"共产主义对我们来说不是应当确立的状况,不是现实应当与之相适应的理想。我们所称为共产主义的是那种消灭现存状况的现实的运动。"② 所以"启蒙"本质上意味着对统治人、支配人的各种思想形态及其建基于其上的现实社会的批判,为人的自由的实现寻求新的可能性。

"启蒙"的限度即任何"启蒙"虽然意味着超越但它并不是对现实的彻底否定,相反,任何超越都必须立足于现实并在现实的基础上"超越"。因而"启蒙"不是釜底抽薪的解决问题之道,它是一种针对现实困境的"治疗",治疗的主体是人即处于现实的历史进程的从事物质生产与人际交往的人,治疗的对象既包括人自身,又包括现实的社会。人作为"启蒙"的主体,并不意味着人具有"启蒙"的天性,恰恰相反,一方面,人总是因为"懒惰"、"怯弱"或缺乏安全感而不愿意去构想一种新的现实。"懒惰和怯懦乃是何以有如此大量的人,当大自然早已把他们从外界的引导之下释放出来以后,却仍然愿意终身处于不成熟状况之中,以及别人何以那么轻而易举地就俨然以他们的保护人自居的原因所在。处于不成熟状态是那么安逸。如果我有一部书能替我有理解,有一位牧师能替我有良心,有一位医生能替我规定食谱,等等;那么我自己就用不着操心了。只要能对我合算,我就无须去思想;自有别人会替我去做这类伤脑筋的事。"③ 虽然

---

① 《马克思恩格斯选集》第一卷,人民出版社 1995 年版,第 86 页。
② 同上书,第 87 页。
③ 康德:《历史理性批判文集》,何兆武译,商务印书馆 1999 年版,第 22—23 页。

第三章 启蒙终结与"启蒙"的合法性

"形而上学"是人的自然天性,但做幸福的奴隶而非步入"成熟状态"(虽自由但充满风险的未知性)更是处于社会状态中的人的天然选择。因而人总是难免陷入这种蒙昧状态,所以"启蒙"或使人步入成熟状态、敢于大胆使用自己的理性仍然是一个漫长的过程,并不能一蹴而就。另一方面,现实的各种机制(或社会结构或政治体制或意识形态)使人屈服于现实从而使人成为"单向度的人"。意识形态、大众传媒、官僚制度、消费主义等它们相互纠缠并与资本的同一性逻辑合谋,共同制造了种种虚假的需要和满足,抑制了人的"超越"维度,使人成为合乎机器节律的一个零件,因而对各种所谓理性的制度、实践、话语、习惯等保持警觉,这也是"启蒙"的重要内容之一。

所以"启蒙"是一种态度,是人在具体社会情境下的"良心发现",它既需要特定的社会条件(历史上的"启蒙"主要体现为社会的动荡所造成的旧的价值观的危机或解体),又需要人的决心与勇气,康德的"大胆使用人的理性"便是对"启蒙"的一种呼吁。而"启蒙"要想取得成效,就要求人们"一起行动",这也是卢卡奇所说需要"阶级意识的觉醒"。"历史唯物主义来自无产阶级的'直接的、自然的'生活原则,对现实的总体认识来自无产阶级的阶级立场,但这绝不是说这种认识或方法论观点是无产阶级作为阶级所天然具有的。相反,无产阶级虽是认识社会总体现实的自觉的主体,但是它绝不是像康德所说的那种认识的主体,在康德那里'主体'永远不可能成为客体。……不仅这一阶级是在由直接的失望所引起的自发的、不自觉的行动中产生,然后通过不断的社会动作逐渐达到'形成阶级'的地步,而且它关于社会现实、关于自己的阶级地位和自己的历史使命的意识以及唯物史观也都是同一发展过程的产物"。[①] 因而在马克思这里,他把"启蒙"的主体认定为受苦受难的无产阶级,而"启蒙意识"的觉醒在现实的斗争中形成。

---

① 卢卡奇:《历史与阶级意识》,杜章智、任立、燕宏远译,商务印书馆1999年版,第72—73页。

启蒙之后的"启蒙"

马克思的历史辩证法不仅指明了"启蒙"的历史主义原则,"如果摒弃或者抹杀辩证法,历史就变得无法了解"[①],从而指出了思考启蒙与"启蒙"的问题域。而且也揭示了资产阶级实证主义的非"启蒙"倾向,"自然科学的认识理想被运用于自然时,它只是促进科学的进步。但是当它被运用于社会时,它就会成为资产阶级的思想武器。对资产阶级来说,按永远有效的范畴来理解它自己的生产制度是生死存亡的问题:它必须一方面把资本主义社会看成是由自然界和理性的永恒规律注定永远存在的东西,另一方面必须把无法忽视的矛盾看作与这种生产方式的本质无关而只是纯粹表面的现象。"[②] 因而马克思提出的改造世界的理论转向便是对现实的"启蒙"。在马克思这里,辩证法不能被简单地理解为黑格尔式的"正题—反题—合题"的形式,仿佛辩证法具有固定的、离开了现实的社会历史而仍然起作用的内在逻辑。相反,在马克思这里,辩证法体现着一种面向未来的开放的态度。如果说作为辩证法核心的否定性在黑格尔那里本质上是抽象的并总是在形而上学的逻辑中陷入其形式性,那么在马克思这里,他的辩证法才真正地使被传统的"总体"形而上学所掩盖的未来、可能性向度呈现出来。从而真实地面向现实,在对现实的批判中发现一个新世界。"然而,否定性只有在它严格地反映黑格尔关于简单的和原始的统一体的理论假设时,才能包含辩证法的动力本原,即否定之否定。辩证法作为否定之否定的抽象,具有否定性,而否定之否定本身又是对恢复异化了的原始统一体的现象的抽象。……在马克思主义看来,否定性和异化是意识形态的概念,它们只能确指本身的意识形态内容。然而抛弃黑格尔含义上的必然性,抛弃黑格尔关于发展的本质,这并不等于说我们就处于主观性、'多元论'或偶然性的理论真空之中。相反,只有在抛开黑格尔的理论前提的条件下,我们才能确有把握地真正

---

① 卢卡奇:《历史与阶级意识》,杜章智、任立、燕宏远译,商务印书馆1999年版,第60页。

② 同上书,第59页。

第三章 启蒙终结与"启蒙"的合法性

躲开这一真空。正因为过程是复杂的和具有主导结构的，我们就有可能真正阐释过程的未来，以及这一未来的各个典型方面。"①因而马克思的辩证法不是一种具有固定形式的理论教条，而是一种内在于生活实践的艺术。所以马克思对以科学主义为逻辑范式的启蒙哲学进行了无情批判，这种理论哲学不仅追求理论上的完美，还以理论来宰制现实，混淆了理论与现实的界限，并使辩证法的艺术维度消失殆尽。"生活的——也是政治的——艺术，以及一些人文学科中的艺术，毕竟都有自己独特的方法和技巧，有着它们自己的成败标准。乌托邦主义、缺乏现实性、判断力差等毛病不在于没有成功地运用自然科学的方法，而是相反过度地运用了它们。"②

所以马克思的辩证法的批判精神所实现的"启蒙"，真实地站在历史唯物主义的基础上，批判了以黑格尔为代表的启蒙哲学中形而上学特质对未来的时间维度的遮蔽，从而拯救了被形而上学所忽视的人的存在的历史性、实践性和多样性，并指明了克服启蒙的真实路向："启蒙"。因而在马克思这里，辩证法是与"启蒙"内在关联的，正是在历史辩证法的基础上"启蒙"的批判含义才不至于走向主观的任意，而是有着坚实的现实基础。

总之，启蒙世界观的现实化既取得了革命性的进步，同时也给人类社会带来了巨大的消极后果，正是在此意义上"启蒙"成为后形而上学的根本课题。最为重要的是"启蒙"不仅必须而且可能，这源于人的存在的历史性，马克思正是在历史唯物主义的基础上深刻地阐释了"启蒙"的辩证法。启蒙的科学主义逻辑使人的思维单一化，并使人的存在单向度化，但这并不是人类的永恒状态，当然打破异化的"铁笼"存在样式，又需要人自身的"启蒙"。"对于那些以各种方式完全与其指导框架相矛盾的现实，人类的心灵是多么的不情愿面对。非常不幸的是，诚如俗话

---

① 路易·阿尔都塞：《保卫马克思》，顾良译，商务印书馆2006年版，第210页。

② 伯林：《现实感》，潘荣荣、林茂译，译林出版社2011年版，第58页。

启蒙之后的"启蒙"

所说,人易使而难劝:与劝说一个人从经验中学习相比,控制人类的行为,并使他们按照最感意外和最不公正的方式行动,看起来要容易得多;从经验中学习就意味着开始去思考和判断,而不是去应用那些范畴和公式。"[①] 但无论是资本还是形而上学都在使人类的存在方式僵化、一致化,并使人的感觉和经验趋同。但正如阿伦特所说,人作为一种自由的存在在于人的"开端启新"的根本特质,因而对于任何现实的困境,人都要勇于进行"判断"。他在进行判断时不应求助于任何形而上学的教条,并在判断中承担起"责任"。所以,面对现实的困境,重要的是需要保持一种"现实感",一种真实的"启蒙"意识。

---

① 汉娜·阿伦特:《责任与判断》,陈联营译,上海人民出版社2011年版,第29—30页。

第四章

后形而上学思想的"启蒙"意蕴与启蒙的遗产

我们在广义上将所有反启蒙的哲学样式都理解为"启蒙",当然这是在如下意义上进行断言的:对于当代占据人们思想的根深蒂固的启蒙世界观中,使人的思想和行动陷入僵化的任何因素的质疑或否定均为敞开一个新的视域开辟了可能性。如果说第三章主要是阐释了"启蒙"的一般含义,指明了"启蒙"的"在批判旧世界发现新世界"的旨趣,从而明确了"启蒙"所具有的强烈的"现实感";那么本章将立足于后形而上学的基本视域来谈论当代"启蒙",并深入启蒙的基本价值理念来揭示启蒙的遗产。启蒙所蕴含的自由、理性、团结等价值理念仍然是我们当代值得珍视的遗产,而这些远未实现,在此意义上可以说"启蒙是一项未竟的事业"。因而面对启蒙所产生的诸多困境,在现代性条件下并不是采取一种外在的"超克",而只能通过内在的"治疗"来为现代性提供更加坚实的基础才是真实的解决之道。哈贝马斯深刻地指出了这一点,"启蒙过程难以逆转,犹如启蒙之发生难以遏制一样。循序渐进的学习过程是启蒙所固有的,其根据在于,认识不能因为好恶而遭到遗忘,只能被排斥或由更好的认识加以纠正。所以,启蒙只能依靠彻底的启蒙来弥补自身的

启蒙之后的"启蒙"

不足。"[1] 实际上启蒙自身包含着解毒剂，从而也就表明无论是古典主义者还是后现代主义者对启蒙现代性的彻底拒绝是不可能的，尽管他们对启蒙的批判不乏深刻之处。因而辩证地理解启蒙的内涵，在批判启蒙所造成的消极后果的同时阐释启蒙所具有的宝贵遗产，成为一个不可回避的重大理论问题。

第一节 拯救个体人的真实存在与捍卫消极自由——现当代哲学形而上学批判的真实旨趣

对启蒙世界观及主体形而上学的批判是 20 世纪最为重大的哲学思潮，各种哲学样式从不同的角度拆解主体形而上学，试图将偶然、个性等因素从普遍本体中解放出来。这实际上就是"启蒙"的当代内涵，其本质就是要拯救为传统形而上学所遮蔽的个体人的真实存在，捍卫人的真实自由。

一 "个体受抽象的统治"与人的真实存在

如果说"启蒙"是要通过批判，揭示统治人的各种抽象观念和异己力量，为人的自由存在敞开一种新的可能性；那么现当代哲学对主体形而上学思想及其所蕴含的思维方式、价值原则的批判无疑为人的真实存在——现实的、个体的人奠定了良好的理论基础。因而，后形而上学思想正是"启蒙"的真实体现。

近代的"启蒙"或启蒙运动是要启神圣之蒙，确立人理性的权威，可以说主体形而上学是典型的人本主义。但近代启蒙视域中，人并不是个体的人而是普遍的理性或人的本质，它无非是上帝的"人义"化，因而与传统的神学一样使个体人的存在缺席。在本质上近代以来的人道主义不过是以普遍的"人道"取代超越的"神道"，从而不过是另外一种独断。对此，卢卡奇有着深刻的意识，在他看来，"人类学"的历史观尽管使历史具有了"人

---

[1] 哈贝马斯：《现代性的哲学话语》，曹卫东等译，译林出版社2004年版，第97页。

第四章　后形而上学思想的"启蒙"意蕴与启蒙的遗产

性"特质,但是这样一种凝固的人性或非变化的缺乏与现实联系的人性却最终错失了对历史的真实理解。"只有从这样一种立场出发,历史才真正地变为人的历史。这是因为在历史中再也不会有任何最终不能回溯到人,回溯到人与人的关系的东西。这一转变是费尔巴哈赋予哲学的。他因此对历史唯物主义的形成起了一种十分重要的作用。他使哲学变成了'人类学',然而这一转变却把人推向了固定不变的客观性这一边。任何一种'人道主义'或人类学立场的巨大危险也就在于此。因为,如果人被当作一切事物的尺度,如果根据这种立场,任何一种超越都应该被消除,而同时却可以不用同一种立场来衡量人,不把这'尺度'用于自身,或者确切地说,不是使人也变成辩证的,那么这样绝对化的人就会代替本该由人来加以阐明、取消和从方法论上加以取代的那些超验力量。这样一来,至多是独断的形而上学被一种同样独断的相对主义所取消。"① 如此一来就抽象掉了人的丰富内涵和现实生命,从而使辩证发展的历史成为海德格尔所说的"现时性时间观"。所以人本主义就其目的而言是提升人的价值与地位,但是其理论逻辑却蕴含着使人下降为纯粹的物,使历史成为与人无关的抽象历史。究其原因,是因为在形而上学的话语逻辑中,本体相对于现实的个体无疑具有存在的优先性和真实性。本体或存在作为存在者的原理或本原,存在于时间和历史之外,它是超验的,而生灭变化的现实世界则是缺乏真实性和实在性。因而超越这个以流变、生成性、不确定为特征的虚幻世界而达至绝对不变、绝对确定的超验世界就成为最为根本的诉求。

总之,在理性形而上学支配下,个人始终无法确立其独立的存在。康德所谓的"大胆使用自己的"理性也无法真正达到人的"启蒙"。可以说康德哲学最为宝贵的遗产是他通过区分理论理性和实践理性而证明了实践理性高于理论理性。而实践理性无非是要表明人的自由意志可以独立于自然而自主地开启一个因果实

---

① 卢卡奇:《历史与阶级意识》,杜章智等译,商务印书馆1999年版,第280—281页。

启蒙之后的"启蒙"

践序列。也就是说正是自由意志使人的存在具有自律性和尊严，道德是其根本的体现。当然作为自由意志的存在者，人是一种有限理性的存在者，正是因为其有限性，所以出于对道德法则的敬重而行动而不是受制于感性欲望的支配，才使作为体现人之高贵性的道德展现了人的尊敬与价值。甚至上帝都只是人类实践理性的共设，不是人的存在以上帝为根基，相反，上帝只是有限存在者的人的必要"公设"。可惜的是康德虽然强调了善恶评价的个体性原则，即个人而非抽象的主体为人的行为负责，但康德毕竟受制于主体形而上学的思维逻辑，仍然预设了最高本体的存在。这既体现为康德在人性中预设了永恒不变的先验知性框架，一切认识都不可逃避这个框架的综合，在此意义上离开普遍就没有个别。没有作为先验"统觉"的"我思"，一切知识都是不可设想的。另外，也体现为康德的道德自我并不是浪漫主义的个体而是神化的良知概念。"康德欣然承认头顶上的星空只是内在道德法则的一个象征；换言之，道德自我乃是我们内在不属于现象的、不是实践和机缘之产物的、不作为自然时空因果的那个部分。"[①] 所以虽然康德证明了人存在的有限性、自由性特征，有力地展现了作为价值主体的个人存在的重要维度，但康德并不能真实地确立起个人的存在，因而他无法从根本上摆脱形而上学的支配。也就是说康德的个人概念虽然一方面具有强烈的浪漫主义色彩，这体现为他的个人是一个自我创造、追求自我发展的质的个人主义（卢克斯将自我发展的概念追溯到浪漫主义）。"德国的新个人主义是'差别'的个人主义，个性的深化'需要'个人在本性和成就两方面而达到不可比较的程度。个人成为'特定的、不可替代的既定个体'，'需要或注定去实现他自己特有的形象'。"[②] 康德反复指出人只能作为目的而不能作为手段，就是这种个人主义的本质体现。但是另外一方面，他又设定人之作为目的是因为凭

---

① 罗蒂：《偶然、反讽与团结》，徐文瑞译，商务印书馆2003年版，第47页。
② 史蒂文·卢克斯：《个人主义》，阎克文译，江苏人民出版社2001年版，第16页。

第四章 后形而上学思想的"启蒙"意蕴与启蒙的遗产

借普遍性的人格。"这正好是使人超越自己（作为感觉世界的一部分）的东西，就是将他与只有知性才能思想的事物秩序连接起来的东西，而这种秩序同时凌驾于整个感觉世界之上，凌驾于那与感觉世界一起可以在时间里被感觉地决定的人的此在以及所有目的的整体之上。它不是别的东西，只是人格而已。"① 在康德的伦理学中浪漫的不可替代的个人最终消逝于普遍的理性法则之中。

在黑格尔的思辨哲学体系中，尽管他充分意识到了现代性的"知性原则"所导致的现代社会的分裂以及人与人之间的冲突，并试图用理性原则来扬弃知性原则，但是他的理论理性的逻辑导致的结果是只有普遍的精神而没有个体的人。黑格尔虽然以要求获得他人承认的道德人（取代以知性原则为基础的霍布斯的以"自我持存"为动机的人）作为理论的出发点，但是最终居于支配地位的仍然是抽象的绝对精神，对此马克思有着深刻的认识。"黑格尔的《哲学全书》以逻辑学、以纯粹的思辨的思想开始，而以绝对的知识，以自我意识的、理解自身的哲学的或绝对的即超人的抽象精神结束，所以整整一部《哲学全书》不过是哲学精神的展开的本质，是哲学精神的自我对象化；而哲学精神不过是在它的自我异化内部通过思维理解即抽象地理解自身的、异化的宇宙精神。"② 因而在黑格尔的概念辩证法中，作为主体的实体是精神而非人，只有精神才是人的本质。"感性、宗教、国家权力等等是精神的本质，因为只有精神才是人的真正的本质，而精神的真正的形式则是思维着的精神，逻辑的、思辨的精神。"③ 所以黑格尔哲学的精神气质仍然是普遍而非个性，或者说黑格尔的个性是以普遍性为根基的，在人的内在架构他者的存在乃是自我得以可能的前提。

在黑格尔之后，从各个视角批判形而上学就成为当代哲学的

---

① 康德：《实践理性批判》，韩水法译，商务印书馆1999年版，第94页。
② 《马克思恩格斯全集》第3卷，人民出版社2002年版，第317页。
③ 同上书，第319页。

启蒙之后的"启蒙"

主题，而其批判的目的乃是要将个体人的存在从本体的支配中解救出来。"凡本体，无论神性（上帝）或理性（普遍真理），都具有共同的形而上学性，既能统摄一切差别于同一中，又能统一将来和过去与现在的永恒中，所以，两者的死去，无疑标志着形而上学哲学的终结。"① 实际上如果本体不死，真实的个人就无法获得独立。因而破除抽象形上实体对人的统治，确立个体人的真实存在就成为马克思、海德格尔、加达默尔、福柯等思想家的共同理论旨趣。如马克思通过对资本逻辑的批判，揭示了抽象对人的统治，即在资本主义社会中资本具有独立性和个性而人没有个性。资本的同一性逻辑使一切事物都被转化为交换价值，一切事物只有转化为货币才能称得上具有价值，因而量的原则取代质的原则成为支配性的逻辑。资本的同一性逻辑不仅塑造了整个自然世界的面貌，而且创造了意识形态的基本内涵，总之使抽象的普遍性成为统治性原则。"共同性只是劳动的共同性以及由共同的资本——作为普遍的资本家的共同体——所支付的工资的平等的共同体。关系的两个方面被提高到想象的普遍性：劳动是为每个人设定的天职，而资本是共同体的公认的普遍性和力量。"② 因而马克思通过政治经济学的批判，揭示了异化——即抽象对人的统治的现实原因，并将瓦解资本逻辑，实现人的自由与个性作为利己实践哲学的终生目标。

而克尔凯郭尔首先以"孤独的个体"来抗议普遍性，他虽然并不否认人之为人的普遍性，但是认为这只有从个别的人出发才是可能的，"精神普遍的东西（黑格尔）和人类普遍的东西（马克思）在实存上显得是无本质的"。所以克尔凯郭尔激烈地反对任何共同实在、联合、体系的概念，他拒斥任何平等而要求"个别性"。"他的个别的人是对社会民主主义的人性和自由主义的——有教养的基督性的一种'校正'。相对于时代旨在于无区别的平均化的运动来说，如今需要的是从现存的、社会的和基督教

---

① 张志扬：《缺席的权利》，上海人民出版社1996年版，第103页。
② 《1844年经济学哲学手稿》，人民出版社2000年版，第80页。

第四章　后形而上学思想的"启蒙"意蕴与启蒙的遗产

的普遍性中抽出个别的人，突出个别性。"① 因而在他看来，孤独的自我是绝对的人道，孤独自我在非此即彼的选择中成为他自身。克尔凯郭尔的孤独的个体启发了尼采和海德格尔，尼采用超人的主观道德来超越以顺从、同一性为特征的奴隶道德，而海德格尔则从此在来取代传统形而上学的在者来揭示存在被遗忘的虚无主义危险。总之，存在主义试图以一种非概念化、非逻辑化的个体的人来抗议同质化、理性化的普遍人的概念，并以此开辟了"本能冲动造反逻各斯"的一条理性主义批判的道路，并深深地影响了后现代主义者。如以福柯为代表的激进的启蒙批判，他对理性和知识的考察无非是为了表明理性的"边界"性，通过对理性限制性的考察，寻找一种超越普遍性的新的可能性。因而"启蒙"就是一种超越普遍性逻辑支配的生活态度，而"启蒙"所要实现的就是使有死有生的真实个人从本体的蒙蔽中脱颖而出。正是在这个意义上，我们在当代的思想语境中谈论"启蒙"，一个重要的前提就是考察个人存在的面貌。"个人的面貌，其实是启蒙启到何种程度的极限标志。这已为中外启蒙思想家们所反复说道。"②

那么真实的个人是如何存在的呢？传统理性主义哲学本质上是一种理论理性的思维逻辑，或者说是一种关于物的逻辑。而以这种逻辑来理解人时就将看作一种"现成"的存在者，实际上是以观物的方式观人，从而导致了对人的抽象化理解，无法揭示出人存在的"生存"本性。马克思在实践哲学的立场上，揭示了现实人存在的"生存实践"本性，从而提供了一种切合人本身存在特征的对人的理解方式，这也在很大程度上启发了后形而上学思想家们对人的重新理解。那么人到底是如何存在的？如果说物具有永恒现实性特征，那么人则是以"生存实践活动"为基本存在方式。在马克思看来，人区别于其他存在者而与众不同的地方在

---

① 洛维特：《从黑格尔到尼采》，李秋零译，生活·读书·新知三联书店2006年版，第428页。

② 张志扬：《缺席的权利》，上海人民出版社1996年版，第114页。

启蒙之后的"启蒙"

于人是以实践活动为其本原性的生存方式并在实践活动中确证自身、领会自身的存在者,所以在《1844年经济学哲学手稿》中马克思将人称为"类存在物"。

这具体体现为以下几个方面,首先,人是一种自身否定性的存在者。人不是以抽象同一为基本特征的现实存在者,他总是未完成的,他的存在先于本质。人总是"去存在",他的生命特征是辩证法,以不断的自我否定自我超越为基本存在方式,即人的存在是由未来时间观所引导的"历史性"。马克思认为作为"推动原则"和"创造原则"辩证法的内在根据不在于黑格尔的精神之中,而在于人的实践活动之中,因为人的生命存在是能动的、创造的,通过实践活动超越其生物学意义上的存在而作为一个社会、文化的存在者而形成。其次,人存在的有限性。这意味着人是终有一死、正在途中的存在者,他并不能到所谓的超验本体中获得解脱,而是要独自面对自己独特的生命,并为之谋划,所以人始终要对自己的存在负责。最后,人存在的社会性。人并不是单子式的抽象存在,他以"共在"为基本特征,即总是要与他人处于复杂多样的关系之中。因而并不能追问人是什么,而是应当问人如何生存。总之,正是本体的消解,人的真实存在的独特维度才开显出来,当代的"启蒙"也正是要批判各种使人的存在陷入抽象化、虚无化的抽象观念和现实力量,使人获得一种符合人自身存在特征的理论自觉。

二 个体自我与消极自由

正如上文指出,现当代哲学主体性批判的目的在于瓦解本体,将个体人的存在从普遍同一性中解放出来。而当代的"启蒙"无非是要为个体人的真实存在开辟新的可能性,这种"启蒙"并不是要以某种承诺的先验真理自居而启蒙大众,而是要自觉地在现实生活中对各种支配人、统治人的各种抽象观念和意识形态保持警惕,为人的自由的实现创造有利的条件。因而这种"启蒙"具有强烈的后形而上学特征,它是要使批判成为内在于现实生活,并推动现实社会发展的革命性力量,因而"启蒙"的批判本质上是一种现实的、历史性的"治疗"。那么维护个体自我存在的独特

第四章 后形而上学思想的"启蒙"意蕴与启蒙的遗产

性就是要捍卫个体自我有不能被普遍本质所穿透的合法性。

如果形而上学的基本观点是承认普遍、必然而否定个别、偶然，那么当代启理性之蒙的目的就是要承认个别、偶然。"20世纪的重要哲学家们纷纷追随浪漫主义诗人，试图跟柏拉图决裂，而认为自由就是承认偶然。……更普遍地说来，他们都极力避免哲学中冥想的气质，避免哲学中把生命视为固定不变、视为整体的企图。他们如此做，都是因为他们坚持个体存在的纯粹偶然所致。"① 因而捍卫个体生命的独立性、不可化约性就成为整个现当代哲学的重大主题之一。

而所谓个体生命的独立性指的就是个人能够免于外在干涉而自由地创造自己的个性与人格，追求属于自己的独特价值。捍卫个体生命的独立性实际上就是捍卫伯林所说的"消极自由"。消极自由是相对于积极自由来说的，积极自由将自我等同于普遍的实体性本质，因而个人生命往往成为抽象物的祭品，浪漫主义的发展很好地阐释了这一点。"早期的浪漫主义的私人'个人主义'很快演变成一种有机的和民族主义的共同体理论。正如晚近的一位学者所说，根据这种理论，每个独一无二和自给自足的个人，'必须与自然和民族相结合，植根其中'，这样才'能够获得自我与个性'。此外，个性不再仅仅归属于个人，也属于超个人的力量，尤其属于民族或者国家。"② 之所以如此，乃是积极自由的自我实现理论预设的普遍自我对感性、欲望的优先性，即形而上学的实体对形而下的存在具有绝对的真理性与优先性。因而个体的自我往往需要以普遍性的本性的自我那里去寻找存在的根据，由此个体消融于"有机体"之中。

而消极自由则是表明个人存在拥有不可被强制的领域，"自由在这一意义上就是'免于'的自由，就是在虽变动不居但永远清晰可见的那个疆界内不受干涉。"③ 这就意味着承认了人类生

---

① 罗蒂：《偶然、反讽与团结》，徐文瑞译，商务印书馆2003年版，第41页。
② 卢克斯：《个人主义》，阎克文译，江苏人民出版社2001年版，第18页。
③ 伯林：《自由论》，胡传胜译，译林出版社2003年版，第195页。

启蒙之后的"启蒙"

活多样性，每个人都有着自己的目标与价值，都有着自己独特的关于善的理解。而这些是没法还原为普遍本质的，因而这种自由就表明了个体的自我才具有"实存性"。消极自由不仅体现为免于外在干涉的自由，也体现为个体选择的多样性，也即是说存在于个人面前的并没有所谓唯一正确的道路，而是存在着多种选择的可能性。个体是选择的真实主体，而且是对此选择负责的唯一主体。对消极自由的强调正是为了消解形而上学的实体，在"后形而上学"的视域中捍卫不能被形而上学所遮蔽和统治的个人存在的自由空间。在此意义上，价值多元论是后形而上学的基本内涵之一。

"消极自由"意味着不是形上实体而是每一个人是价值的真实主体，而每一个人都有着对自己生命的独特理解和对不同善的追求。所以承认消极自由就意味着承认对立乃至冲突的合理性，这与理性主义传统中的承认对立与差异具有完全不同的意义。因为前者认为价值的冲突是一个民主社会的正常状态，这是对个体生命尊重的体现，当然这并不怀疑存在着个体之间进行对话、商谈以达成共识的可能性。而后者的对立、冲突是虚假的，无非是绝对精神或理念实现自身的逻辑工具，或称为理性的狡计，所以矛盾、对立、冲突只是形式性的，最终消逝于终极价值之中。"消极自由的概念以一个有冲突的社会为前提。"[1] 这也是后形而上学的基本特征之一。罗蒂、哈贝马斯、罗尔斯等当代思想家在捍卫"个人主体性"这一原则的合理性内涵即认为个人才是价值的真实主体的同时，在后形而上学的语境中来寻找社会团结的基础。如罗蒂将社会团结寄望于人的同情心，也就是对自己的行为可能对同伴带来残酷和损害，从而将他们纳入"我们"之中。也就是说团结并不是发现的而是被创造出来的，它并不是以所谓的共同人性为基础，而是以对他人的承认为基础，因而社会团结

---

[1] 科拉柯夫斯基：《马克思主义的主流（一）》，马元德译，远流出版事业股份有限公司1992年版，第475页。

第四章　后形而上学思想的"启蒙"意蕴与启蒙的遗产

"它只是特定历史环境下产生的幸运的结果。"① 而哈贝马斯则认为只有主体间的商谈、对话达成共识才能形成社会的团结。所以现代自由民主国家的规范性基础或团结基础在于程序性正义原则，即自主性。"哈贝马斯赋予民主以优先性的明确标志是在他看来潜在于权利与自治的共为基原背后的基本价值。就是他所谓的'自主性'。他争辩说，在一个后形而上学的时代，在形而上学的和宗教的世界观的吸引力已经衰落的情况下，只有当我们同时能够把我们自己看作实践规范的来源，我们才有理由认为自己是服从于这些规范的。民主自治就是这种自主性理想在政治领域中的应用。只有当政治联合的规则并非来自于公民自身外的更高来源，他们才能正当地把自己看作是受这些规则制约的，公民们必定不能把他们作为法律来源的地位确定在他们可能已经共享的一种给定的实质性生活形式中，而要确定他们自己的共同意志中，而动员起这种意志只是为了这个政治的目的。"② 因而"哈贝马斯把平等的民主权利当作现代社会的根本的合法性原则……在哈贝马斯看来，只有以民主商谈为中介，我们才能确定何谓基本的自由主义权利。"③ 离开了主体间性这一有效性标准，所谓的团结是没有基础的。

罗尔斯则在承认各种完备性学说合理性的同时，在政治领域中通过公关理性来寻求社会团结。"政治自由主义寻找一种政治的正义观念。我们希望这一观念在它所规导的社会中能够获得各种合乎理性的宗教学说、哲学学说和道德学说的重叠共识的支持。获得这些合乎理性的学说的支持，便为我们回答第二个基本问题，即因宗教学说、哲学学说和道德学说而产生深刻分化的公民，怎样才能维护一个公正而稳定的民主社会，奠定了基础。为达此目的，人们在通常情况下所欲求的是，我们在对有争议的基

---

① 罗蒂：《偶然、反讽与团结》，徐文瑞译，商务印书馆2003年版，第277页。
② 拉莫尔：《现代性的教训》，刘擎、应奇译，东方出版社2010年版，第238—239页。
③ 韦尔默：《后形而上学现代性》，应奇、罗亚玲译，上海译文出版社2007年版，第232页。

启蒙之后的"启蒙"

本政治问题的讨论中,习惯于使用那些完备性哲学断定和道德观点应该让位于公共生活。公共理性——亦即公民在有关宪法和基本正义问题的公共论坛上使用的推理理性——现在最好由一种政治观念来引导,该政治观念的原则和价值是全体公民能够认可的。这也就是说,该政治观念将是政治的,而不是形而上学的。"① 因此,总体上来说,后形而上学思想家们是在承认个人消极自由的基础上来寻找社会团结的依据,这与理性主义哲学家有着本质的不同。在理性主义者看来,社会团结的基础是普遍的先验理性,按照这种理性原则建立起来的社会必定是一个理想的社会。或者用伯恩斯坦的话来说是建立在"客观主义"的基础之上,"我用'客观主义'来指谓这种基本信念:存在有或者必定有一些永久的与历史无关的模式或框架,在确定理性、知识、真理、实在、善行和正义的性质时,我们最终可以诉诸这些模式或框架"②。如此一来社会团结是以超越的实体来加以保证的。但这种团结是以牺牲个体的自由和独立性为前提的,这只是一种机械的团结。而后形而上学思想家则完全在尊敬个人的主体性基础上以对话等平等的形式来为社会团结奠基,这是一种有机的团结。机械团结是"建立在个人相似性的基础上的,而后一种团结是以个人的相互差别为基础。前一种团结之所以能够存在,是以内集体人格集中吸纳了个人人格;后一种团结之所以能够存在,是因为每个人都拥有自己的行动范围,都能够自臻其境,都有自己的人格。这样,集体意识就为部分个人意识留出了地盘,使它无法规定的特殊职能得到了确立。这种自由发展的空间越广,团结所产生的凝聚力就越强。一方面,劳动越加分化,个人就越贴近社会;另一方面,个人的活动越加专门化,他就越会成为个人。"③ 因而在后形而上学视域中,不论思想家们以何种方式来

---

① 罗尔斯:《政治自由主义》,万俊人译,译林出版社2011年版,第9页。
② 伯恩斯坦:《超越客观主义和相对主义》,郭小平等译,光明日报出版社1992年版,第9页。
③ 涂尔干:《社会分工论》,渠东译,生活·读书·新知三联书店2000年版,第91页。

第四章　后形而上学思想的"启蒙"意蕴与启蒙的遗产

理解团结，一致之处都是将团结奠基于个人自由之上，这里的个人自由显然是"消极自由"而非积极自由，而建立在积极自由基础上的团结显然只能是机械团结。

总之，现当代哲学包括后现代主义对主体中心主义原则、逻各斯中心主义、个人主义等启蒙理性主义的批判，无非是为了去除支配人的各种抽象观念和意识形态对人的支配，揭示现实生活中各种以理性的形式出现的宰制人的隐形力量。通过这样一种思想的治疗，为人的真实存在开辟新的道路，这也是后形而上学思想的根本主题和宗旨，在此意义上可以说当代的"启蒙"与后形而上学思想是一枚硬币的两面。

三　后形而上学思想的基本内涵

后形而上学是相对于形而上学而言的，那么只有确定了形而上学的基本含义才能确定后形而上学思想的内涵。主体形而上学作为现代性的基本原则按照海德格尔的理解就是人成为主体，世界成为图像，笛卡尔的"我思故我在"是其典型表达。但很显然笛卡尔的"我"是思维的主体或先验主体，人与自然和他人之间是一种对象性关系。人作为实体是世界的中心，其他的一切存在者都要通过主体予以说明，因而个人是作为最高的立法者而存在的。所以主体形而上学蕴含着总体性原则、非历史原则及二元对立的思维逻辑。所谓总体性原则，即先验的自我是真理、价值之源，没有"我思"伴随人的认识知识不可能形成，没有良心自我的存在就没有道德律。非历史原则指的是主体形而上学的时间形式是永恒在场，主体不生不灭是超时间、超历史并且随时在场的。在原则上说世界上并没有全新的事物，所有的存在者不过是本体的永恒轮回，所谓太阳底下无新事。二元对立的思维逻辑指的是主体形而上学是在本质与现象、主体与客体、理性与非理性等二元对立的框架中展开其话语逻辑，认为前者对于后者拥有毋庸置疑的真实性。而后形而上学思想是一种不同于主体形而上学并超越于形而上学的新型思维逻辑。

哈贝马斯将后形而上学思想归结为四个方面即"程序合理性"、"解先验化潮流"、"语言哲学转向"和"理论与实践关系

启蒙之后的"启蒙"

的重新理解"。① 可以说哈贝马斯真实地理解了现代社会的转型和后形而上学的基本特征,从而将后形而上学的基本内涵揭示出来。而后形而上学作为一种新的哲学解释原则必将对当代人的生存方式产生巨大的影响,促进人们思想的启蒙。在此我们在哈贝马斯的基础上对后形而上学思想做出进一步的阐释。

首先,后形而上学超越了原子主义式的个人主体性,而将主体间性或共在作为合法性的基础。在近代哲学中,作为真理"阿基米德"原点的"我思"成为唯一真实正确的解释原则,但正是将思维主体的"我"实体化导致了个人之间的冲突。因而如何维护整个社会的稳定与保持个体的自由之间的统一就成为一个难以解决的困境。而后形而上学思想则认为将主体实体化实际是一种无根的独断,蕴含着一种控制的欲望,导致的后果是对人本身的遗忘,因为在近代总是普遍性的"我"而不是个人才是话语的主体。而后形而上学思想则承认了个人存在的有限性,个人的观念和思想所具有的现实性和真理性必须在主体间的共在中通过对话的方式才能确定。所以不是个人而是由个人所组成的社会共同体才是合法性的根据。

其次,后形而上学思想尊重他者、坚持异质和多元性的合理性。如果说在近代启蒙哲学视域中,主体的实体化必然蕴含着一种对象性的思维逻辑,从而对他者的控制与支配是其必然的后果。那么后形而上学思想由于拒斥了形而上学实体及其幽灵,赋予每一个个体以存在的平等权利,因而它必然是一种真正以人为本的态度。个体由于其独特的生命特征而体现着自身就是自由、目的和负责任的主体,因而每个人都是不能被工具化而自我主宰和自我创造的存在者。这就意味着异质、多元并不是错误的象征,相反,它是一个民主社会的基本特征。当代哲学家积极捍卫人的消极自由就是对自由个体的承认,是对多元性的认可。罗尔斯的政治自由主义就深刻地指出了现代社会多元性特征的合理

---

① 哈贝马斯:《后形而上学思想》,曹卫东、付德根译,译林出版社2001年版,第32—33页。

第四章　后形而上学思想的"启蒙"意蕴与启蒙的遗产

性。"民主社会的政治文化总是具有诸宗教学说、哲学学说和道德学说相互对峙而又无法调和的多样性特征。……政治自由主义把这些合理性的学说之多样性，看作是人类理性力量在持久的自由制度背景内发挥所不可避免地产生的长期性结果。"[①]

再次，后形而上学在尊重个体自由的或消极自由的前提下，寻找社会团结的基础。在后形而上学思想家看来，理性主义哲学最为宝贵的遗产是论证了价值的真实基础是个人，但是由于其理论理性的形而上学思维逻辑，它又超出人类社会从外在的形上原理来寻找个人统一的基础。后形而上学秉承了个人作为价值主体这一基本原则，但通过商谈、公共理性或同情等现实的内在于社会本身的方式来寻找社会团结的基础。因而在后形而上学视域中，团结的基础并不是先验而是经验的，它不是个体的理性反省所能获得的，而是要通过"民主"的方式才能得以发明。在此意义上每个人都是社会进步的主体，同时也是一个完全要对社会负责的成员。

最后，后形而上学思想坚持边界原则。在启蒙世界观中，理性是所有领域的支配性原则，因而根本就没有所谓"语言游戏"的概念即规则的有限性概念。后形而上学思想家通过对理性有限性的揭示，对理性主义抽象观念的反思，指出了传统的理性主义所蕴含抹平一切差异的专制主义，而提出了边界原则。这既体现为消极自由的概念，也体现为各种完备性学说之不可公度的概念。

总之，后形而上学对理性原则、抽象观念进行分析、"勘探"，揭示了统治着社会中的理性原则的边界性和有限性，这正是"启蒙"的真正体现。

第二节　思维范式的转换与后形而上学的基本问题域

一　启蒙哲学的"总问题"：一与多的内在冲突

启蒙哲学尽管形态各异，但之所以称启蒙哲学，在很大程度

[①] 罗尔斯：《政治自由主义》，万俊人译，译林出版社2000年版，第3页。

启蒙之后的"启蒙"

上是因为启蒙世界观的"总问题"(阿尔都塞)居于所有思考的最核心。"以往的唯心主义哲学(资产阶级的哲学),其全部领域和阐述('认识论'、历史观、政治经济学、伦理学和美学等等)都建立在人性(或人的本质)这个总问题的基础上。这个总问题在几个世纪里曾经是个不证自明的原则,任何人都想不到对它提出异议,虽然这个总问题在其内部不断有所调整。"[1] 阿尔都塞深刻地指明了启蒙哲学的核心所在,无论是自由、平等还是人权,无一不以人的本质为理论出发点。正是这样一种本质主义的人性论塑造的启蒙的终极目标——自由的逻辑空间。经验主义以人性恶为起点(即认为人的本性是自私的或趋利避害)来探讨政治国家的起源,从而把政府的国家的职责限定为功利主义的促进最大多数人的最大利益。而理性主义以人性善为起点(即认为人的本质是理性的也就是人有超脱自然必然性的天然倾向)来为道德、政治奠基。但如果从广义上来理解"理性",那么无论经验主义还是理性主义,他们的理论出发点都是一种典型的人类中心主义,其根本的特征是人而不是任何超越性的实体成为理论与实践的中心。"人是整个世界图景的基础和中心。"[2] 海德格尔深刻地指出了这种理性化所造成的人类中心主义后果,并认为启蒙世界观就是一种"人类学","对于现代之本质,具有决定意义的两大进程——亦即世界成为图像和人成为主体——的相互交叉,同时也照亮了初看起来近乎荒谬的现代历史的基本进程。这也就是说,对世界作为被征服的世界的支配越是广泛和深入,客体之显现越是客观,则主体也就越主观地凸显出来,世界观和世界学说也就是越来越无保留地变成一种关于人的学说,变成人类学。"[3] 于是以理性的人为原点所进行的现代性的谋划,如政治

---

[1] 路易·阿尔都塞:《保卫马克思》,顾良译,商务印书馆2006年版,第223页。

[2] 俞吾金:《形而上学发展史上的三次翻转》,《中国社会科学》2009年第7期。

[3] 海德格尔:《林中路》,孙周兴译,上海译文出版社2004年版,第94—95页。

第四章　后形而上学思想的"启蒙"意蕴与启蒙的遗产

上的科层制、经济上的市场经济、文化领域的大众化成为现代性的典范，因而成为普适性的理性规范。

人是理性的存在者不仅仅是近代以来的一种信念，在古希腊时代，这也是哲学家们思考政治、道德问题的不证自明的前提。如果没有人的本质是理性这样一种基本的信念，西方的启蒙运动就会成为不可理解的事件。问题的关键是为何在亚里士多德将人定义为理性的动物成为思想史上的共识后，启蒙时代的思想家再一次将人的本质定义为理性。康德在《历史理性批判文集》中指出启蒙就是大胆使用自己的理性，在康德看来人之理性本质是毋庸置疑的。问题是人由于自身的胆小、怯懦、无知等主观因素及统治者的专制统治，使人失去了使用自己理性的能力，因而康德的口号是"大胆使用自己的理性"。在康德看来理性之使用的前提是自由，而自由并非给予，而是天生的。在现实社会中的非理性不自由正是"人为"的后果，因而启蒙就是批判、废除使人陷入未成年状态的各种主客观因素，彰显人本己的理性和自由。在这里康德在实践理性领域真实地确立起个人主体性的本体地位，但他又没能脱离本质主义的思维逻辑，从而在个体自我与本体自我之间总是存在着难以克服的冲突。

"'一'和'多'一开始就是形而上学的主题。形而上学试图把万物追溯到'一'。自柏拉图以来，形而上学就明确表现为普遍统一的学说；理论针对的是作为万物的源泉和始基的'一'。"① 而随着形而上学的解体，即超验领域的萎缩，超越的"一"遭到拒斥，但一与多的问题并没有消失，相反，它成为世俗世界的人的存在的基本样式，而一与多的冲突也获得了更为现实的意义。

启蒙世界观本质上是一种一元论的世界观，是一种根深蒂固的建立在形而上学基础之上的乐观主义的信念。"这种信念是：在某个地方，在过去或未来，在神启或某个思想家的心中，在历

---

① 于尔根·哈贝马斯：《后形而上学思想》，曹卫东、付德根译，译林出版社2001年版，第137页。

启蒙之后的"启蒙"

史或科学的预言中,或者在未腐化的善良人的单纯心灵中,存在着最高的解决之道。这个古老的信念建立在这样一种确信的基础上:人们信仰的所有积极价值,最终都是相互包容的,或者相互支撑的。"① 但这种理论或信念正相反对的却是实践中的价值多元论这个任何有理性的人都无法否认的事实。"我们在日常的经验中所遭遇的世界,是一个我们要在同等终极的目的、同等绝对的要求之间做出选择,且某些目的之实现必然无可避免地导致其他目的之牺牲的世界。"② 也就是说启蒙世界观作为一种解释世界的理论,它本质上是一种一元论为基础的带有决定论色彩的逻辑,但同时启蒙现代性又建立在"我思"的前提上,或者按照哈贝马斯的话来说启蒙是建立在"自我主体性"基层之上的,也就是说至少在道德问题上启蒙要陷入内在的冲突。如果世界是一元的,那么意味着本质上只有一种真实的存在,因而所谓的选择便徒具形式,但如果承认世界是多元的,那么选择便具有其本来的含义,即在多种真实的但不可公度的价值之间进行选择。如果一元论意味着只存在唯一的一条真实的道路,那么多元论意味着存在着多条真实的道路,所谓的自由便是在这多条道路之间进行痛苦且无终极原则指导的抉择。但在现实生活中人们却往往没有意识到自己理论与实践的矛盾,"如果决定论被表明是有效的,那么伦理语言将不得不受到根本的修改。"③ 实际上,随着哲学家对历史、道德等人文领域反思的深入,他们中的一些人已经自觉或不自觉地意识到了自由与必然、决定论与多元论等这些逻辑范畴之间的对立。特别是康德之后,人们意识到了意志的非决定性及超自然性,但意志的自我立法又不免陷入"客观主义"的窠臼。这突出体现为历史领域的所谓"历史规律"。"黑格尔思考历史的出发点乃是以'思存同一'为基础,以思维逻辑的形式展现现实的人类历史发展规律,他注重的是普遍性的真理(这一点

---

① 以赛亚·伯林:《自由论》,胡传胜译,译林出版社2003年版,第240页。
② 同上书,第241页。
③ 同上。

第四章　后形而上学思想的"启蒙"意蕴与启蒙的遗产

也是他遭到后人诟病最多的地方)。而历史的展开与发展实际上是人自由的逐步实现,黑格尔是以历史的逻辑来为人的自由奠基。"① 启蒙思想家一方面要表明人作为"立法者"的角色,从而体现人的自由性;另一方面,作为理性的人他不是"任意"的立法,而是其立法的准则具有普适性,即具有法则的特性。他们在决定论与自由的徘徊中丧失了对历史的理解能力。"精神的综合活动被认为必须以历史为中介来实现,并转化为历史的发展形式。然而,历史中的偶然性和不确定性打破了统一性理性的循环、闭合的结构;即便借助一种灵活的调和辩证法,这些偶然的和不确定的因素最终也不可能被化解。……黑格尔的同时代人已经为此感到不安了:一种历史,如果它的过去已被确定,它的未来已被预先决定,它的现在已被谴责,也就不复为历史了。"② 这彰显了启蒙世界观中解释世界的理论范式的内在冲突。

而作为启蒙核心基础——主体主义的"自我"则受到了根本的否定。在伯林看来启蒙本质上是一种一元论,它为启蒙的终极目标——自由的谋划实际上是一场建立在决定论基础上的导致奴役的理想主义悲剧。无论是功利主义还是道义论,它们的核心理念即自我,而自然权利理论便是这一理念的根本体现。"持进步主义信条的法国思想家,不管其内部有何分歧,它们都是基于一种以古代的自然法学说为根源的信念:无论何时何地,人性基本上都是一样的;地域或历史中的多样性,与恒久不变的内核相比是不重要的,因为人之所以为人,也正是因为这个内核……存在着普遍适用的人类目标;可以制定出一个合乎逻辑的、易于检验和证实的法律和通用规则的结构,以此取代无知、精神懈怠、臆断、迷信、偏见、教条和幻觉所造成的混乱。"③ 在伯林看来这种启蒙主义的权利理论所力图实现的乃是"积极自由",它的根

---

① 彭文刚:《启蒙视域中的历史意识与历史逻辑》,《云南社会科学》2010年第5期。
② 詹姆斯·施密特编:《启蒙运动与现代性》,上海人民出版社2005年版,第413—414页。
③ 以赛亚·伯林:《反潮流》,冯克利译,译林出版社2002年版,第1页。

启蒙之后的"启蒙"

本特征是将自我进行形而上学的二元区分,即"高级"、"真实"或"理想"自我与"低级"、"经验"与"现实"自我。而"高级"自我是人之为人的本原,同时"低级"自我只有自觉地与"高级"自我靠近中人的自由才有可能真实实现。于是压迫甚至必要的暴力在这种自我的二元区分中便具有了合理的意义。因为低级自我往往受制于激情、欲望或是习惯而无法洞悉只有真实自我的"灵眼"才能把握的事物的真相或规律。而且真实自我往往还和种族、国家、共同利益、客观精神等实体相同一,从而使个体成为在这种巨大实体面前可有可无的玩物。这既体现在抽象的概念或资本逻辑的统治,又体现为启蒙主义为自由与理性的实现而对所谓的"教育"和"立法"的重视。

"整个启蒙运动的共同特点是,它否定基督教的原罪说这一核心教条,代之以这样的信念:人之初天真无邪而又善良,或在道德上中立,有可能由教育或环境加以塑造,或者往坏处说,人虽有严重的缺陷,仍能通过与环境相配合的合理教育,或通过譬如说卢梭所要求的那种对社会的革命性改造,得到极大的改善。"[1]伯林对此深刻地指出:"开始时作为自由学说的东西结果成了权威的学说,常常成为压迫的学说,成为专制主义的有益武器,这是一个在我们时代变得太熟悉的现象。"[2]积极自由往往以自由始而以奴役终,这主要是因为这种积极自由观对价值多元主义的无视,但如果认真对待马基雅维利所指出的道德价值与政治价值作为两种不可调和的终极价值,那么一元论便是不合理的。因此伯林在反对启蒙的积极自由的同时积极捍卫消极自由,即"自由就意味着不被别人干涉。不受干涉的领域越大,我的自由也就越大。"[3]也就是说这个领域尽管可以很小,但一定是个体可以自我决定而其他个体或公共权力无法侵入的一个区域。一个健康的社会不是一个所有的价值理念都和谐统一的社会,相反

---

[1] 以赛亚·伯林:《反潮流》,冯克利译,译林出版社2002年版,第23页。
[2] 同上书,第42页。
[3] 同上书,第191页。

第四章　后形而上学思想的"启蒙"意蕴与启蒙的遗产

应该是一个多元主义的社会,是一个个体选择与公共权威有着明确界限,一个不存在人为的干涉而自由追求自己意愿的社会。因而在伯林看来,并不存在启蒙运动所构想的静态的"完美"、和谐的社会,真实的社会是虽然充满冲突但也并非不能协调的多元主义社会。当然承认多元并非因为像密尔所说的只有如此才能发现终极真理,相反,并没有绝对的终极真理,一切终极性的真理都是不可公度的,所以,保持多元性不过是承认了人类存在的一个基本事实。"存在者并非人为划定的疆界,在其中人必须是不可侵犯的;这些疆界之划定,依据的是这样一些规则:它们被如此长久与如此广泛地接受,以致对它们的遵守,已经进入所谓的正常人的概念之中,因此也进入什么样的行动是非人性与不健全的概念之中。"①

如果说伯林将启蒙界定为一种建立在一元主义从而是决定论基础上的关于自由的谋划,这种以形而上学的"真实自我"为根据的无论是政治、道德还是社会都陷入自由的悖论并带来恐怖;那么作为社群主义的代表人物麦金太尔则通过重新阐释西方思想史,证明启蒙的谋划不过是一场使用失去一切实质内容的语言去构建客观性的伦理体系的不成功的谋划。麦金太尔站在社群主义的基本立场,认为任何行为只有在一个"背景"中才能显示其意义。即只有在一个目的论体系中,任何道德训诫的意义才能呈现出来。麦金太尔认为:"我们就有了一个三重架构,其中,偶然所是的人性(处于未受教化状态的人性)最初与伦理学的训诫相左,从而需要通过实践理性和经验的指导转变为实现其目的而可能所是的人性。这一架构的所有三个要素——未受教化的人性概念,理性伦理学的训诫,以及实现其目的而可能所是的人性概念——其地位和功能都必须相关乎另外两个要素才能理解。"②但启蒙运动却以自然科学的逻辑摧毁了神学世界观及建立于其上的目的论。于是传统的道德构架开始瓦解,其造成的后果是道德词汇

---

① 以赛亚·伯林:《自由论》,胡传胜译,译林出版社2003年版,第238页。
② 麦金太尔:《追寻美德》,宋继杰译,译林出版社2003年版,第67页。

启蒙之后的"启蒙"

失去了原初的含义而造成了混乱。于是启蒙视域中的两种最主要的论证道德合理化的启蒙筹划——功利主义与道义论都陷入失败了。因为目的论的消解，使"功能性概念"丧失意义，从而任何以人性论（这里的人性不是传统目的论视域中的不变人性，而是一个纯然事实性范畴的人性）为基础的道德推论都陷入困境。"18世纪的道德哲学家们所从事的是一项注定不会成功的筹划；因为，他们的确想要在一种特殊的人性理解中，为他们的道德信念寻找一个合理的基础，但他们所继承的一系列道德命令与人性概念却似乎有意要彼此相左。"① 因为在启蒙视域中，"是"是推论不出"应当"的（麦金太尔认为这不是普遍的历史境况，实际上在传统神学目的论体系中，"是"同时具有"应当"的含义），二者存在逻辑上的鸿沟。

无论是功利主义还是权利主义的道德哲学试图为人们提供普遍的道德准则的计划都失败了。"当我们把功利概念与权利概念并置在一起的时候，就可以清楚地看到各种道德虚构的一个核心特征：……创制这两个概念的情景是相同的：都要求用人为的设计来代替一种更古老、更传统的道德概念……因此，当诉诸权利的主张与诉诸功利的主张相互较量时，或者，当这两者或其中之一与以某种传统的正义概念为基础的主张相互较量时，根本不存在任何合理的方式以确定何类主张应该给予优先地位、某类主张何以能压倒其他主张，也就不足为怪了。道德上的不可公度性本身就是一种特殊的历史结合的产物。"② 在麦金太尔看来，启蒙对道德律令客观性的证明或建构本身就是意味着"现代性"的危机，即失去目的论支撑之后，现代人企图将人置于神的位置从而从人自身（或理性本质或欲望本质）出发来确立道德法则的客观性。但由于世界的祛魅，超越维度的丧失，人变成了一种"事实性"的存在，这正是启蒙的结果。由此造成的后果是"是"与"应当"的绝对分裂，即事实与价值之间不可公度。正是"是"

---

① 麦金太尔：《追寻美德》，宋继杰译，译林出版社2003年版，第70页。
② 同上书，第89—90页。

第四章　后形而上学思想的"启蒙"意蕴与启蒙的遗产

与"应当"的分裂,及人作为纯粹事实性的存在,所以对于什么是"善",什么是"正义"等道德价值的评判只能是仁者见仁,智者见智,这也就是尼采所深刻指出的随着上帝之死,价值虚无主义成为西方人的必然命运。麦金太尔对启蒙运动所造成的人的美德危机的诊断使之开出的药方是通过"追寻美德"而重建亚里士多德的德性论传统。可以说麦金太尔从伦理学的角度对启蒙现代性危机的诊断独树一帜,但回归传统的社群主义路向在一个已经世俗化,自由、民主、法治虽然出现多种问题但已深入人心的现代社会能够具有多少的可行性却是一个还需要重新思考的问题。

当代的自由主义者罗尔斯则仍然坚持启蒙的核心价值理念:理性、自由,但在政治层面而非形而上学的基础上,论证自由的可能性。他关注的问题是"由自由而平等的公民——他们因各种合乎理性的宗教学说、哲学学说、道德学说而产生的深刻分化——所组成的公正而稳定的社会如何长治久安?"[①] 也就是说罗尔斯并不忽略作为公民的个人存在的独立性,而这无论是传统形而上学还是启蒙的主体形而上学都经常有意无意地忽略的,并且罗尔斯将人的存在的多样性看成是民主社会的一个永久性事实。"在现代民主社会里发现的合乎理性的完备性宗教学说、哲学学说和道德学说的多样性,不是一种可以很快消失的纯历史状态,它是民主社会公共文化的一个永久特征。"[②] 罗尔斯正是在承认多元论的前提下来寻求社会稳定与统一的基础。显然任何一种个体的完备性学说都无法成为统一的前提,除非借助国家的暴力,但在民主社会这显然是不合理的。罗尔斯的方案是在政治的公共领域来寻找统一的基础,他以"重叠共识"来证明政治自由主义的合理性。也就是说罗尔斯在某种程度上实现了伯林与麦金太尔的统一,当然也改变了他们思想的一些基本内容。伯林看到了由

---

① 约翰·罗尔斯:《政治自由主义》,万俊人译,译林出版社2000年版,第3页。
② 同上书,第37页。

启蒙之后的"启蒙"

启蒙所造就的民主社会中价值多元论的事实,但他认为各种异质但合理的价值理念之间本质上是相互冲突的,尽管在具体的情况下它们之间存在调和的可能。也就是说伯林否认存在着根本解决价值冲突的方案,政治社会的稳定在伯林看来需要政治家在承认价值多元论基础之上的实践智慧即"现实感"。麦金太尔看到了现代民主社会各种价值的不可公度性的事实,而造成这种状况的根本原因是因为启蒙运动的科学主义逻辑对目的论消解造成的价值判断"背景"的消失。而只有传统社会才真正实现了个体与社会的统一,但显然这种个体并不是现代意义上的主体性的个人,而是本质上目的性的人。"只有在古希腊城邦或古罗马公民社会这样的伦理共同体中,人类本质的社会性质才真正得以确立。从这样一种目的论的人的概念入手,传统政治学说给自己规定的理论使命在于,从理论上明确德性的伦理秩序,使个体的实践能够得到充分的展开。故此,政治学同时也探讨适当的制度和法律问题,它历来也都是一种关于好的生活和公正的生活的学说。"[①]所以目的性的人的概念的瓦解导致了现代伦理各种形式之间的不可公度性。根本上认同启蒙自由主义传统的罗尔斯却要在多元主义的基础上,从现代社会的公共政治文化中寻找个体与社会统一的基础。而且罗尔斯所说的统一不是同一,而是一种个体与社会的有机的团结与统一。当然罗尔斯的理论努力既遭遇到自由主义内部,也遭遇其外部如社群主义的猛烈批判,但罗尔斯自信他的政治自由主义能够解决这些问题。

二 后形而上学与多元论

可以说自由是人类永恒的话题,如果说在传统社会自由体现为阿伦特所说的政治自由,即摆脱生产领域而在公共领域中的言说与行动;那么,启蒙运动使自由成为超越自然的意志的自我选择。尽管自由在近代发生了范式的转换,但它仍然与古代人的自由一样以形而上学为基础。"撇开亚里士多德这条线不论,我把

[①] 霍耐特:《为承认而斗争》,曹卫东译,上海世纪出版集团2005年版,第11—12页。

第四章　后形而上学思想的"启蒙"意蕴与启蒙的遗产

一直可以追溯到柏拉图的哲学唯心论思想看作是'形而上学思想',它途经普罗提诺和新柏拉图主义、奥古斯丁和托马斯、皮科·德·米兰德拉、库萨的尼古拉、笛卡尔、斯宾诺莎和莱布尼兹,一直延续到康德、费希特、谢林和黑格尔。古代的唯物论和怀疑论,中世纪后期的唯名论和近代经验论,无疑都是反形而上学的逆流。但它们并没有走出形而上学思想的视野。"[1] 按照哈贝马斯的理解,形而上学的核心问题是"同一性主题"、"理念论"、"强大的理论概念",这些问题主宰着形而上学的存在样式。在哈贝马斯看来,对形而上学的批判并非源自形而上学的内部,并不是源于理性的"辩证法",因为形而上学的理论逻辑在理论上是具有合理性的。对形而上学真正构成威胁的是从外部对形而上学的批判。"但真正使这种思维方式成了问题的是从外界向形而上学发起的攻击,并具有社会原因的历史发展过程。"[2] 这主要有如下几点:程序合理性、历史意识和有限性意识的兴起、意识哲学向语言哲学的范式转换以及理论与实践的新型关系。在哈贝马斯看来,这种新型思想即"后形而上学思想"。

这里的"后"显然不是指时间的先后,而是像福柯所说的一种态度,即一种以批判、颠覆为目标的不同于启蒙世界观的新型思维逻辑。它的最为显著的特征是对多样性的强调,对现实的人的关注。尽管启蒙世界观不乏对现实的人的关注,对人的独立性、个性的强调,但其背后的形而上学逻辑却使多样性、自由、个性仅仅是"理性的狡计",独立性、多样性只是具有空洞的形式特征。因而后形而上学思想显然是一种新的"启蒙","这样的思路已经颠覆了传统哲学理解世界的方式,因而我把它理解为一种新的启蒙。当然,这种启蒙与传统的18世纪的启蒙有很大的不同,它不是确立在如何张扬人的理性能力的基础之上,而是

---

[1] 于尔根·哈贝马斯:《后形而上学思想》,曹卫东、付德根译,译林出版社2001年版,第28页。

[2] 同上书,第32页。

启蒙之后的"启蒙"

建立在给我们人类的思维方式提供多样性的选择的基础之上。"①如果说18世纪的"启蒙"是要启神圣之蒙,张扬人的理性,那么20世纪的"启蒙"则是张启理性之蒙,张扬人的真实的个体性。可以说克尔凯郭尔、尼采、萨特等存在主义思想家对理性主义逻辑的批判在很大程度上就是为了证明个体存在之优先性。这里所说的个体性是指个人的真实存在,是指人不能化约为某个超历史的实体,因而从逻辑上来说,个体(不是启蒙的同质性的个人主义的个人,而是本质上异质性的个人)才是一切理论、实践的真实主体。

而个体之为个体就意味着个体是自己生命的主宰,从而也就表明每个主体都是自己的上帝,意味着政府和社会的每个公民都不能假借神圣之名或者宣称为真理的代言人而对个体指手画脚。这也是为什么伯林如此强调消极自由对于个体存在之重要性,因为只有坚持个体能够"免于"他者统治的权利,并在自己的领域中自己做主,那么自由才是真实的。当然,这就预先表明了我们生存的社会是一个多元主义的社会,这个社会的基本特征是个体而不是抽象的社会取得了理论上的优先权。哈贝马斯也正是在此意义上认为启蒙的现代性仍然包含着丰富的遗产,像自由、平等、团结这些有益价值需要在新的基础上才能实现,也就是说现代性的真实规范基础不是理论理性而是交往理性。而交往理性的最为根本的内涵是预设了个体的多元性,也就是说承认了他者的地位。且对于何谓真理、何谓正义这些问题的答案不在于某种超验的基础,而在于具有独立性的个体间的交往、共识。正是主体间的商谈、对话以及谈判,才能达到真正的普遍性和统一性。而传统的主体性哲学由于根深蒂固的精英主义逻辑,它总是在自我与他者之间设立了不可跨越的等级制,因而他者始终都是归属于主体,是沉默无言的。主体间性是在承认他者的基础上来为真理奠基,在此意义上实现了真理源泉由神到人的转变。主体间性概

---

① 江怡:《当代哲学与新的启蒙》,《苏州大学学报》(哲学社会科学版)2011年第3期。

第四章 后形而上学思想的"启蒙"意蕴与启蒙的遗产

念的提出超越了要么客观主义要么相对主义这样一种理论上的焦虑，从而表明了真理和自由即使没有形上基础为依托，也不会陷入怎么都行的无政府状态。后现代主义者因洞察到启蒙真理观中所蕴含的霸权主义、欧洲中心主义的"权力意志"而放弃任何真理，而没有看到启蒙所蕴含的不可消解的遗产，这在哈贝马斯看来是不可取的。

需要指出的是虽然哈贝马斯的主体间性理论对个体的尊重、对多元主义的强调在很大程度上超越了传统的一元主义逻辑，从而在新的基础上为人的自由奠基，但是他对共识和一致性的过度强调，在很大程度上又陷入了形而上学的一元论逻辑。这集中体现为哈贝马斯认为在个体之间通过无扭曲的真实交往，一个一致性的共识的达成是必然的，而无法达成共识的交谈乃是无效的交谈。哈贝马斯过多地强调一致、统一，而没有给予歧见、差异以应有的地位。实际上在一定意义上，一致与差异是内在统一的，其共同之处都是为了维护个体存在的真实性。一方面个体是独立存在的，另一方面，个体之间又要就相互关心的问题交换意见、共同商议，但这种谈判并不必然会达成一致，过分地追求一致体现了同一性逻辑的阴魂不散。当福柯激烈地反对启蒙的计划，而重新将"启蒙"理解为一种以批判为特征的态度和气质时，他实际上是试图超越同一性逻辑，"对我们是什么的批判，既是对我们之被确定的界限作历史性分析，也是对超越这界限的可能性作一种检验。"[①] 所以在此意义上，应该把一致理解为一种调节性的理想，而不是一种规范性的原则。只有如此才能保持个体作为多元主义存在的真实性。

尽管20世纪出现了各种迥异于启蒙世界观的哲学形态，它们对超越主体形而上学具有十分重要的意义。但这样一种"启蒙"能在多大程度成为内在与现实的人的生活并真实地推动生活世界发展来说却还是一个悬而未决的问题。这主要体现为如下三个方面。

[①] 杜小真选编：《福柯集》，上海远东出版社1998年版，第542页。

启蒙之后的"启蒙"

首先,"后形而上学思想"对理论理性和主体性持否定的态度,却没有认真看待主体性和理论理性(或工具理性)的内在价值与意义。它们对理性的批判矫枉过正,使实践理性成为唯一真实的理性。但问题是实践理性究竟是应当取代理论理性还是应当实现与理论理性的辩证统一?我们是否当代仍然生活于现代性之中,尽管现代性方案危机四伏。我们是否可以设想一种不同于民主制的现代政治体制,设想一种摆脱了资产同一性逻辑的非市场经济的经济形式,设想一种非功利的人与人的交往形式?也许是可能的,但很显然这样一种设想已经为现代性中介过、带有强烈的现代性的特征。正如事实所证明的,人们仍然未能从根本上超越现代性的思维逻辑,更无法将这样一种乌托邦式的设想转化为现实的制度。因而问题的关键不在于是否要废除理论理性,而是如何限制理论理性,使之与实践理性各司其职,共同推动人的自由与解放。

其次,理论的客观性问题。实际上后形而上学思想作为对现代性超越的一种理论思维范式,尽管在逻辑上具有真理的形式,但它是一种"客观思想"吗?"人的思维是否具有客观的真理性,这不是一个理论的问题,而是一个实践的问题。人应该在实践中证明自己思维的真理性,即自己思维的现实性和力量,自己思维的此岸性。关于离开实践的现实性或非现实性的争论,是一个纯粹经院哲学的问题。"① 在黑格尔之后,各种批判、解构形而上学的思想、理论层出不穷,但与此同时人类社会中各种异己的客观力量以更加形而上学的力度宰制着人类的生活与实践。那么在这些多样性的理论样式中,到底何种理论切中了人们真实的存在?在此,理论与思想再一次显示出自己的限度。"从思想并不能推论出存在。后形而上学思想只能是面对主体形而上学的衰微所构筑的一种新的逻辑理念,而这种理念是否具有客观性和真理性,则就要像黑格尔所说的那样,看其能否使这种思想实现出

---

① 《马克思恩格斯选集》第一卷,人民出版社 1995 年版,第 58—59 页。

第四章　后形而上学思想的"启蒙"意蕴与启蒙的遗产

来，如果不能实现那么这仍是一种主观的'意见'。"① 按照罗蒂的实用主义逻辑，理论并不反映实在，它只是一种对世界的描述，而描述是否为真理则看其是否有用。但当以这种标准来衡量各种理论时却陷入了一切理论对一切理论战争的无政府状态中，因为对于诸种理论，"有用"仍然是一个没有意义的标准。

最后，形而上学批判与社会历史批判。各种以"后"为特征的理论思潮的理论聚焦点仍然是在理论或纯粹理性的范围来思考超越主体形而上学并构想一种新的人类存在样式的可能性，但它们往往忽略乃至无视现实社会的发展逻辑。"不是意识决定生活，而是生活决定意识。"② 理论的批判往往陷入"致命的自负"，以为一种理论被驳倒了，现实也随之改变了，但这是一种典型的保守主义逻辑。"他们只是用词句来反对这些词句；既然他们仅仅反对这个世界的词句，那么他们就绝对不是反对现实的现存世界。"③ 马克思不仅批判了理论上敌视人、奴役人的形而上学逻辑，更是从现实社会基础中揭示了使人异化的存在论基础——资本的同一性逻辑。可以说马克思正是通过理论与现实的双重批判即对形而上学及其现实基础——资本主义历史的批判，为人的自由与解放寻找可能性。但马克思的理论在后形而上学视域中被认为是"宏大叙事"、"历史目的论"等典型的启蒙形而上学的逻辑而遭到批判。马克思所开创的理论的批判与社会历史批判相结合的路径也被抛弃了。尽管资本主义社会发生了巨大变化，无论是以后工业社会、消费社会还是信息社会来指称，但这显然并没有超越马克思的理论视域。"由于资本主义在当前社会中仍然是一个主要的基本力量，因而马克思理论及其对资本主义的批判仍将是批判社会理论的一个重要成分。"④ 可以说如何实现马克思与后形而上学思想之间的对话成为当代的一个重要理论课题。

---

① 彭文刚：《启蒙、虚无主义与后形而上学》，《理论月刊》2012 年第 1 期。
② 《马克思恩格斯选集》第一卷，人民出版社 1995 年版，第 73 页。
③ 同上书，第 66 页。
④ 道格拉斯·凯尔纳、斯蒂文·贝斯特：《后现代理论》，张志斌译，中央编译出版社 2004 年版，第 377 页。

启蒙之后的"启蒙"

总之，后形而上学思想不仅要成为解释世界的理论，更要成为一种改变世界的理论，成为一种内在于现实生活世界并推动其发展与变革的革命性力量，这正是后形而上学思想的内在目标。

三 承认矛盾与开放性——后形而上学的基本视域

正如前文所指出的，"后"是一种对现代批判的态度，但这种批判并不是否定，在某种程度上，对现代性的批判仍然是现代性自身完善的逻辑，或者说是现代性内在的"辩证法"。这种"后"远不同于启蒙运动对专制主义、宗教迷信的彻底拒斥，因为启蒙运动所塑造的现代性价值仍然是我们的价值理想。这并不因为如自由、平等、独立这些价值理念已经成为人类社会生活的现实，并在当代阻碍了社会的进步，而是因为这些价值理念从来都没有真实地存在过。知性思维逻辑与资本同一性的合谋共同使人处于异化的非人状态，而使人真正地成为人则是当代理论的努力方向。后形而上学由于拒斥传统的形而上学一元论逻辑，而承认矛盾与多元性，从而体现的是一种开放性的视域，那么在这个视域中人（自由）的存在发生了一个什么样的转变？

首先，寻求"消极自由"的真实实现。启蒙运动所张扬的自由显然是一种典型的区别于古代人自由的现代人的自由。按照贡斯当的理解，古代人的自由是一种参与政治的"积极自由"，而现代人的自由则是一种以捍卫自己权利为特征的"消极自由"，或者说是一种个人主体性的自由。这两种自由之间的区别不仅仅在于自由主体的范围，而且也涉及自由的内涵。关于自由主体的范围，如果说在古代仅拥有财产的公民才是自由的，才能参与政治（这体现的是一种理性主义的精英化逻辑），那么在近代，至少一切公民在形式上都获得了自由。而关于自由的内涵，在古代人那里人被定义为"政治的动物"，因而自由是一种政治关系，它是一种以德性或美德为特征的伦理话语；而在近代以来，人被认为是一种趋利避害的"经济动物"，因而它体现的是一种利益关系，是一种以权利为特征的功利主义话语逻辑。而且实际上正是资本主义的市场经济才真正成为瓦解专制统治、等级制度的最具现实性的力量。也就是说启蒙运动的目标在市场经济条件才获

第四章　后形而上学思想的"启蒙"意蕴与启蒙的遗产

得了具体的实现。但问题是以市场经济为基础的"消极自由"一方面使人陷入原子主义的人与人之间分裂,另一方面"无形的手"也并未带来利益的最大化及社会正义,相反,却带来了新的压迫。实际上启蒙视域中的"消极自由"并不是真实的消极自由,因为它仍然以形而上学为理论背景,个体的自由无法得到真实的捍卫。而后形而上学则以拒斥形而上学为使命,使个体的存在获得真实的基础。因而维护个体对他人说"不"的权利成为一个基本的前提,而对消极自由的强调则意味着对多元性乃至矛盾的承认。

其次,从理性主义的政治到"敌我"的政治。启蒙视域中的政治观是一种建立在理性基础上的政治哲学,而理性的根本特征正如康德所指出的是其"普遍性",因为政治的目的乃是以解决冲突寻求共识为最终目的。近代以契约论为基础的政治哲学即是一种以理论的形式为近代的政治合理性奠基的解释世界的逻辑。于是政治领域的对话如果是理性的,那么对话一定是以一致为目标,否则就是一种无效的对话。这样一种根深蒂固的逻辑甚至影响到了后形而上学的思想家。如哈贝马斯尽管批判了理论理性,但又在交往理性领域中恢复了理性的"同一性逻辑"。"哈贝马斯……仍然坚持主张无扭曲的沟通乃是意见趋于会合的过程,而且意见的会合乃是这种沟通之所以'符合理性'的保证。"① 而罗尔斯则以"重叠共识"这种区别于形而上学的论证逻辑为社会正义奠基。可以说哈贝马斯与罗尔斯均继承了启蒙世界观遗产,仍然试图在后形而上学视域中为自由、民主这些核心价值理念做出合理的证明,但显然这种公共理性误解了政治的本质。以致墨菲认为罗尔斯的政治哲学是一种"没有政治学的政治哲学",因为罗尔斯忽略了政治的冲突、对抗这样一个维度,而这正是政治的本质。阿伦特指出政治的公共领域是一个意见而非真理的领域,实际上是表明如果政治以一致为目标,那么这意味着多样性

---

① 理查德·罗蒂:《偶然、反讽与团结》,徐文瑞译,商务印书馆2003年版,第96页。

启蒙之后的"启蒙"

的形式性、自由的虚伪性。"一旦我们承认政治是必要的,并且不可能存在一个没有对抗的世界,那么需要正视的就是在这些条件下如何可能创立或维持一种多元民主秩序。这种秩序奠基于对'敌人'和'对手'的区分之上。在政治共同体的语境中,它要求不能把反对者视为有待消灭的敌人,而应作为一个对手,其存在不仅是合法的而且必须被容忍。我们将攻击他的观念,但我们却不能质疑其自我辩护的权利。"① 但由于对政治的这种敌我内涵的忽略,乐观的理性主义总是制造着种种乌托邦,而这给人类带来了巨大灾难,欧克肖特将这种理性主义的政治称为政治的巴别塔。在欧克肖特看来,建造巴别塔是人类最为深刻的形而上学倾向。对某种完美理想的个人追求来说可能显得有意义,无论是成功或失败都是人类生活的常态,也是可以理解的;但如果整个社会都追求某种规范性的社会理想,则可能导致灾难。"对社会来说,惩罚将是一场理想冲突带来的大混乱,是公共生活的分裂。而奖励则是依附在不朽事业上的名声。或者也可以对这一神话做出另一种解读:人类生活是一种赌博;当个人可以根据自己的爱好投注时,社会却不能这么做,它应当总是远离这一领域。"② 总之,回避冲突并不代表冲突会消失,而只有正视政治领域中的敌我内涵,才能真正地实现多样性和自由,避免"政治中的理性主义"所导致的多元主义、个性、自由的形式性和空洞性。这也正是实践理性在后形而上视域中所应有的内涵。因而交往的前提是差异,这正是在失去了形而上学支撑的后形而上学视域中人的一种基本的存在状况。但只有使这种差异与多元成为一种不可化约的"基点"而避免理性主义的普遍性,交往与对话才具有真实性。从而避免因强势话语霸权所导致的理性的独白与无效的对话。

最后,从"本质先于存在"到"存在先于本质"。现代性视

---

① 尚塔尔·墨菲:《政治的回归》,王恒、臧佩洪译,江苏人民出版社 2005 年版,第 5 页。

② 欧克肖特:《巴别塔》,张铭译,《世界哲学》2004 年第 4 期。

第四章　后形而上学思想的"启蒙"意蕴与启蒙的遗产

域中，尽管人与人之间存在着巨大的差异，但这只是现象，而人的本质乃是同一的，那就是理性。这样一种本质主义的人性观既使人成为无人身抽象理性的附属物，同时又在某种程度上导致了专制主义。"本质先于存在"实际上是物的逻辑，它截然区别于"存在先于本质"的人的逻辑。"动物只是按照它所属的那个物种的尺度和需要来构造，而人懂得按照任何一个种的尺度来进行生产，并且懂得处处都把内在的尺度运用于对象；因此，人也按照美的规律来构造。"① 如果说动物的存在在于其确定性，那么人的存在则是开放性的。也就是说人区别于物的特征在于人的生存性即存在的未来时间向度。现代性的逻辑打破了传统社会的永恒时间观，使人的自由感获得了现实的基础，但同时人存在的未来指向性却又被同一性的逻辑所扼杀，使人成为失去了可能性的封闭的存在者。这也就是马克思所深刻地指出的现代性社会实际上是一种"以物的依赖性为基础的人的独立性"社会。正是如此，启蒙现代性的解放方案便具有意识形态的乌托邦性质。现代性条件下的资本运行逻辑及形而上学的思维方式不仅没有使人成为一个自由的存在者，相反，使人成为了消费动物（阿伦特语）。而如何消除这样一种异化，恢复人的类存在物则正是启蒙的一项重要使命。"人不仅仅是自然存在物，而且是人的自然存在物，就是说，是自为地存在着的存在物，因而是类存在物。"② 马克思的异化及共产主义理论给予我们思考启蒙与现代性问题提出了一种重要的理论路向，而如何将马克思的理论与当代社会的现实结合起来则是一个重要的理论问题。

　　总之，后形而上学其根本特征乃是对多元性的强调，是对矛盾和开放性的承认。后形而上学的论域正是形而上学予以拒斥的，因而自由是否需要形而上学的基础或者能否在后形而上学视域中展现则关系到后形而上学的命运，而后形而上学思想的本质是要确立起个人的真实存在。

---

① 马克思：《1844 年经济学哲学手稿》，人民出版社 2000 年版，第 58 页。
② 同上书，第 107 页。

启蒙之后的"启蒙"

第三节　启蒙的遗产

启蒙世界观蕴含着内在的不可避免的矛盾,但并不能因此而断定启蒙世界观在当代失去了任何意义和价值,相反,在当代启蒙仍然具有丰富的遗产。

一　自由是一个理想

自由是启蒙最为核心的价值理念,启蒙思想家坚信人类的历史就是一个不断进步、自由最终实现的历史。但现实的社会状况恰好反证了启蒙的信念,因为随着现代官僚体制的发展和资本逻辑的日益统治,人更加受制于必然性的支配,自由对于人来说成为一个难以企及的梦想。西方马克思主义则有力地证明自由对现代人来说不过是一种幻象,因为现代社会所制造的种种系统工具(如广告、大众文化、技术力量、虚假民主等)不仅支配了人的生产行为,而且也侵入个人的私人世界,直抵人的内心结构,自由变得遥不可及。而后现代主义者则更是在社会的几乎所有领域洞察到了权力对人的支配,从而宣告了启蒙的自由不过是一种幻象。因为启蒙的自由是通过元叙事而获得合法性的,它"明确地求助于诸如精神辩证法、意义阐释学、理性主体或劳动解放、财富的增长等某个大叙事"①,但是这个大叙事显然是不合时宜的并遭到了批判。后现代主义者基本上都断言启蒙的自由与解放不过是理性的独断,如果后现代的批判成立的话,那么虚无主义与无政府主义就成为人类的必然归宿,但如果这是事实的话,那么人类在这个世界中生存还具有什么意义?

后现代主义者对启蒙的真理观所蕴含的霸权主义、西方中心主义的批判,对启蒙的自由观所包含的内在矛盾的揭示,在很大程度上是对人们思想的一种"启蒙"。它使人们对社会微观领域中的各种统治力量保持警惕,但与此同时,后现代主义对自由的拒斥又在很大程度上放弃了人的超越性这一根本的维度。后现代

---

① 利奥塔尔:《后现代状态》,车槿山译,南京大学出版社2011年版,第4页。

第四章　后形而上学思想的"启蒙"意蕴与启蒙的遗产

主义者以启蒙的自由蕴含着内在矛盾为由而否定现实的政治自由，这无疑误解了启蒙的自由特别是民主、权利这些形式对人类的解放作用。"某些社会之所以会赋予其公民以普遍权利，乃是因为长期坚持社会斗争的结果。因而人权和民主自由应当被看成是社会和政治的建构物，每个人或每个群体都应去保护它们，而不应该让后现代知识分子将它们无端抛弃。"[①] 因而问题的关键并不在于放弃自由，而在于理解启蒙的自由到底是一种什么样的自由，如何才能让它在新的存在条件下继续发挥解放的功能。当然，对此问题的思考首先需要明确地意识到，我们当代对启蒙自由观的理解实际上很大程度上已经偏离了启蒙自由的内涵。因而回归启蒙的时代，重新"还原"启蒙核心价值理念的内涵成为当代"启蒙"的前提。

可以说启蒙时代的核心价值理念是"自由"，但显然自由不是一个既存的事实或状态，至少在启蒙哲学家的"解放"方案中，自由意味着"历史的终结"，因而自由是一个未来的状态。当然，并不否认现实的社会中人存在的自由性，但这只是"有限度"的自由。因而，重要的不是确认自由是否存在，而且要追问自由何以可能，康德正是在此意义上被认为是启蒙之子。哲学家们以"天赋人权"（或自然权利）来论证自由的形而上学基础，从而为现实的制度安排提供"合法性"根据。因而无论是"自然权利"还是"自然人"在这里均不是通过经验的或实证的方式来确立的，作为出发点的所谓"自然状态"只是一种理论的抽象，并没有实际的所指。"这种原初状态当然不可以看作是一种实际的历史状态，也并非文明之初的那种真实原始状态，它应被理解为一种用来达到某种确定的正义观的纯粹假设的状态。"[②] 所以，自然权利（或自然法、理性）都具有超验的性质。也就是说自然权利在某种意义上是一种"假设"，但它不同于一般的假

[①] 凯尔纳、贝斯特：《后现代理论》，张志斌译，中央编译出版社2004年版，第312页。

[②] 约翰·罗尔斯：《正义论》，何怀宏、何包钢、廖申白译，中国社会科学出版社1988年版，第12页。

启蒙之后的"启蒙"

设,它不仅成为近代以来实定法的基础,而且作为某种最高的标准来衡量实定法的合法性。启蒙思想家用"毋庸置疑"、"不证自明"等词语来表示人的自然权利的神圣性,自然权利是人生而具有,是人的理性可以先验加以认识的。但启蒙思想家并没有因为"自然权利"的非实证主义性质就否认其存在,而是坚信这正是人的自由之所以可能的前提。自然权利理论在近代经历了一个转折,从而自然权利在伦理学的基础上重新得到了阐释。

格劳秀斯、霍布斯、洛克及卢梭并称为自然权利理论的四大鼻祖,他们以此为基础阐明了近代社会政治、法律体系的基本原则,但休谟却使之陷入危机。休谟从彻底的经验主义立场出发,认为理性只在数学或逻辑领域有效,而事实和价值领域却不是根据理性而是依据习俗而得以解释的。也就是说人们组成社会共同行动,并非出于理性,而是按照习惯、习俗,因而习惯法高于自然法。而且所谓的自然法无疑是误解了因果必然性的含义。康德接过了休谟的问题,但在新的理论基础上重新理解自然权利。康德认为自然权利不等于自然的权利,相反它是指自由的权利,因为在自然的必然性领域并没有所谓的人的权利,而只有人"不得不如此"的他律,只有在实践的自由领域,人的自我立法才使权利具有意义。也就是说康德将权利的基地立于人的自我立法之上,人(即实践理性意义上的自由意志)取代上帝或自然成为权利的基础。所以康德认为存在着两种法,即自然法和道德法,自然法研究关于"是"的法则,而道德法研究关于"应当"的法则,二者各有领地互不僭越。也就是说康德否定了在自然领域中自然法的神圣性,因为自然领域中一切无非是必然性的,而权利是一个自由概念,它存在于人的实践理性之中是人的能力的体现。"从理性和意志(根据自由法则而活动)的关系而言,权利是理性的纯粹实践概念。"[①] 也就是说在康德看来,离开人的自由或实践理性,所谓的权利是没有意义的,因为自由与权利是一枚硬币的两面。这清楚地说明,权利乃是一个伦理学的"应当"

---

① 康德:《法的形而上学原理》,沈叔平译,商务印书馆1991年版,第59页。

第四章　后形而上学思想的"启蒙"意蕴与启蒙的遗产

概念,"权利的一切命题——作为法律上的命题——都是先验的命题,因为它们都是理性的实践法则。"① 所谓的天赋的自然权利真正来说只能是理性的人的意志的自我立法即自律。因而任何以权利的不可证实为由否定权利存在的观念都是使康德的努力后退至休谟以前的理论水平。

当代著名的社群主义者麦金太尔以"权利"不存在为由而认为启蒙失败了,这在很大程度上代表了拒斥启蒙世界观的一条论证逻辑。在麦金太尔看来,根本就没有自然权利或人的权利,"相信它们就如相信狐狸精独角兽那样没有什么区别"。② 为何麦金太尔会有如此断言?麦金太尔认为"权利"不存在的理由追随了逻辑实证主义的论证逻辑。因为权利既不能用经验事实证实,又无法通过同一律的检测,所以权利作为一个伦理学的基本概念顶多表明了人们的一种主观理想或态度,并无客观的存在。在此,这种建立在经验主义基础上的论证逻辑恰恰忽略了权利本身的超验性。而按照康德理论,逻辑经验主义实际上是忽视人的道德性、自由的存在,仅将人看成是一个局限于自然领域的事实性存在。如果人只是一个"自然人",那么人就只能"按照他所属的物种进行生产",这就将人下降为物的存在,而所谓的人的尊严、价值就成为一个不可理解的问题。正如上文所指出的,权利乃是伦理学的"应当",因而它本质上是一个理想性的概念,没有现实对应物,但正是它的非现实性使之成为批判现实的起点。人是一个自由的存在者,即人可以摆脱自然的束缚而自我选择或自我决定,这在某种意义上是承认了偶然的地位,当然这里的偶然性是对人并非必然性链条的一环而言的。"严肃的科学家与哲学家都不否认在自然与历史中机遇和偶然性的强有力的作用。"③ 正是由于承认偶然性的存在,才使人的自我选择得以可能从而使人的实践作为一个独立的领域得以存在,权利正是存在于摆脱了

---

① 康德:《法的形而上学原理》,沈叔平译,商务印书馆1991年版,第59页。
② 麦金太尔:《追寻美德》,宋继杰译,译林出版社2003年版,第88页。
③ 里拉、德沃金、西尔维斯:《以赛亚·伯林的遗产》,刘擎、殷莹译,新星出版社2006年版,第26页。

启蒙之后的"启蒙"

自然必然性的这一自由领域,而这正是启蒙赋予人们的宝贵遗产之一。

当代建立在实证主义立场之上的对启蒙拒斥的各种思潮无疑并没有触及启蒙的核心,并且只是批判了一个启蒙的假象。启蒙的原初含义乃是大胆使用自己的理性,来批判、质疑一切愚昧、迷信,从而使人成为一个"成年人",即一个不依赖于权威而可以独立、自主地使用自己理性的人,而这正是自由(意志)的内涵。但遗憾的是启蒙在怀疑一切传统与权威之时却恰恰使理性自身免于怀疑,而且随着自然科学所取得的巨大成就,工具理性显然成为理性的根本范式。但工具理性的特征正是在对超验的祛魅中,使一切都"数学化"或"可计算"。逻辑经验主义所代表的对"事实性"逻辑的强调正是工具理性成为终极标准的标志。如果在康德的意义上将权利看成一个伦理学的"应当"概念,那么权利正是由于其"定言"的特征使其对于现实中权利与义务关系具有存在论上的优先地位。而且正是由于权利的理想性及"应当性"使权利总是具有非现实性,即总是作为最高的标准衡量现实的人与人之间的关系。所以在此意义上,自由或权利是永远无法完全实现的,虽然它不具有规范性的内涵,但它却在消极的意义上是"调节性"的,即它作为最高的理想总是指引着现实的发展与进步。而当把权利或自由当作某种实在的存在并以之来规范现实社会的时候,这就误解了"启蒙"。实际上正是实证主义对自由和权利的规定使启蒙走向其反面,因而拯救启蒙的形上维度(或理想维度)成为"启蒙"的重要前提。

当然需要指出的是以康德为代表的启蒙思想家坚持自由的超验性特征,认为德行与幸福之间存在鸿沟但启蒙世界观的核心乃是以统一性为基本信念,因而康德又不得不认为德与福是统一的。这在理论上就预示了形而上的"应当"不仅高于"是",而且"是"只有受"应当"的支配才是合理的。因而启蒙本质上是一个理性主义的谋划,是一个以"应当"为根据的对"是"的不断的引导、进步的过程。但由于"应当"是超验而无法经验证实的,这就蕴含着集权主义的危险,即哲学家和政治统治者会

第四章　后形而上学思想的"启蒙"意蕴与启蒙的遗产

声称自己是绝对真理的代表者，而对大众发号施令，这就走向了启蒙的反面。正是意识到启蒙世界观所造成的将理想实体化从而来规范现实的理性主义的"狂妄"，以哈耶克、伯林等自由主义思想家极力反对理性主义的"计划"，因为这否认了人的自由性与多样性特征。启蒙以个体自由、解放开始，以自由的丧失、人的受奴役终，这正是启蒙的最大悖论。

哈耶克从经济学的角度论证了任何国家计划不仅不能增加自由，反而使人受奴役。在哈耶克看来，独立的个人对何者有利于自身有着终极的决断权，且在市场价经济中充分参与竞争的人不仅能最大限度地实现自己的"私利"，而且市场这只"无形的手"能导致"公善"的最大化。这是由于在社会领域，真正对人的行为有指导意义的知识向来都只是具体、分散的，根本就不可能是客观的。"指导任何人类群体的行为的具体知识，从来就不是作为一个稳定而严密的体系而存在的。它只以分散的、不完美和不稳定的形式，存在于众多个人的心智中，一切知识的分散性和不完美性，是社会科学必须首先面对的两个基本事实。"[①]因为个体而非任何集体才是真正的主体，"个人自由是和整个社会都必须完全地、永久地从属于某个单一目的的至上性这一永久观念水火不容的。"[②] 因而真实的自由永远必须是个体的自由，更为重要的是个体自由并不会导致人与人之间的冲突，相反，它会使人与人之间达于和谐状态，使公共的利益得到增长。

在伯林看来，任何一元主义的、终极的理性谋划都是形而上学的狂想。正是这样一种形而上学的狂妄导致了对理性的崇拜和对个体自由的抹杀。因为理性代表着终极的根据、标准，而个体的自由如果丧失了理性的规范必然要导致相对主义或"自由的幻象"。所以任何问题的解决必定是"终极"的解决，否则就没有抓住事物的本质。在伯林看来这样一种逻辑要为人类历史上的诸

---

① 哈耶克：《科学的反革命》，冯克利译，译林出版社2012年版，第26页。
② 哈耶克：《通往奴役之路》，王明毅等译，中国社会科学出版社1997年版，第195—196页。

启蒙之后的"启蒙"

多苦难负责。"有一种信念与任何别的信念相比,对个体在伟大历史理想的祭坛上被屠杀负有更大的责任。……这种信念是:在某个地方,在过去或未来,在神启或某个思想家的心中,在历史或科学的宣言中,或者在未腐化的善良人的单纯心灵中,存在着终极的解决之道。"① 伯林认为这样一种"终极解决"的形而上学的方案不仅存在于理性主义思想家的思想中,更为可怕的是这种逻辑时常成为政客们实施其专制统治的合法借口。"在整个人类思想史上,这是最强有力和最危险的论点之一。让我们在此追索它的步骤。只有通过理性才能发现客观的善,将理性强加给其他人只是为了激活他们心中潜在的理性;无论人们实际上说他们想要什么,解放他们就是恰恰为他们做如果他们是理性的话他们会为自己做的事情;因此,某种最狂烈的强制等同于最绝对的自由。"② 这正是自由就是对必然认识的政治上的专制主义版本。但伯林认为这样一种为自由奠基的理性主义逻辑恰好是与自由相对立的决定论逻辑。因为它否定了"选择"的真实性,真正的选择乃是对意志自由的承认,是对价值多元论的认可,或者说自由蕴含于价值多元主义的承诺中。事实上后形而上学给予我们的重要启示是,价值多元论是我们生活于其中的世界的一个无法加以否认的事实。"我们在日常经验中所遭遇的世界,是一个我们要在同等终极的目的、同等绝对的要求之间做出选择,且某些目的之实现必然无可避免地导致其他目的之牺牲的世界。"③ 正是因为这个原因,所以选择、道德、自由才获得了真实的内涵。

伯林坚信理性多元论的事实,在他看来价值是客观的,但各种价值之间存在着不可解决的冲突,因而不可能有一个一劳永逸的建立在理性基础上的计划来彻底解决冲突。因而伯林站在经验主义的基础上,承认了一个启蒙理性主义不愿承认的事实——价值多元论,从而真诚地面对这个事实,并以"狐狸"式的狡黠在

---

① 伯林:《自由论》,胡传胜译,译林出版社 2003 年版,第 240 页。
② 伯林:《浪漫主义时代的政治观念》,新星出版社 2011 年版,第 132—133 页。
③ 伯林:《自由论》,胡传胜译,译林出版社 2003 年版,第 241 页。

第四章　后形而上学思想的"启蒙"意蕴与启蒙的遗产

特定的历史情境中寻找问题的解决方式，承认在多种价值相冲突的情况下，并没有一个客观的标准来指导人们，于是赋予选择以最为重要的意义。但伯林在一定程度上犯了一种"自然主义的谬误"，混淆了"是"与"应当"的界限。当伯林赋予消极自由以最为重要的价值时他又一次违背了自己的经验主义逻辑：既然各种价值都是真实、客观的并且在很大程度上是相互冲突的，因而所有价值本质上都是相对的（即没有一个价值是绝对的、最高的），那么伯林为何又赋予"消极自由"为"绝对屏障"的地位？价值多元论的逻辑后果应当是"价值中立"，但伯林却背叛了这个逻辑。经验主义哲学家正是由于对启蒙的"理性主义"心怀恐惧而将自由与经验主义结合起来，如此他们最多是承认了价值多元这个事实，对于各种价值必然造成的冲突他们按照经验主义的一贯立场，只能是听之任之，或至多赋予人的选择以某种崇高的意义。而关于多元价值之间能否通过妥协达于一致，他们认为这只是一种理性主义的幻象，因而思考如何统一的问题便超出了他们的理论视野。但实际上价值多元论并不必然与某种理性的统一是不相容的，如格雷就论证了在宽容的美德下某种"权宜之计"的达成是可能的，罗蒂也证明了在同情感的作用下人类社会能达到某种限度的团结，罗尔斯更是将"重叠共识"建立在承认多种"完备性学说"存在的基础上。

尽管在启蒙的视域中，理性主义的肆虐导致一种基本的现实感的缺乏，对人的存在的"复数性"、多样化的漠视，从而使人成为下降为物或纯粹手段性的存在；而经验主义勇敢地承认价值多元性及价值之间的冲突，但有可能重新陷入"一切人对一切人的战争"的状态。可以说无论是强调经验还是理性或者强调二者的调和的自由主义理论，他们的共同之处都是将启蒙的理想加以实体化及规范化。实际上通过分析经典启蒙思想家的理论，可以发现他们思想中的另一个维度，即都将启蒙视为一个永恒的理想。"启蒙的伟大遗产并不是几百年前那些西方启蒙思想家们'发现'了什么普遍的自然法则或其他什么先天规律，而是他们以依托先验的方式（自然法、绝对命令、自然的目的）历史地创

启蒙之后的"启蒙"

制了自由、平等、永恒和平等至今仍未完全实现,仍为无数人们所实践、所期盼的启蒙理想。"① 在此意义上,启蒙的真正含义在于其不可实现的理想性,在于它作为一种批判性的理论对现实所发挥的"调节"作用。而以工具理性逻辑为依据对启蒙超越性的拒斥,实际上并没有切中启蒙世界观的核心,相反,这本质上是一种"反启蒙"。如果说启蒙是要在对一切愚昧、专制、迷信等使人非人化的力量的批判、质疑中,使人真正成为大写的人,从而实现人的自由与解放;但现代性的工具理性的泛滥不仅使人再次成为异己力量(无人身的客观理性)的奴隶,而且使人成为受制于资本同一性逻辑的经济动物,自由对人来说成为一种幻象。因而,在此意义上,启蒙不仅并未实现,相反,"启蒙"正当时。

正如上文所指出的,启蒙是一个理想,同样自由也是一个理想,从而绝对自由是无法在现实中完全实现的。但启蒙的理想与现实之间的关系不同于形而上学的"存在者"与作为其根据与基础的"存在"之间的关系。在形而上学的逻辑话语中,虽然存在者是现实的、历史的,存在是超时间、超历史、永恒的,但前者必须在后者的基础上才能得到合理的理解,因而它们之间存在着一种单向支配关系,也就是现实不过是理念的现实化。而在启蒙的话语谱系中,启蒙的理想与现实却不存在因果联系,它们之间是一种引导与被引导、批判与被批判的关系。启蒙理念的"应当如此"并不具有黑格尔绝对理念所具备的现实性,即"凡是合理的都是现实的",它并不是客观的存在,而是一种理性的建构,是一种不可实体化但可以指引现实的一种理性。启蒙的自由、平等等价值理念属于自为的实践理性领域,是人的自律的体现,自由意志所引发的行动必然落实于现象界,但本体与现象之间又存在着不可逾越的鸿沟,所以德行与幸福并无因果联系。

正如康德所指出的,建立在绝对命令基础上的德行本身是合乎道义的,但它不包含幸福,并且二者经常是相反的。因此康德

---

① 吴冠军:《多元的现代性》,上海三联书店2002年版,第76页。

第四章　后形而上学思想的"启蒙"意蕴与启蒙的遗产

将"出于道德"与"合乎道德"区分开来,不以行为的结果而以行为的动机为标准来判断一个行为是否是道德的。尽管康德以上帝存在的公设来保证伦理学最高理念——至善的实现,但他实际上暗示了伦理与现实之间的界限、理性的自我与自然的自我之间的鸿沟。当世界被祛魅进而人也被祛魅之后,任何有关上帝或最高存在的假设都失去了意义,道义论与幸福论成为不可公度且相互竞争的理论左右着人们的选择与实践。而根据麦金太尔的美德理论,失去了目的论传统的支撑,就不可能有任何中立的价值标准在不同的道德理论中做出客观的评价。这实际上是一种知性思维逻辑透视下的必然后果,这种逻辑认为要么是客观主义,要么是相对主义。

康德的第三组二律背反深刻地说明了自由的本体性或超自然性,自由之本体性在于它是无法用知性的范畴加以把握的。自由作为无限的理念,它只可思维但不能被认识,因为认识是有限的,是知性范畴综合经验材料的结果。"知性的活动,一般可以说是在于赋予它的内容以普遍的形式,不过由知性所建立的普遍性乃是一种抽象的普遍性,这种普遍性与特殊性坚持地对立着,致使其自身同时也成为一特殊的东西了。"[①] 而且知性形而上学逻辑根源于一种追根溯源的人类本性,它体现的是一种"镜像"主义的信念。这种自然之镜的观念认为人的心灵是一面镜子,它的任务就是要反映客观的实在。在这种根深蒂固的镜像思维的主宰下,西方的政治、伦理、哲学等理论形态的真理均以某种"实在"为标准。而启蒙的世界观在很大程度上是在科学主义逻辑的支配下将这种镜像主义逻辑精致化。但实际上并没有所谓的客观实在,这只是知性思维逻辑加以抽象化的结果。"可是自由主义民主并无过错,那些只在于企图扩大自由民主范围的哲学家们也无过错。过错只在于企图把他们的努力看作未能达到他们并不曾企图达到的东西:证明我们的生活方式'客观地'优于一切其他可能的生活方式。简言之,启蒙精神的愿望本身也许没有错,正

---

① 黑格尔:《小逻辑》,贺麟译,商务印书馆1980年版,第172—173页。

启蒙之后的"启蒙"

是这一愿望导致西方民主的创立。……启蒙运动理想的价值正是他们创造的某些制度和实践的价值。"[1] 罗蒂深刻指出了西方形而上学根深蒂固的客观主义真理观导致的理性的暴政,并以协同性为基础来确立道德、政治的基础,抛弃了任何形而上学的预设从而为社会的稳定与团结找到了更为可靠且更为文明的根据,这样既克服了客观主义,又避免了相对主义的威胁。

康德曾通过理性的划界指出了知识和伦理的界限,并指出了无论知识的客观性还是道德的客观性它们都是指"普遍必然性",而并非指与"实在"相一致,因为"实在"作为物自体本质上是不可知的。知识的客观性来源于人的先天的认识形式和知性范畴,道德法则的客观性来源于"可普遍化"的自我立法,这里均没有触及"实在"本身。尽管康德在很大程度上抛弃了"实在"在认识、道德、政治中的积极作用,但它的消极作用(即限制作用)却得到了承诺。与此同时,康德抬高了理性的价值和地位,特别是在实践理性中,康德将"有限"理性的存在者作为道德存在的前提(上帝作为完全理性的存在者不需要道德,动物作为纯粹自然性的存在没有道德,人介于上帝与动物之间,道德既表明了人的有限性同时又证明了人之高贵性)。康德最为重大的理论贡献"主观主义"逻辑却被强大的"客观主义"逻辑所窒息,以致任何认识、道德或政治均只具有"表面"的性质,它们只有"符合""实在"(理念、绝对精神、本质等)才能证明自己为真实的。但"实在"本质上是有限的人的认识无法认识的,尽管哲学家们提供了许多方法论原则,并为"实在"做了很多命名,但他们并未直接与实在同一。

随着"上帝之死",作为最高存在者的"实在"成为虚无,建立于其上的真理、道德、政治等人类认识、实践领域产生了危机。特别是价值领域,既然道德的根基被摧毁了,那么一切价值至少在理论上具有同等的价值。传统的一元论的价值观的失败使

---

[1] 理查德·罗蒂:《哲学与自然之镜》,李幼蒸译,商务印书馆2003年版,第453页。

第四章　后形而上学思想的"启蒙"意蕴与启蒙的遗产

多元论开始兴起，但多元论远没有根本地解决问题。如果说一元论的极端后果是导致了对人的多样性、历史的偶然性、境况的复杂性的忽略，从而使人成为抽象观念的牺牲品，成为"统一模式"的殉葬物，并将人的这种牺牲美化为"历史进步"或"社会发展"的必然代价；那么价值多元论发展到极端必然导致相对主义乃至虚无主义，使人类社会的共同体走向毁灭。多元论是在对一元论的反叛中兴起的，多元论的基本主张上："价值是多元的——即多种多样的，不是某种单一价值或一套价值的各种形式或变体，也不能化约为某种单一价值或一套价值的各种形式或变体，也不能化约为某种单一价值或一套价值的各种形式或变体；它们是无不兼容的，即在某个单一的生活或单一的社会限度内不可能共同实现；它们可能是相互抵触的……它们可能是不可比较的……它们可能是不可公度的。"① 如果说各种同样真实且终极的价值之间必然会发生冲突，那么启蒙的多种价值的完美统一的理想就成为一厢情愿的幻想。伯林正是深刻地意识到这一点，认识到价值的必然冲突因为赋予"选择"以重要的意义。这样一种伦理现实主义使我们清楚地意识到了人类的根本道德处境，从而对任何解决人类冲突的"完美"解决方案都保持警惕，可以说这是对大屠杀导致恐怖后果的必然逻辑。

"他（伯林）对知识的解放作用以及科学的解放作用的信念完全是由于启蒙运动的精神：事实上这处于启蒙视野的核心。它在这种视野中看到的缺陷来自其过于乐观的信仰——理性所理解的进步会导致所有人类问题的解决。他认为，这一理性主义的普世主义不是依据我们的道德经验，道德经验会把我们引向一种某些终极价值之间的不可公度性的感觉。……启蒙运动遗产的问题在于其缺陷逐渐明显了：我们已经越来越认识到道德的和历史的经验并不支持启蒙对理性力量的乐观主义。"② 如果承认伦理现

---

① 里拉、德沃金、西尔维斯：《以赛亚·伯林的遗产》，刘擎、殷莹译，新星出版社2006年版，第49页。

② 同上书，第56—57页。

启蒙之后的"启蒙"

实主义的主张,又不陷入霍布斯的自然战争状态,那么保持某种社会共同体的一致是必需的。那么如何达到这种一致呢?思想家们一致赋予"妥协"、"宽容"在后形而上学视域中以重要的道德品质,但很显然,无论是罗蒂还是罗尔斯,他们都在政治的公共领域中来谈论宽容与妥协对于达到某种一致所起的关键作用。他们都预设了任何一种共同体都是一个封闭的实践团体,共同体的成员都共享诸如自由、平等等基本价值理念,尽管各种理念之间存在冲突,但他们能就共同关注的问题达成最低限度的共识。显然,尽管他们的后形而上学立场承认了价值多元论的基本主张,但他们仍然站在"西方中心主义"的立场来谈论价值多元主义,因为这种立场显然无法赋予伊斯兰教和共产主义的基本价值理念以合法地位。因而所谓的宽容、妥协背后的"主体间性"显然是有限的,并没有达到康德所说的"世界公民"的广度。如果说在政治领域中由于利益的一致可以达到某种共识,但在信仰领域似乎这是一个永远无法实现的目标。伯林正是深刻地指出了人类的这种价值多元主义的困境,但伯林显然是过于悲观了。

正如历史的发展所证明的,两种价值在一种社会历史条件下是相互冲突的,但在另一种社会历史条件下却又是能够和谐共存的。如在传统社会,自由与社会稳定是处于冲突之中,但在现代社会人们认为自由是一个社会团结与稳定的前提。因而泰勒充满希望地指出:"而今天,一般来说,民主社会享有最高程度的内部和平与秩序,但为了达到这种良好的状态需要一些新的政治文化的发展。这些文化可能涉及某些戒律,会抑制某些其他的善,在解决旧的冲突的过程中会出现新的冲突,但是没有一个特定的冲突应该被视为不可改变的。我们不必自甘放弃。"[①] 也正是如此,马克思在资本主义社会发展的早期就深刻地指出:"共产主义对我们来说不是应当确立的状况,不是现实应当与之相适应的

[①] 里拉、德沃金、西尔维斯:《以赛亚·伯林的遗产》,刘擎、殷莹译,新星出版社2006年版,第104页。

第四章　后形而上学思想的"启蒙"意蕴与启蒙的遗产

理想。我们所称为共产主义的是那种消灭现存状况的现实的运动。"① 现实社会中的冲突不仅是必然的，而且并不能诉诸任何形而上学的存在来予以解决，因而真诚地面对这种人类存在的困境，在具体的情境中予以具体的权衡成为后形而上学实践智慧的真实内涵。

二　启蒙的当代启示

本书主要是从一种批判的视角来理解启蒙并阐释当代"启蒙"的主题，但正如上文已经指出的启蒙的内在困境只能通过内在的治疗来加以解决。而这之所以可能就在于启蒙世界观蕴含着丰富的遗产，在后形而上学视域中重新理解这些有价值的思想资源，并实现创造性的转化，对于克服启蒙的困境将具有重大的意义。启蒙的本意即照亮，它试图以理性为基础重新建立一个新的世界，在这个世界中，人类将实现彻底的解放。尽管它所蕴含的形而上学思维逻辑及其所导致的个人主义、功利主义、主体中心主义不仅没有使人间天国成为现实，反而造成了意义的丧失和价值虚无主义等人类生存的困境，但是从理论上说启蒙并没有终结。在 20 世纪出现的各种反启蒙的思想形态在某种程度上推进了人们对启蒙理性的重新认识，哈贝马斯更是在交往理性的基础上论证了启蒙的正义、自由、平等等价值的真实前提。而实际上启蒙蕴含着诸多有价值的思想要素，重新阐释这些思想要素的意义在当代无疑具有重大的理论价值。那么，启蒙给予了我们哪些启示呢？

首先，启蒙所蕴含的有限性的主体意识。在 20 世纪哲学的发展中，尽管哲学家们关注的主题各不相同，但是在某种意义上他们又有着共同的理论特征，那就是对人的有限性的强调。无论是克尔凯郭尔、尼采、海德格尔等存在主义思想家，还是罗蒂、福柯等后现代主义思想家，他们都非常注重有限性思想。但是由于他们对"普遍性"深恶痛绝，因而在对有限性的过度强调中难免陷入相对主义的泥潭。而实际上对人之有限性的强调早在启蒙

---

① 《马克思恩格斯选集》第一卷，人民出版社 1995 年版，第 87 页。

启蒙之后的"启蒙"

时代就为康德所指出,但在康德这里相对主义却不见踪影。康德通过对理性自身的批判指出人的认识只能是有限的,而不能达到形而上学的物自身,试图以有限的认识范畴去把握无限的实体只能导致辩证的幻象。另外在康德看来,道德作为人之自由的根本体现,尽管"通过其道德理性的力量,人类可以为他自己和为他的行为建立一种价值,而这种价值是超越了一切时间与一切空间的,而且能使他接触到一永恒实有"①,但是道德就其根本意蕴而言,指的是作为有限理性的人在与感性欲望的不断斗争、挣扎中才能体现出真正的道德价值。

另外,康德之所以在强调人的有限性的同时,避免了相对主义,在很大程度上是因为他所理解的人的有限性并不是以孤立的个人为理论的出发点,相反,人根本上是一种主体间性的存在。"自由是独立于别人的强制意志,而且根据普遍的法则,它能够和所有人的自由并存,它是每个人由于他的人性而具有的独一无二的、原生的、与生俱来的权利。""当然,每个人都享有天赋的平等,这是他不受别人约束的权利,但同时,这种权利并不大于人们可以彼此约束的权利。"② 在此意义上康德没有谈论抽象的权利,而是关注在一个公民共同体中,个人的权利的受限制性。而关于主体间性的思想则集中体现在康德《判断力批判》中对"鉴赏"和共通感的分析,当人进行判断时虽然出发点是个体的我,但他却要求他人的一致同意。但一致同意并不是以外在的实体为基础,而是以说服为特征。"康德在以鉴赏为判断的根据的论述特别透彻,鉴赏是一种不同的感觉,它同'私人感情'不是一回事。相反,鉴赏是一种共同的感觉,它是一种'公共的感觉',这种感觉使我们适应于人的共同体。……它既不同于个人感情的表达一致,又不与那种'认识理性'的普遍特征相混淆,它是一种能够在其特殊性中研究解释事物然后又要求其公共有效

---

① 克朗纳:《论康德与黑格尔》,关子尹译,同济大学出版社2004年版,第71页。

② 康德:《法的形而上学原理》,沈叔平译,商务印书馆1991年版,第27页。

第四章　后形而上学思想的"启蒙"意蕴与启蒙的遗产

性的思维方式。"① 当然并不能忽视康德哲学中的形而上学特征，重要的在批判康德形而上学的基础上拯救其有价值的因素。在后形而上学视域中，交往、沟通、说服成为人们认识和实践的基本有效性准则，但是需要指出的是，认识与沟通并不必然会达成共识，在合理性的范围内对个人缺席的权力的尊重是必需的。而且，只有承认有限理性的人的主体地位，人的自由才具有实现的真实性。以笛卡尔为代表的个人理性主义强调自足的个体，但事实证明这种个人主义往往导致了集权主义，其原因在于没有意识到只有在"真个人主义"（哈耶克语）的基础上人的自由才获得了真实的保障。所谓"真个人主义"就是认为人是作为社会历史的产物是有限的，人类赖以生存的制度与惯例并非人有意设计的结果而是自生自发的，而且人类通过自愿合作所产生的效益远大于整体的规划。如果承认这一点也就是意味着作为理性所架构的国家并不具有无限的权力，事实上只有对此加以限制，个人的自由才能真实地体现出来，那就是通过与其他个人的自愿合作而追求自己的利益与价值的实现。"国家，作为对刻意组织起来的和有意指导的力量的体现，应当只是我们所谓的'社会'这一极为丰富的有机体当中的一个很小的部分；此外，国家所应当提供的也只是一种能够使人们自由地进行最大限度之合作的框架而已。"② 承认人的有限性并不因此而陷入相对主义和集权主义，相反，只有承认人的有限性，理性的有限性，才能有交往、商谈的必要性，才能真正理解为何法国大革命绝对的理性主义导致了恐怖主义。这是以休谟、斯密、柏克等以经验主义传统为基础的早期启蒙思想家给予我们的重要启示，也是当代我们必须加以借鉴的重要思想资源。

其次，启蒙所呼吁的批判精神。启蒙以批判为基本特征，批判的目的是要揭示在理性的名义下统治人、支配人的各种异己力

---

① 伯恩斯坦：《超越客观主义和相对主义》，郭小平等译，光明日报出版社1992年版，第271—272页。

② 哈耶克：《个人主义与经济秩序》，邓正来译，生活·读书·新知三联书店2003年版，第30页。

启蒙之后的"启蒙"

量,从而使人们成为能够自主使用自己理性的成年人。在启蒙时代虽然理性成功地批判摧毁了传统世界观,但由于形而上学思维逻辑的支配,理性又将自己树立为绝对的权威,从而使启蒙所蕴含的批判精神被窒息,理性成为一种独白。帕斯卡尔、蒙田、维科等却意识到理性实际上是有限的,因而早在启蒙运动初期就对理性持一种怀疑主义态度。而在20世纪,无论是批判理性主义,还是后形而上学思想、社群主义,都有力地论证了启蒙的理性并非是绝对的、无限的,相反,理性只是有限的,是特定文化、历史的产物,从而有力地批判了理性主义传统。批判精神不仅体现为对理性万能这样一种神话的怀疑,而且体现为对绝对主义思维方式的否定。所谓绝对主义的思维方式其基本的特征是认为真理是一种绝对的终极状态,其表现形式是要么/要么,不可能是中间状态的既/又。因而思想家们总是陷入要么客观主义要么相对主义,要么个人主义要么集体主义这样一种绝对对立的立场之中。这种看似对立的立场其实在精神气质上又是根本一致的,那就是对终极真理的追求。但正如海德格尔指出的建立在超感性世界之上的伦理学并没有为道德奠定坚实的基础反而导致了价值虚无主义,哈耶克也指出笛卡尔式的建构理性主义的个人主义最终却导致了集权主义(典型的代表是卢梭),因而对终极性、绝对真理的追求往往导致其反面。绝对主义思维逻辑忽视了真理往往是中介性的,即真理与谬误往往是内在关联的,因而批判性意味着始终要对事物的肯定性理解中包含对事物的否定性理解。同时批判精神意味着要对他者持一种宽容的态度,既然不存在绝对真理,那么他者的话语就可能含有真理性,因而不能要求他者与我的同一绝对同一。当然,人又是社会性的存在者,需要有共同的规范与行为准则,这些准则需要主体间的共同商讨、妥协,也就是要赋予他者以说话的权利。所以批判不仅是打破绝对主义和独断论的良药,同时批判也是真正地使人平等、作为一个负责人的存在者的前提。

最后,启蒙所确立人的自由、尊严。启蒙使人从高高在上的客观秩序中解脱出来,确立了人的独立性与自主性,并赋予人以

第四章　后形而上学思想的"启蒙"意蕴与启蒙的遗产

自我立法从而自我获得尊严的价值，这是一种弘扬人的价值与意义的人文主义精神。如果说在传统世界和基督教世界中，人在存在论上处于受支配的地位，人的自由与尊严仅仅体现为斯宾诺莎所说的对必然性的认识，那么这种自由与尊严并不与人的地位相符。因为自由是意志的自由，是人作为自由的存在者可以超越于自然的必然性而自我立法并自律。自由意志之区别于自然存在者的最为根本的方面就是意志所具有的否定性和能动性，正是人的这种自由性确立了一个区别于自然世界的属人世界，而这个属人的世界代表了人的价值与尊严。也就是说在启蒙思想家看来，未经理性审视、不出于人的自由意志的生活是没有价值的生活。尽管在康德那里，他还在形而上学的意义上来谈论人的自由与尊严，即认为只有通过道德活动，人才能从感性世界中超拔出来进入一个超感性的世界并接触永恒的存在。但是他给我们最大的启示是人的道德与尊严都是超越性的，也即如果没有自由那么就没有所谓的尊严与价值。而自由的根本特征是个人作为一个独立的主体可以从自然的世界中超越出来，更体现为自由主体间需要对何谓正义、公平的社会秩序展开批判性的对话和考察。因而只有当个体作为社会的真正主体，并且整个社会的存在充分体现了个人的尊严与价值的时候，这个社会才是正义的。当然这需要人的努力与奋斗，因为社会的各种异己力量与个人思想中根深蒂固的思维逻辑总是试图宰制人，使人成为一个安于现状、享受卑微幸福的自然存在者。而对各种非理性力量的揭示、批判从而推动人的现实生活的发展与进步就成为"启蒙"的重要任务之一。"我们既不是神又不是从外面巡视世界的卫兵，我们是从世界当中来说话的男男女女，必须鼓起勇气来争论什么是真的，什么是假的，什么是正确的，什么是错误的。"[1] 面对现代社会的"温和的专制主义"（托克维尔语），也许人的尊严就体现为我们是否公开、自由地使用了自己的理性去审视现存的一切。

---

[1] 施密特编：《启蒙运动与现代性》，徐向东、卢华萍译，上海人民出版社2005年版，第31页。

启蒙之后的"启蒙"

总之,启蒙给予了我们有限的主体性、批判精神、人的自由与尊严这些宝贵的思想遗产,但是由于形而上学思维逻辑的支配,这些遗产一直处于受遮蔽状态。当现代性的危机出现的时候,实际上无论是在思想上的超越(后现代)或者回归(古典主义)都并不能真实地触及现实并克服现代性危机。而启蒙思想包含的这些有价值的思想资源对于我们重新理解启蒙的现代性并探索克服现代性危机都将具有十分重要的作用。

按照施特劳斯的论述,启蒙现代性的危机体现为西方人对现代方案的怀疑,"西方的危机在于,西方事实上已经不能确信自己的目标。西方的目标曾经是普遍社会:一种由诸平等民族构成的社会,各民族又由自由平等的男人和女人组成。所有这些民族都可以借助科学提高自己的生产力,从而获得充分的发展。……普遍的富裕会带来普遍的且完全正义的社会,就像一个完全幸福的社会。"① 而随着现代性遭遇危机,现代性的核心范畴——主体性遭到了批判。而主体和主体性的批判在一定程度上切中了现代性危机的实质。因为当代西方哲学通过对主体概念的批判与反省,揭示了启蒙哲学将主体加以实体化所导致的使主体成为一种抽象的、独断的和封闭的存在,恰恰忽视了人是一种具体的、有限的和开放性的存在。但问题是主体性是否是一个应当终结的概念?实际上当代哲学对主体性的批判实际上已经揭示了主体性的另外一个维度:对个人的尊严、价值、权利的承认,但这显然是现代性留下的宝贵遗产。由此,现代性的批判显示出了自身的有限性。如果我们辩证地看待现代性的后果,那么显然主体概念有着自身的合法性。因此,问题的关键是要清理主体形而上学逻辑所蕴含的"形而上学思维逻辑"、"抽象主体性的人性论预设"、"工具理性和功利主义的价值观"及其所导致的对人存在的现实性、历史性、有限性的抹杀。只有通过理论的反思抛弃导致现代性失败的思维方式、人性假设与价值取向,寻求后形而上学的批

---

① 施特劳斯:《我们时代的危机》,刘小枫编:《苏格拉底问题与现代性》,彭磊、丁耘等译,华夏出版社2008年版,第2页。

第四章　后形而上学思想的"启蒙"意蕴与启蒙的遗产

判和开放的思维方式、有限的主体意识、人的真实自由,这才是启蒙之后对待启蒙的应有态度,即启蒙之后的"启蒙"的真实内涵。

现代性实际上是关于自由与解放的谋划,但现代性在自身的进展中却走向了自己的反面:压迫与奴役。因而现当代西方哲学的逻辑就是通过审视现代性的消极后果进而拒斥现代性的基本思维范式与价值理念。施特劳斯鲜明地指出了现代性理想的两个方面,即普遍的富裕及以之为基础的普遍的社会正义,但这两个层面都具有非现实性的特征。

首先,现代科技的发展使人类面临生态危机这样一个全新的事件,这不仅动摇了启蒙现代性无限进步的乐观主义信念,而且世界范围内的发展不平等及两极分化使普遍富裕这样一个理想显得遥遥无期。也就是说生产力的发展既面临资源有效性的限制,而且现代科技的进步加速了人成为商品的奴隶,使人的异化状态日益加深。

其次,普遍正义的社会理想总是陷入个体自由与全体自由的内在矛盾之中。现代社会的根本逻辑是个人主体性,相信全体的自由奠基于这种个人主体性之上。但实际上个人主体性原则却总是容易陷入原子主义,使共同体分裂,使社会的团结、稳定失去坚实的基础。现代性的自由一方面承认个人自由的优先性,但其将主体实体化的形而上学逻辑又使个体仅仅成为无人身理性的工具。因而其绝对自由的理想导致了使现实的人的自由丧失的恐怖。黑格尔深刻地指明了启蒙所导致恐怖主义的内在逻辑,"普遍的东西要想成为一个行动,它就必须把自己集结起来,形成个体性那样的单一性,并且将一个个别的自我意识安置于领导地位……所以,普遍的自由,既不能产生任何肯定性事业,也不能做出任何肯定性行动;它所能做的只是否定性行动;它只是制造毁灭的狂暴。"[①]

[①] 黑格尔:《精神现象学》(下卷),贺麟、王玖兴译,商务印书馆1979年版,第134页。

启蒙之后的"启蒙"

最后,技术的进步与社会的公正似乎并无必然的因果关联。技术体现的是理论理性的发展,而社会的正义却是一个实践理性的问题,二者之间有着不可忽略的边界。正如阿伦特深刻地指出的,革命不等于解放,尽管解放是自由的前提。解放解决的是匮乏问题,但这一问题的根本在于技术;而革命的目标乃是以自由立国,它体现的是人的"开端启新"的本性。物质的富裕并不意味着自由,而自由的建制化与物质的富裕与否没有必然的关系,它只是自由人的协调行动。实际上在现实中,越是技术发展,正义问题越成为一个重要的理论课题。当代政治哲学的兴起乃至成为"第一哲学"就是其典型体现。

如果说以上三点指出了现代性方案的内在矛盾及其非现实性,那么问题是启蒙的现代性如何走向了自身的反面而导致了"启蒙的辩证法"?只有弄清此问题才能为思考如何超越现代性的内在矛盾奠定基础。当代哲学的发展已经在很大程度上指出了启蒙失败的原因,并动摇了人们对启蒙的信念。但我们既不能一味地肯定启蒙,也不能一味地否定启蒙,正确的态度是我们应当辩证地看待启蒙的遗产。启蒙在某些方面成功了,又在某些方面失败了,因而问题的关键是何种原因导致了启蒙的失败?只有认真地思考这个问题才能在后形而上学视域中继续推进启蒙,并为人的自由与解放寻求更加坚实的基础。那么到底是何种原因导致了启蒙的失败?

启蒙的主体形而上学是关于自由与解放的宏大叙事,可以说对自由的理论思考正是"思想中的时代"。但自由之所以走向反面,启蒙之所以重新陷入愚昧,根源于启蒙世界观背后的理论范式——以形而上学为基础的思维逻辑。所谓形而上学即追问存在之为存在,即"形而上学试图把万物都追溯到'一'。自柏拉图以来,形而上学就明确表现为普遍统一的学说;理论针对的是作为万物的源泉和始基的'一'"[①],它试图为人的存在寻求安身立

---

① 哈贝马斯:《后形而上学思想》,曹卫东译,译林出版社 2001 年版,第 29 页。

第四章 后形而上学思想的"启蒙"意蕴与启蒙的遗产

命之本。尽管在哲学史上,形而上学经历了古代的本体论形而上学,近代的主体形而上学,现代的存在论形而上学,但形态的转化并没有改变形而上学的内在本性。相反,形而上学正是以不同的形态显示着自己的"同一性"本质。"纵观整个哲学史,柏拉图的思想以有所变化的形态始终起着决定性作用。形而上学就是柏拉图主义。"[①] 而由形而上学所衍生出来同一性逻辑,在近代以来的启蒙视域中的根本体现就是理性(或思想)的最高权威。"我思故我在"在深刻的理论根源上体现了思想的"形上"特征,它不仅具有第一性存在论的性质,而且一切真实的存在都要以思维为基础。因而近代的认识论转向是使思维(或理性)成为上帝的角色。这样一种形而上学的思维逻辑具有以下特征:首先,它的主客二分的逻辑并坚持主体的优先地位是独断的;其次,它的主体并非现实的个体,而是具有超验性的理性主体;最后,理性的主体是超时间、超历史具有不变的本质,因而是非历史的。在此种思维原则的观照下,人的存在也被抽象化了。在启蒙视域中这体现为如下三点。第一,人被抽象为单纯的理性,而人作为理性存在者既体现为理性对情感、欲望的支配地位,也体现为理性的自我立法。理性法庭的建立使包括信仰在内的一切"非理性"因素都必须接受理性的审视与改造,否则就没有存在的合法性。因而人成为以"有用性"为目的的"唯物主义者"。第二,人的本质是理性,但个体并不等同于理性。正如现象可以追溯到本质,但现象并不等同于本质。因而人作为有限理性的存在者,他的理性特征只能体现为在纯粹理性领域中的"使准则上升为普遍法则"。而这样一个纯粹理性的领域乃是一个超验的"人同此心,心同此理"的理念王国。而个体也只有在"你应当如此"的绝对命令中才真正地变得理性。第三,理性的形上特征意味着理性、主体性是自足、不假外求,是自根自本、绝对完美的,因而是超越于时间之外的。于是人被当成普遍的、超验的、绝对的非历史性存在。但现当代哲学却告诉我们,这是理性的一

[①] 海德格尔:《面向思的事情》,孙周兴译,商务印书馆1999年版,第70页。

启蒙之后的"启蒙"

个幻象。理性并不是终极的、绝对的，相反，要么植根于传统，要么与信仰处于内在的关联中，认为理性可以超越一切而君临天下只是理性的自负与独断。因而无论是在理论上，还是在现实中，理性的绝对地位都遭遇挑战。启蒙哲学以人是理性的动物为根据试图为人的自由奠基，但形而上学的本质主义思维逻辑却不仅使人成为千篇一律、失去了个性及自由的存在者，而且对理性自我立法的迷信使对话成为多余从而造成理性的独白。这再一次体现了古希腊源远流长的"沉思"对"行动"或"言说"所具有的优先性。而主体性或理性的非历史性特征则使人失去了批判、超越、否定性的本质性的存在者，成为无人身的理性的抽象物。总之，主体形而上学本来是要为自由、解放寻找根基，但它却使人成为失去了自由、独立性的抽象存在，忽视了人最本己的特征：自由性、现实性和历史性。

所谓人的自由性，既表现为康德所说的人是道德的存在，又体现为马克思所说的人的"类生命"的丰富性、多维度性。人之区别于自然物在于人的超自然性，人类既可以对自然的他律说不，出于自己的原因进行选择并对此负责，因此在此意义上康德指出实践理性高于理论理性。而所谓的实践其根本的内涵则是指自由意志的自律。马克思则认为人是一种"类"本质的存在物，所谓的类即自由自觉的活动。而人作为类存在物体现为两个方面。第一，人是一种具有普遍性的自我意识的存在者，"人是类存在物，不仅因为人在实践上和理论上都把类——他自身的类以及其他物的类——当作自己的对象；而且因为——这只是同一种事物的另一种说法——人把自身当作现有的、有生命的类来对待，因为人把自身当作普遍的因而也是自由的存在物来对待。"[①] 超越自然生命的同一性而进行自由的创造，使自然界成为属人的存在，在马克思看来这正是作为类存在者的人区别于动物的地方。第二，人是一种全面、丰富、统一性的存在，这体现为在共产主义中人的存在状况。"共产主义……是通过人并且为了人而

---

① 《1844年经济学哲学手稿》，人民出版社2000年版，第56页。

第四章 后形而上学思想的"启蒙"意蕴与启蒙的遗产

对人的本质的真正占有;因此,它是人向自身、向社会的即合乎人性的人的复归,这种复归是完全的,自觉地和在欲望发展的全部财富的范围内生成的。这种共产主义,作为完成了的自然主义=人道主义,而作为完成了的人道主义=自然主义,它是人和自然之间、人和人之间的矛盾的真正解决,是存在和本质、对象化和自我确证、自由和必然、个体和类之间的斗争的真正解决。"[①]因而人与自然、人与人、人与社会处于对立统一的内在关联中,而且人正是在这些多维度的关联中展示自己全面、丰富性的本质。总之,人作为一种以实践活动为基础的存在物,他是一种自由的存在者。

所谓人的现实性,即人存在的经验性、社会性。"全部人类历史的第一个前提无疑是有生命的个人的存在。因此,第一个需要确认的事实就是这些个人的肉体组织以及由此产生的个人对其他自然的关系。"[②]马克思深刻指出人是一种以物质资料生产为基础的存在者,而不是一种抽象的理性存在物,理性只是人存在的一个特征,但并不是最为根本的特征。因为人之为人并不是由所谓的理性来决定的,而是由人的生产实践活动来决定的,而且所谓的理性如果离开了实践活动,就会成为一个无法解释的"纯粹经院哲学的问题"。"个人怎样表现自己的生活,他们自己就是怎样。因此,他们是什么样的,这同他们的生产是一致的——既和他们生产什么一致,又和他们怎样生产一致。因而,个人是什么样的,这取决于他们进行生产的物质条件。"[③]因而人的存在具有经验、现实的特征,不仅人要在与自然的新陈代谢的物质交换中生产人自身,而且人的思维、观念也具有鲜明的物质特征。另外,人的现实性也体现为人是一种"共在"性的存在,或者说人是一种社会性的存在。"人的本质不是单个人所固有的抽象物,在其现实性上,它是一切社会关系的总和。"[④]这意味着

---

① 《1844年经济学哲学手稿》,人民出版社2000年版,第81页。
② 《马克思恩格斯选集》第一卷,人民出版社1995年版,第67页。
③ 同上书,第67—68页。
④ 同上书,第56页。

启蒙之后的"启蒙"

对人的理解绝不能通过一种本质主义的方式,而是必须在人与他人的现实社会关系中得到理解。这又表明了主体间性而非主体性是人存在的基本维度,于是"对话"而非独白应当成为人存在的基本特征。

所谓历史性,指人存在的有限性、具体性。如果说动物生命的特征在于其同一性,于是不断地复制自身实现种族的繁衍,而人的生命在于通过历史性的实践活动不断地发展。"他周围的感性世界决不是某种开天辟地以来就直接存在、始终如一的东西,而是工业和社会状况的产物,是历史的产物,是世世代代活动的结果,其中每一代都立足于前一代所达到的基础上,继续发展前一代的工业和交往,并随着需要的改变而改变它的社会制度。"① 因而可以说人是一种历史性的存在,他总是生活在具体的、现实的历史环境中。不仅他生活的自然环境是历史的产物,而且生活的社会环境也是历史的产物。人的历史性的存在也就意味着人是一种在时间上的"有限存在者",他是一种"向死而生"的存在物。作为一种历史性的存在者,他永远不能超出自己的历史情境而作纯粹的直观。"要取得对一种处境的意识,在任何情况下都有一项具有特殊困难的任务。处境这一概念的特征正在于:我们并不处于这处境的对立面,因而也就无从对处境有任何客观的认识。我们总是处于这种处境中,我们总是发现自己已经处于某个位置里,因而要想阐明这种处境,乃是一项绝不可能彻底完成的任务。"② 因而理性主义的超历史的、非历史的人只是一种抽象的自我意识,但绝对不是现实的人。

但主体形而上学的启蒙世界观所蕴含的形而上学的思维逻辑、抽象人性论及工具理性的价值观没有使人获得自由和解放,反而使人成为抽象力量的牺牲品,导致了人存在的遗忘或遮蔽。因而批判主体形而上学的独断性,而拯救被掩盖的人存在的现实

---

① 《马克思恩格斯选集》第一卷,人民出版社1995年版,第76页。
② 加达默尔:《真理与方法》(上卷),洪汉鼎译,上海译文出版社2004年版,第390页。

第四章 后形而上学思想的"启蒙"意蕴与启蒙的遗产

性、历史性,成为启蒙之后"启蒙"的主题。当然这种"启蒙"并不是后现代主义式的解构、瓦解,它是对现代性的治疗,是对现代性的内在超越。正如哈贝马斯所言,启蒙是一项未竟的事业,启蒙所蕴含的对个体自由、尊严、权利的强调,对人是目的的承诺都是启蒙现代性的宝贵财富,所以问题是如何在继承这些启蒙的遗产的同时批判导致使人成为物的思维逻辑,因而"启蒙"具有了真实的内涵。它是启蒙的内在的超越,是"启蒙"的辩证法。

但同时形而上学的理论批判并不意味着"启蒙"的唯一内容,因为"反对这个世界的词句,那么他们就绝对不是反对现实的现存世界。"[①] 形而上学的批判必须与作为形而上学现实基础的资本同一性的批判结合起来,才能真正地为人的自由、解放奠定基础。资本的同一性逻辑意味着物对人的统治,表明人成为资本的奴隶,"中世纪的俗语'没有无领主的土地'被现代俗语'金钱没有主人'所替代。后一俗语清楚地表明了死的物质对人的完全统治。"[②] 因而揭示资本所具有的形而上学性质,消解资本的神秘性,在对资本的批判中为人的自由与解放寻找可能性正是当代"启蒙"的现实内涵。"在批判旧世界中发现新世界"则是"启蒙"区别于启蒙的后形而上学的根本体现。

启蒙之后的"启蒙"并不是一种纯粹的理论批判,它的宗旨是要深入现实的历史,使之成为一种内在于现实的改变世界的解放性力量。

---

① 《马克思恩格斯选集》第一卷,人民出版社1995年版,第66页。
② 《1844年经济学哲学手稿》,人民出版社2000年版,第46页。

结　语

　　启蒙现代性的根本特征按照哈贝马斯的理解就是"分裂"，或者按照马克思的说法是"异化"，体现为人与自然的分裂、人与人的对抗及人与自身的冲突，这是由个人主体性原则导致的必然结果。但不可否认现代性同样挺立了人的独立性、个体的尊严、价值及"人是目的"等价值理念。因而问题不再是无批判地拒斥现代性或赞同现代性，而是如何克服现代性的分裂，使个体自由、人是目的等价值理念得到真正的实现。所以问题的关键是如何重新理解启蒙世界观的本质，如何克服其内在的矛盾并使其有价值的遗产得以继承和发扬。启蒙世界观的本质是主体形而上学，它的初衷是为人的自由和解放确立"阿基米德点"，而它所蕴含的知性思维逻辑、本质主义的人性论及功利主义的价值观却使人的自由丧失，解放也仅仅成为一个难以企及的乌托邦。所以启蒙的任务并没有完成，在此意义上"启蒙"还是一项未竟的事业。

　　而"启蒙"作为一项"治疗"活动，它拒绝启蒙世界观的"乌托邦社会工程"，而真实地面对人类社会的复杂性，个体存在的不可化约的独特性，以及价值理念相互冲突的现实。因而它不是一种知性思维逻辑主导下追求理性完美的"终极关怀"，它是一种针对具体问题而保有现实感的实践智慧（不是追求普遍性的实践理性），它的最好结果只能是格雷所说的"权宜之计"，但同时它也并不回避可能存在着不可解决的冲突。"启蒙"追求

结 语

统一，但它并不回归原始同一，而是经过现代性洗礼的包含现代性积极遗产的统一。它不相信自由需要形而上学的基础，这一点与罗蒂、罗尔斯等后形而上学思想家不谋而合，因为他们都做出了合理的证明。因而"启蒙"的任务是思考人从各种异己的客观性力量中解放出来的可能性，真实地确立起人的自由的存在。另外，"启蒙"并不是脱离于现实的与人无关的思想的努力，它是立足于现实、内在于现实并推动现实变革的批判性力量。

总之，自由问题是一个永恒的问题，而"在批判旧世界中发现一个新世界"则正是当代"启蒙"的真实内涵。本书在启蒙与"启蒙"之间做出区分，并不是为了标新立异，而是试图在实证主义、价值虚无主义横行的现代性图景中唤起人的超越意识、自由精神及批判向度。在现代性遭遇危机之际，任何悲观主义或盲目的乐观主义都是不合时宜的。我们究竟应当何为？我们的态度是人作为"苍劲者"（海德格尔语），应当勇敢地承担起人之为人的责任与使命。我们谨以荷尔德林与海德格尔这两位伟大的思想家的话语来结束本书：

"但哪里有危险，

哪里也生出拯救。"[①]

"我们所思的是这样一种可能性：眼下刚刚发端的世界文明终有一天会克服那种作为人类之世界栖留的唯一尺度的技术—科学—工业之特性。尽管这不会出于自身和通过自身而发生，但却会借助于人对一种使命的期备——不论人们倾听与否，这种使命总是在人的尚未裁定的天命中说话了。同样不确定的乃是，世界文明是否将遭到突然的毁灭，或者它是否将长期地稳定下来，却又不是滞留于某种持久不变，一种持存，而毋宁说是把自身建立在常新的绵延不断的变化中。"[②]

[①] 转引自海德格尔《林中路》，孙周兴译，上海译文出版社2004年版，第310页。

[②] 海德格尔：《面向思的事情》，陈小文、孙周兴译，商务印书馆1996年版，第74页。

参考文献

一 著作

[1] 詹姆斯·施密特编：《启蒙运动与现代性》，徐向东、卢华萍译，上海人民出版社2005年版。

[2] 马克斯·霍克海默、西奥多·阿道尔诺：《启蒙辩证法》，渠敬东、曹卫东译，上海人民出版社2006年版。

[3] 特奥多·阿多尔诺：《否定的辩证法》，张峰译，重庆出版社1993年版。

[4] 卡西尔：《启蒙哲学》，顾伟铭译，山东人民出版社1988年版。

[5] 托马斯·奥斯本：《启蒙面面观》，郑丹丹译，商务印书馆2007年版。

[6] 安东尼·J.卡斯卡迪：《启蒙的结果》，严忠志译，商务印书馆2006年版。

[7] 卡尔·贝克尔：《启蒙时代哲学家的天城》，何兆武译，江苏教育出版社2005年版。

[8] 斯蒂芬·埃里克·布隆纳：《重申启蒙》，殷杲译，江苏人民出版社2006年版。

[9] 维塞尔：《启蒙运动的内在问题》，贺志刚译，华夏出版社2007年版。

[10] 孔多塞：《人类精神进步史表纲要》，何兆武译，生活·读书·新知三联书店1998年版。

参考文献

[11] 柏拉图：《柏拉图全集》（第1—4卷），人民出版社2003年版。

[12] 洛克：《政府论》，叶启芳、瞿菊农译，商务印书馆1964年版。

[13] 卢梭：《社会契约论》，何兆武译，商务印书馆2003年版。

[14] 卢梭：《论人类不平等的起源和基础》，李常山译，商务印书馆1997年版。

[15] 卢梭：《论科学与艺术》，何兆武译，上海世纪出版集团2007年版。

[16] 密尔：《论自由》，程崇华译，商务印书馆1959年版。

[17] 贡斯当：《古代人的自由与现代人的自由》，阎克文、刘满贵译，上海世纪出版集团2003年版。

[18] 康德：《纯粹理性批判》，邓晓芒译，人民出版社2004年版。

[19] 康德：《实践理性批判》，邓晓芒译，人民出版社2003年版。

[20] 康德：《判断力批判》，邓晓芒译，人民出版社2002年版。

[21] 康德：《历史理性批判文集》，何兆武译，商务印书馆1990年版。

[22] 黑格尔：《精神现象学》（上下卷），贺麟、王玖兴译，商务印书馆1979年版。

[23] 黑格尔：《哲学史讲演录》（第1—4卷），贺麟、王太庆译，商务印书馆1959年版。

[24] 黑格尔：《小逻辑》，贺麟译，商务印书馆1980年版。

[25] 海涅：《浪漫派》，薛华译，上海人民出版社2003年版。

[26] 马克思：《1844年经济学哲学手稿》，人民出版社2000年版。

[27] 马克思、恩格斯：《马克思恩格斯选集》（第一卷），人民出版社1995年版。

[28] 马克思、恩格斯：《马克思恩格斯全集》（第1卷），人民出版社1956年版。

[29] 马克思、恩格斯：《马克思恩格斯全集》（第27卷），人民出版社1972年版。

[30] 海德格尔：《林中路》，孙周兴译，上海译文出版社2004年版。

[31] 海德格尔：《演讲与论文集》，孙周兴译，生活·读书·新知三联书店2005年版。

[32] 海德格尔：《尼采》，孙周兴译，商务印书馆2002年版。

[33] 施特劳斯：《自然权利与历史》，彭刚译，生活·读书·新知三联书店2003年版。

[34] 施特劳斯：《苏格拉底问题与现代性》，刘小枫选编，彭磊、丁耘等译，华夏出版社2008年版。

[35] 汉娜·阿伦特：《马克思与西方政治思想传统》，孙传钊译，江苏人民出版社2007年版。

[36] 汉娜·阿伦特：《人的境况》，王寅丽译，上海世纪出版集团2009年版。

[37] 汉娜·阿伦特：《责任与判断》，陈联营译，上海人民出版社2011年版。

[38] 卢卡奇：《历史与阶级意识》，杜章智、任立、燕宏远译，商务印书馆1999年版。

[39] 阿巴拉斯特：《自由主义的兴衰》，曹海军译，吉林人民出版社2004年版。

[40] 理查德·罗蒂：《后哲学文化》，黄勇译，上海译文出版社2001年版。

[41] 理查德·罗蒂：《偶然、反讽与团结》，徐文瑞译，商务印书馆2003年版。

[42] 理查德·罗蒂：《后形而上学希望》，张国清译，上海译文出版社2009年版。

[43] 理查德·罗蒂：《哲学与自然之镜》，李幼蒸译，商务印书馆2003年版。

[44] 希拉里·普特南：《无本体论的伦理学》，孙小龙译，上海译文出版社2008年版。

[45] 哈耶克:《致命的自负》,冯克利、胡晋化等译,中国社会科学出版社 2000 年版。

[46] 哈耶克:《通往奴役之路》,王明毅、冯兴元等译,中国社会科学出版社 1997 年版。

[47] 哈耶克:《科学的反革命》,冯克利译,译林出版社 2012 年版。

[48] 伯林:《自由论》,胡传胜译,译林出版社 2003 年版。

[49] 伯林:《启蒙的时代》,孙尚扬、杨深译,译林出版社 2005 年版。

[50] 伯林:《现实感》,温荣荣、林茂译,译林出版社 2004 年版。

[51] 伯林:《扭曲的人性之材》,岳秀坤译,译林出版社 2009 年版。

[52] 伯林:《浪漫主义的根源》,吕梁等译,译林出版社 2008 年版。

[53] 伯林:《浪漫主义时代的政治观念》,王崇兴、张蓉译,新星出版社 2011 年版。

[54] 伯林:《反潮流》,冯克利译,译林出版社 2002 年版。

[55] 加达默尔:《哲学解释学》,夏镇平译,上海译文出版社 1994 年版。

[56] 加达默尔:《真理与方法》,洪汉鼎译,上海译文出版社 2004 年版。

[57] 吉登斯:《现代性的后果》,田禾译,译林出版社 2000 年版。

[58] 吉登斯:《资本主义与现代社会理论》,郭忠华、潘华凌译,上海译文出版社 2013 年版。

[59] 吉登斯:《现代性与自我认同》,赵旭东、方文译,生活·读书·新知三联书店 1998 年版。

[60] 吉登斯:《历史唯物主义的当代批判》,郭忠华、潘华凌译,上海译文出版社 2010 年版。

[61] 柯西克:《具体的辩证法》,傅小平译,社会科学文献出版

社1989年版。

[62] 卡尔·施米特：《政治的浪漫派》，冯克利译，上海人民出版社2004年版。

[63] 卡尔·施米特：《霍布斯国家学说中的利维坦》，应星、朱雁冰译，华东师范大学出版社2008年版。

[64] 加比托娃：《德国浪漫哲学》，王念宁译，中央编译局2007年版。

[65] 维塞尔：《马克思与浪漫派的反讽》，陈开华译，华东师范大学出版社2008年版。

[66] 阿尔布莱希特·韦尔默：《后形而上学现代性》，应奇、罗亚玲译，上海译文出版社2007年版。

[67] 维尔默：《论现代与后现代的辩证法》，钦文译，商务印书馆2003年版。

[68] 波普尔：《历史决定论的贫困》，杜汝楫、邱仁宗译，上海人民出版社2009年版。

[69] 波普尔：《开放社会及其敌人》，郑一明等译，中国社会科学出版社1999年版。

[70] 波普尔：《猜测与反驳》，傅季重译，上海译文出版社1986年版。

[71] 波普尔：《二十世纪的教训》，王凌霄译，上海三联书店2012年版。

[72] 科拉柯夫斯基：《马克思主义的主流》，马德元译，台湾远流出版社1981年版。

[73] 科拉柯夫斯基：《形而上学的恐怖》，唐少杰等译，生活·读书·新知三联书店1999年版。

[74] 马克斯·舍勒：《价值的颠覆》，曹卫东译，生活·读书·新知三联书店1997年版。

[75] 利奥塔：《后现代道德》，莫伟民等译，学林出版社2000年版。

[76] 福柯：《规训与惩罚》，刘北成、杨远婴译，生活·读书·新知三联书店1999年版。

[77] 道格拉斯·凯尔那、斯蒂文·贝特斯：《后现代理论》，张志斌译，中央编译出版社2004年版。

[78] 大卫·雷·格里芬：《后现代精神》，王成兵译，中央编译出版社2004年版。

[79] 马歇尔·伯曼：《一切坚固的东西都烟消云散了》，徐大建、张辑译，商务印书馆2003年版。

[80] 沃格林：《没有约束的现代性》，张新樟、刘景联译，华东师范大学出版社2007年版。

[81] 艾森斯塔尔：《反思现代性》，旷新年、王爱松译，生活·读书·新知三联书店2006年版。

[82] 马克斯·韦伯：《学术与政治》，冯克利译，生活·读书·新知三联书店2005年版。

[83] 巴特雷：《非理性的人》，段德智译，上海译文出版社2007年版。

[84] 齐格蒙特·鲍曼：《共同体》，欧阳景根译，江苏人民出版社2007年版。

[85] 齐格蒙特·鲍曼：《现代性与大屠杀》，杨渝东、史建华译，译林出版社2002年版。

[86] 齐格蒙特·鲍曼：《立法者与阐释者》，洪涛译，上海人民出版社2000年版。

[87] 齐格蒙特·鲍曼：《废弃的生命》，谷蕾、胡欣译，江苏人民出版社2006年版。

[88] 斯拉沃热·齐泽克：《敏感的主体》，应奇等译，江苏人民出版社2006年版。

[89] 哈贝马斯：《后形而上学思想》，曹卫东等译，译林出版社2001年版。

[90] 哈贝马斯：《现代性的哲学话语》，曹卫东等译，译林出版社2004年版。

[91] 哈贝马斯：《认识和兴趣》，郭官义、李黎译，学林出版社1999年版。

[92] 哈贝马斯：《合法化危机》，刘北成、曹卫东译，上海世纪

出版集团 2009 年版。

[93] 麦金太尔：《追寻美德》，宋继杰译，译林出版社 2003 年版。

[94] 格雷：《自由主义的两张面孔》，顾爱彬等译，江苏人民出版社 2002 年版。

[95] 奥克肖特：《政治中的理性主义》，张汝伦译，上海译文出版社 2003 年版。

[96] 罗尔斯：《正义论》，何怀宏、何包钢、廖申白译，中国社会科学出版社 1988 年版。

[97] 罗尔斯：《政治自由主义》，万俊人译，译林出版社 2000 年版。

[98] 罗伯特·诺齐克：《无政府、国家和乌托邦》，姚大志译，中国社会科学出版社 2008 年版。

[99] 查尔斯·泰勒：《黑格尔》，张国清、朱进东译，译林出版社 2002 年版。

[100] 查尔斯·泰勒：《现代性之隐忧》，程炼译，中央编译出版社 2001 年版。

[101] G. A. 柯亨：《自我所有、自由和平等》，李朝晖译，东方出版社 2008 年版。

[102] G. A. 柯亨：《如果你是平等主义者，为何如此富有？》，霍政欣译，北京大学出版社 2009 年版。

[103] 乔治·克劳德：《自由主义与价值多元论》，应奇、张小玲、杨立峰、王琼译，江苏人民出版社 2006 年版。

[104] 墨菲：《政治的回归》，王恒、臧佩洪译，江苏人民出版社 2005 年版。

[105] 史蒂文·卢克斯：《个人主义》，江苏人民出版社 2001 年版。

[106] 伯恩斯坦：《超越客观主义与相对主义》，郭小平等译，光明日报出版社 1992 年版。

[107] 阿克塞尔·霍耐特：《为承认而斗争》，胡继华译，上海世纪出版集团 2005 年版。

[108] 伯瑞:《进步的观念》,范祥涛译,生活·读书·新知三联书店 2005 年版。

[109] 大卫·库尔珀:《纯粹现代性批判》,臧佩洪译,商务印书馆 2004 年版。

[110] 马尔库塞:《单向度的人》,刘继译,上海译文出版社 2006 年版。

[111] 涂尔干:《社会分工论》,渠东译,生活·读书·新知三联书店 2000 年版。

[112] 卡尔·洛维特:《世界历史与救赎历史》,李秋零、田薇译,上海世纪出版集团 2006 年版。

[113] 卡尔·洛维特:《从黑格尔到尼采》,李秋零译,生活·读书·新知三联书店 2006 年版。

[114] 德里达:《马克思的幽灵》,何一译,中国人民大学出版社 1999 年版。

[115] 席美尔:《货币哲学》,朱桂琴译,光明日报出版社 2009 年版。

[116] 霍布豪斯:《自由主义》,朱曾汶译,商务印书馆 1996 年版。

[117] 约瑟夫·熊彼特:《资本主义、社会主义与民主》,吴良健译,商务印书馆 1999 年版。

[118] 维柯:《新科学》,朱光潜译,商务印书馆 1989 年版。

[119] 伯克:《法国革命论》,何兆武等译,商务印书馆 1998 年版。

[120] 伯克:《旧制度与大革命》,冯棠译,商务印书馆 1992 年版。

[121] 托克维尔:《论美国的民主》,董果良译,商务印书馆 1989 年版。

[122] 多迈尔:《主体性的黄昏》,万俊人等译,上海译文出版社 1992 年版。

[123] 拉莫尔:《现代性的教训》,刘擎、应奇译,东方出版社 2010 年版。

[124] 安德鲁·芬伯格：《技术批判理论》，韩连庆译，北京大学出版社2005年版。

[125] 安德鲁·芬伯格：《海德格尔与马尔库塞》，上海社会科学院出版社2010年版。

[126] 科瓦雷：《从封闭的世界到无限的宇宙》，张卜天译，北京大学出版社2008年版。

[127] 伯特：《近代物理科学的形而上学基础》，徐向东译，北京大学出版社2003年版。

[128] 亨利希：《在康德与黑格尔之间》，乐小军译，商务印书馆2013年版。

[129] 詹明信：《晚期资本主义的文化逻辑》，陈清侨译，生活·读书·新知三联书店1997年版。

[130] 赫勒：《现代性理论》，李瑞华译，商务印书馆2005年版。

[131] 哈维：《后现代的状况》，阎嘉译，商务印书馆2003年版。

[132] 鲍尔格曼：《跨越后现代的分界线》，孟庆时译，商务印书馆2003年版。

[133] 贡巴尼翁：《现代性的五个悖论》，许钧译，商务印书馆2005年版。

[134] 贝瑞：《苏格兰启蒙运动的社会理论》，马庆译，浙江大学出版社2013年版。

[135] 希梅尔法布：《现代性之路：英法美启蒙运动之比较》，齐安儒译，复旦大学出版社2011年版。

[136] 罗斯柴尔德：《经济情操论：亚当·斯密，孔多塞与启蒙运动》，赵劲松、别曼译，社会科学文献出版社2013年版。

[137] 洪特、伊格纳季耶夫编：《启蒙运动中政治经济学的发展》，李大军等译，浙江大学出版社2013年版。

[138] 埃莉·哈列维：《哲学激进主义的兴起：从苏格兰启蒙运动到功利主义》，吉林人民出版社2011年版。

- [139] 伯尔基：《马克思主义的起源》，伍庆、王文扬译，华东师范大学出版社 2007 年版。
- [140] 萨丽等：《哈耶克与古典自由主义》，秋风译，贵州人民出版社 2003 年版。
- [141] 卢克曼：《无形的宗教》，覃方明译，中国人民大学出版社 2003 年版。
- [142] 许纪霖、罗岗等：《启蒙的自我瓦解》，吉林出版集团有限责任公司 2007 年版。
- [143] 许纪霖：《启蒙的遗产与反思》，江苏人民出版社 2010 年版。
- [144] 哈佛燕京学社：《启蒙的反思》，江苏教育出版社 2005 年版。
- [145] 王治河、攀美筠：《第二次启蒙》，北京大学出版社 2011 年版。
- [146] 贺来：《辩证法的生存论基础》，中国人民大学出版社 2005 年版。
- [147] 贺来：《边界意识与人的解放》，上海人民出版社 2007 年版。
- [148] 贺来：《辩证法与实践理性》，中国社会科学出版社 2011 年版。
- [149] 孙利天：《论辩证法的思维方式》，吉林大学出版社 2006 年版。
- [150] 刘小枫：《现代性社会理论绪论》，上海三联书店 1998 年版。
- [151] 吴增定：《利维坦的道德困境》，生活·读书·新知三联书店 2012 年版。
- [152] 张志扬、陈家琪：《形而上学的巴别塔》，同济大学出版社 2004 年版。
- [153] 罗卫东、徐正国：《启蒙及其限制》，浙江大学出版社 2012 年版。
- [154] 孙正聿：《思想中的时代》，北京师范大学出版社 2004

年版。

[155] 邓晓芒:《黑格尔辩证法讲演录》,北京大学出版社 2005 年版。

[156] 白刚:《瓦解资本的逻辑》,中国社会科学出版社 2009 年版。

[157] Daniel Gordon. *Postmodernism and the Enlightenment: New Perspectives in Eighteenth – Century French Intellectual History* Routledge, 2000.

[158] Beiser, Frederick. *Enlightenment, Revolution, and Romanticism.* Cambridge, Mass, 1992.

[159] McMahon, Darrin. *Enemies of the Enlightenment: The French Counter—Enlightenment and the Making of Modernity.* Oxford, 2001.

二 期刊

[1] 福柯:《什么是启蒙运动?》,《世界哲学》2005 年第 1 期。

[2] 费迪耶等:《晚期海德格尔的三天讨论班纪要》,《哲学译丛》2001 年第 7 期。

[3] 赵敦华:《〈理想国〉与启蒙运动》,《天津社会科学》2007 年第 5 期。

[4] 贺来:《"形而上学终结"之后的哲学主题》,《天津社会科学》2011 年第 1 期。

[5] 贺来:《启蒙精神与当代哲学的合法性》,《哲学研究》2010 年第 8 期。

[6] 贺来:《传统形而上学的价值及其限度》,《天津社会科学》2005 年第 2 期。

[7] 孙利天:《后形而上学思想的确定性》,《社会科学战线》2011 年第 1 期。

[8] 张盾:《从启蒙运动看康德先验伦理学的动机》,《吉林大学社会科学学报》2003 年第 2 期。

[9] 俞吾金:《马克思对现代性的诊断及其启示》,《中国社会科学》2005 年第 1 期。

- [10] 吴晓明：《论马克思对现代性的双重批判》，《学术月刊》2006年第2期。
- [11] 吴晓明：《马克思的哲学革命与全部形而上学的终结》，《中国社会科学》2000年第6期。
- [12] 莫伟民、汪炜：《启蒙的悖论及其出路》，《求是学刊》2009年第1期。
- [13] 曹孟勤：《启蒙之后的启蒙》，《求是学刊》2003年第3期。
- [14] 管小其：《启蒙定界：康德启蒙观的革命性意义》，《求是学刊》2009年第1期。
- [15] 李宏图：《什么是启蒙运动》，《史学月刊》2007年第9期。
- [16] 于文杰、李超：《当代启蒙及其历史使命》，《史学月刊》2007年第9期。
- [17] 邓晓芒：《20世纪中国启蒙的缺陷》，《史学月刊》2007年第9期。
- [18] 邓晓芒：《启蒙的进化》，《读书》2009年第6期。
- [19] 刘森林：《启蒙主义、浪漫主义与唯物史观》，《南京大学学报》（哲学·人文科学·社会科学）2010年第3期。
- [20] 陈嘉明：《启蒙的意义与现代性的合理性》，《求是学刊》2006年第5期。
- [21] 俞吾金：《启蒙的缺失与重建》，《上海师范大学学报》（哲学社会科学版）2010年第7期。
- [22] 俞吾金：《马克思对现代性的诊断及其启示》，《中国社会科学》2005年第1期。
- [23] 韩水法：《理性的启蒙或批判的心态》，《浙江学刊》2004年第5期。
- [24] 欧阳谦：《当代法国哲学与"新启蒙运动"》，《教学与研究》2007年第12期。
- [25] 张志伟：《启蒙的合法性危机》，《中国人民大学学报》2009年第1期。

启蒙之后的"启蒙"

[26] 谢永康、侯振武：《实现启蒙自身的启蒙》，《云南大学学报》2010 年第 4 期。

[27] 隽鸿飞：《论作为文化批判的启蒙》，《求实》2003 年第 4 期。

[28] 高全喜：《从"回到康德"到"回归休谟"》，《读书》2010 年第 12 期。

[29] 罗卫东：《亚当·斯密的启蒙困境》，《读书》2010 年第 12 期。

[30] 薛军：《"哲学王"的双重隐喻》，《读书》2010 年第 12 期。

[31] 任剑涛：《启蒙的自我澄清》，《读书》2010 年第 11 期。

[32] 陈来：《启蒙反思三题》，《学海》2010 年第 5 期。

[33] 李景林：《启蒙思想与文化重建》，《学海》2010 年第 5 期。

[34] 李翔海：《启蒙反思与当代中国现代性的建构》，《学海》2010 年第 5 期。

[35] 陈锐：《马克思主义与 18 世纪的启蒙哲学》，《哲学研究》1999 年第 6 期。

[36] 李慎之：《重新点燃启蒙的火炬》，《开放时代》1999 年第 6 期。

[37] 徐友渔：《对启蒙的消解与捍卫》，《社会科学论坛》2005 年第 1 期。

[38] 王立：《什么是启蒙：康德与福柯》，《社会科学战线》2005 年第 5 期。

[39] 姚大志：《后现代主义与启蒙》，《社会科学战线》2005 年第 1 期。

[40] 姚大志：《什么是启蒙：过去与未来》，《社会科学战线》2011 年第 9 期。

[41] 白刚、张荣艳：《超越启蒙》，《理论学刊》2008 年第 6 期。

[42] 李慧娟：《启蒙的界限》，《社会科学战线》2010 年第

9期。

[43] 赵林:《理性与信仰在西方启蒙运动中的张力》,《社会科学战线》2011年第9期。

[44] 陈爱梅:《自由理想的启蒙》,《社会科学战线》2011年第9期。

[45] 黄璇:《卢梭的启蒙尝试:以同情超越理性》,《社会科学战线》2013年第10期。

[46] 陈恕林:《启蒙运动与德国浪漫派》,《外国文学评论》2001年第1期。

[47] 刘莘:《文明批判:卢梭与启蒙运动》,《重庆师范大学学报》(哲学社会科学版)2004年第3期。

[48] 何光沪:《启蒙运动中的基督宗教与人文主义》,《人文杂志》2007年第3期。

[49] 李雪丽:《苏格兰启蒙运动概论》,《湘潭大学学报》(哲学社会科学版)2005年第2期。

[50] 徐鹤森:《18世纪法国启蒙运动在欧洲各国的影响》,《江西社会科学》2004年第2期。

[51] 余章宝:《马克思对启蒙理性的批判与重建》,《北京师范大学学报》(社会科学版)2008年第4期。

[52] 吴冠军:《什么是启蒙?》,《开放时代》2002年第4期。

[53] 陈剑澜:《康德的启蒙之问》,《读书》2004年第5期。

[54] 杨子飞:《反启蒙运动的启蒙——施特劳斯政治哲学新解》,《道德与文明》2011年第3期。

[55] 谌章明:《试论英国启蒙运动兴起的历史条件》,《南京工业大学学报》(社会科学版)2007年第2期。

[56] 钟明华、罗贵榕:《论马克思主义的启蒙精神在中国启蒙运动进程中的遗忘与回归》,《学术月刊》2012年第5期。

[57] 王梅梅、奉定勇:《浅论德意志启蒙运动与民族主义的共生性》,《长春工程学院学报》(社会科学版)2010年第1期。

[58] 张翼飞、张国清:《苏格兰启蒙运动和建构公民社会的渐

进路径》，《江苏行政学院学报》2012 年第 6 期。

[59] 李秋零：《康德与启蒙运动》，《中国人民大学学报》2010 年第 6 期。

[60] 王善平：《现代性：资本与理性形而上学的联姻》，《哲学研究》2006 年第 1 期。

[61] Jolanta Pekacz. "On the Enlightenment". *The European Legacy*, Volume 8 (3), 2003.

[62] Schmidt, James. "What Enlightenment Project?". *Political Theory*, 28, 2000.

后 记

本书是在我的同名博士论文的基础上修改而成的。

回首这十余年的哲学学习生涯，可以用"痛并快乐着"这样一句话来表达。起初学习哲学专业并非自己的选择，而是误打误撞。值得庆幸的是，从大学本科阶段一接触哲学，我就对它产生了浓厚的兴趣，这当然要归功于吉林大学哲学系的各位老师对我的"启蒙"，而这样的"启蒙"更多地源于他们的人格魅力与精神气质。进行哲学思考并进行学术研究仅凭兴趣远远不够，学习哲学需要静得下心、沉得住气，阅读众多哲学大师们的著作，也要习惯于花费每天的大多数时间去咀嚼哲学家们的思想精髓，反思他们的思维理路。任何一个经过系统专业的哲学学习的人应该都会经历一次蜕变，像蝴蝶重获新生一样，过程是孤寂的甚至还伴随着漫长的痛苦，但是等到破茧而出的那天却总是满怀着丰收的快乐。从一个还不知道哲学为何物的本科新生到博士毕业时坐在毕业论文答辩席前的坦然，从刚开始对哲学的懵懂无知到现在致力于从事哲学研究的学者，我深刻地体验到精神成长的快乐。能够受到吉林大学哲学系的丰厚底蕴的滋养，这对我来说是一辈子的幸事。离开长春已经一年多了，很怀念在母校十多年的学习生涯，那里不仅有如诗如画的校园风景，更有难能可贵的自由学术氛围。在此，我深深地感谢我的母校吉林大学所给予我的一切！

博士论文的选题、写作一直得益于我的导师贺来教授的指导和鼓励。贺来教授是哲学界的知名学者，其深厚的哲学修养、宽广的哲学视野以及敏锐的洞察力总能使我茅塞顿开，受益匪浅。

启蒙之后的"启蒙"

我十分有幸在硕士阶段就跟随贺老师进行学习,这些年来总是能从他的教导中获得人生的动力。贺来教授以严于治学的精神严格地要求我们,对我的博士论文的指导也十分精心和细心。贺来教授虽然是"长江学者",但是却十分谦逊、和蔼,总给人一种平易近人的亲切。在他的身上我看到了"为人为学,其道一也"的真正学者风范。而师母则不仅在学习上关心我的成长,而且在生活上也给予我极大的帮助。在此,由衷地感谢我的导师及师母!

在吉林大学学习期间,能够受到孙正聿教授、孙利天教授、刘福森教授、杨魁森教授、张盾教授、程彪教授、白刚教授等的教导,这也是一笔难得的财富。这些老师的学识、修养、胸怀都给我留下了深刻的印象。感谢答辩委员会的李德顺教授、孙利天教授、胡海波教授、王振宁教授,他们的宝贵建议将是我进一步前进的动力。

本书得到吉林大学哲学基础理论研究中心和华中农业大学马克思主义学院的资助,在此对吉林大学哲学基础理论研究中心的主任孙正聿教授、副主任孙利天教授、副主任贺来教授以及朱文君老师,华中农业大学马克思主义学院的王洪波书记和吴春梅院长表示诚挚的感谢。

本书的出版,只是一个新的阶段的开始,学术研究永无止境。本书是我读博士期间对一些理论问题的尝试性的思考,有些论证并不太深入,还有待进一步的思考;其中的缺点与不足也正是今后一段时间要加以解决的问题。

夜已渐深,入秋之后的晚风多了一丝凉意,借着路灯依稀可以看见华中农业大学校园里起伏延伸的山岚以及在郁郁葱葱的林木掩映下依然灯火璀璨的教学楼。山风徐来,南湖安静地休憩了。多希望自己能在华中农业大学这座美丽的校园里继续我的哲学学习、更加深入地研究哲学。作为一名大学教师,除了科研还要从事教学工作,尽管现在已经不能像学生阶段那样一天到晚去阅读经典和自己喜欢的哲学原著,但是正如休谟所说"习惯是人生伟大的指南",就让哲学学习成为一种习惯伴我一路前行!

彭文刚
2014 年 9 月 16 日于武昌南湖畔华中农业大学寓所